职业教育汽车类专业一体化系列教材

# 汽车维护一体化教程

主　编　陈立刚
副主编　莫秋叶　黄　聪
参　编　罗彪珂　吴玉梅　卜乔生
　　　　梁洪丹

机械工业出版社

本书是根据《汽车维护、检测、诊断技术规范》GB/T 18344—2016，教育部职业院校汽车运用与维修专业人才培养方案、课程标准和汽车维修工四级标准中的汽车维护工作任务，以工作过程为导向，以典型工作任务为引领，结合现代职业教育特点，以便于学生自主学习为目的编写的一体化教材。

本书主要内容包括汽车日常检查、汽车发动机维护、汽车底盘维护、汽车电器维护和汽车4万km维护（综合训练）。

本书是通过与行业、企业专家一起分析汽车维护的实际工作过程，以此梳理和归纳出学习工作任务，以典型性工作任务为学习单元，以典型的工作过程为内容，以实际工作环境为场景，精心编写了五个学习项目，共27个学习任务。

为了便于学生自学和教师的教学，本书配有免费的电子课件和习题答案。凡选用本书作为授课教材的教师，均可登录 www.cmpedu.com 以教师身份注册下载教学资源。咨询电话：010-88379201。

## 图书在版编目（CIP）数据

汽车维护一体化教程/陈立刚主编. —北京：机械工业出版社，2020.5（2024.2 重印）
职业教育汽车类专业一体化系列教材
ISBN 978-7-111-65067-6

Ⅰ.①汽… Ⅱ.①陈… Ⅲ.①汽车-车辆修理-职业教育-教材 Ⅳ.①U472.4

中国版本图书馆 CIP 数据核字（2020）第 042518 号

机械工业出版社（北京市百万庄大街22号 邮政编码100037）
策划编辑：于志伟 责任编辑：于志伟
责任校对：潘 蕊 封面设计：张 静
责任印制：刘 媛
涿州市般润文化传播有限公司印刷
2024年2月第1版第5次印刷
184mm×260mm·16.75 印张·415 千字
标准书号：ISBN 978-7-111-65067-6
定价：45.00元

电话服务　　　　　　　网络服务
客服电话：010-88361066　机 工 官 网：www.cmpbook.com
　　　　　010-88379833　机 工 官 博：weibo.com/cmp1952
　　　　　010-68326294　金 书 网：www.golden-book.com
封底无防伪标均为盗版　　机工教育服务网：www.cmpedu.com

# 前 言

本书是依据《汽车维护、检测、诊断技术规范》GB/T 18344—2016 和国家职业标准汽车维修工四级标准中的汽车维护典型工作任务编写而成的一体化教材。

本书采用理论与实践一体化的编写模式,把相关理论知识的学习和工作任务的实施这两个环节与过程有机结合在一起,内容的组织上更加注重知识的实用性和可操作性,突出学生专业技能、职业能力的培养,具有较强的针对性和实用性,同时配有丰富的课后习题,有利于学生对知识的积累和消化。本书具有以下特色:

1. 提供立体化的课程解决方案。本书配备了立体化课件,把汽车维护相关工作原理和操作步骤更加生动、形象地展现出来,以方便学生对相关知识的理解和自主学习。本书提供免费的课程资源包,以方便教师教学。

2. 知识体系科学。本书内容包括汽车日常检查、汽车发动机维护、汽车底盘维护、汽车电器维护和汽车 4 万 km 维护(综合训练),与汽车维修企业进行车辆维护实际工作场景一致。本书把汽车维护拆分为 27 个典型学习任务,更利于学生对知识、技能的学习。

3. 内容与时俱进。通过与行业、企业专家一起分析汽车维护的实际工作过程,以此梳理和归纳出学习工作任务,以典型性工作任务为学习单元,以典型的工作过程为内容。

4. 评价方式新颖。书中的"考核表"为学生自评和互评及教师评价提供了依据,学生扮演教师角色进行评价更让知识得到进一步巩固。

本书学时分配建议见下表:

| 项　　目 | 任务名称 | 学　　时 | 项目学时 |
| --- | --- | --- | --- |
| 项目一<br>汽车日常检查 | 任务一　汽车维护派工 | 6 | 42 |
| | 任务二　车身外部检查 | 6 | |
| | 任务三　发动机舱检查 | 12 | |
| | 任务四　乘员舱检查 | 12 | |
| | 任务五　备胎的更换 | 6 | |
| 项目二<br>汽车发动机维护 | 任务一　机油的检查与更换 | 12 | 42 |
| | 任务二　火花塞的检查与更换 | 6 | |
| | 任务三　进、排气系统的检查与更换 | 6 | |
| | 任务四　冷却液的检查与更换 | 6 | |
| | 任务五　发动机正时带的检查与更换 | 12 | |

(续)

| 项　　目 | 任务名称 | 学　　时 | 项目学时 |
|---|---|---|---|
| 项目三<br>汽车底盘维护 | 任务一　离合器的检查与调整 | 6 | 54 |
| | 任务二　变速器油的检查与更换 | 6 | |
| | 任务三　轮胎的检查与换位 | 6 | |
| | 任务四　底盘螺栓紧固与悬架检查 | 12 | |
| | 任务五　制动器的检查与维护 | 12 | |
| | 任务六　制动液的更换 | 6 | |
| | 任务七　转向系统的维护 | 6 | |
| 项目四<br>汽车电器维护 | 任务一　蓄电池的维护 | 6 | 42 |
| | 任务二　灯光信号的检查 | 12 | |
| | 任务三　组合仪表的检查与维护复位 | 6 | |
| | 任务四　风窗玻璃洗涤器、刮水器的检查 | 6 | |
| | 任务五　空调的检查与维护 | 12 | |
| 项目五<br>汽车4万km维护<br>（综合训练） | 任务一　举升位置一的检查与维护 | 18 | 60 |
| | 任务二　举升位置二的检查与维护 | 18 | |
| | 任务三　举升位置三的检查与维护 | 12 | |
| | 任务四　举升位置四的检查与维护 | 6 | |
| | 任务五　举升位置五、六的检查与维护 | 6 | |

　　参加本书编写的人员均来自教学一线，他们都具有丰富的教学及实践经验。在编写过程中，本书注意"以学生为主体，以职业需求为导向"，编写风格采用"一体化教学方法"，具体框架为：任务描述—学习目标—学习重点—学习难点—相关知识—信息收集—制订计划—实施计划—检查与控制—评价与反馈—知识巩固。

　　本书由广西机电技师学院陈立刚担任主编，莫秋叶、黄聪担任副主编，参加编写的还有罗彪珂、吴玉梅、卜乔生、梁洪丹。具体编写分工如下：陈立刚编写项目三，莫秋叶编写项目一，黄聪编写项目五，罗彪珂编写项目二的任务一、任务二、任务三，梁洪丹编写项目二的任务四、任务五，吴玉梅编写项目四的任务一、任务二、任务三，卜乔生编写项目四的任务四、任务五。

　　由于编者水平和经验有限，书中难免有错误和不妥之处，敬请广大读者批评指正。对本书有任何意见和建议，可发送信息至1872630618@qq.com。

编　者

# 目 录

前　言
**项目一　汽车日常检查** ········································································· 1
　　任务一　汽车维护派工 ······································································ 2
　　任务二　车身外部检查 ···································································· 17
　　任务三　发动机舱检查 ···································································· 28
　　任务四　乘员舱检查 ······································································· 37
　　任务五　备胎的更换 ······································································· 46

**项目二　汽车发动机维护** ····································································· 53
　　任务一　机油的检查与更换 ······························································ 54
　　任务二　火花塞的检查与更换 ··························································· 61
　　任务三　进、排气系统的检查与更换 ··················································· 69
　　任务四　冷却液的检查与更换 ··························································· 78
　　任务五　发动机正时带的检查与更换 ··················································· 87

**项目三　汽车底盘维护** ········································································ 95
　　任务一　离合器的检查与调整 ··························································· 96
　　任务二　变速器油的检查与更换 ······················································· 105
　　任务三　轮胎的检查与换位 ···························································· 113
　　任务四　底盘螺栓紧固与悬架检查 ···················································· 124
　　任务五　制动器的检查与维护 ························································· 132
　　任务六　制动液的更换 ·································································· 142
　　任务七　转向系统的维护 ······························································· 151

**项目四　汽车电器维护** ······································································ 160
　　任务一　蓄电池的维护 ·································································· 161
　　任务二　灯光信号的检查 ······························································· 170
　　任务三　组合仪表的检查与维护复位 ················································· 179
　　任务四　风窗玻璃洗涤器、刮水器的检查 ··········································· 190
　　任务五　空调的检查与维护 ···························································· 198

**项目五　汽车 4 万 km 维护（综合训练）** ··············································· 210
　　任务一　举升位置一的检查与维护 ···················································· 211
　　任务二　举升位置二的检查与维护 ···················································· 223

任务三　举升位置三的检查与维护 ………………………………………………… 234

任务四　举升位置四的检查与维护 ………………………………………………… 245

任务五　举升位置五、六的检查与维护 …………………………………………… 254

**参考文献** ………………………………………………………………………………… **262**

# 项目一

## 汽车日常检查

汽车日常检查也称为例行维护，是整车维护的基础。它是指驾驶人在每日出车前、行车中、收车后，针对车辆使用情况所做的一系列预防性为主的日常维护作业。通过本项目的学习，学生应能准确说出日常检查的基本要求；能正确掌握日常维护作业内容；能正确描述汽车常规维护所使用工量具及仪器的名称、种类、用途及其使用方法，并正确使用。

本项目的学习任务分为：

学习任务一　汽车维护派工
学习任务二　车身外部检查
学习任务三　发动机舱检查
学习任务四　乘员舱检查
学习任务五　备胎的更换

# 任务一
## 汽车维护派工

### 【任务描述】

一辆轿车行驶了 40000km 以上，车主将车开到 4S 店进行维护，由服务顾问接车后，将任务派给你完成，请你依据派工单开展工作。

### 【学习目标】

1. 能口述维修技师的工作职责。
2. 能口述 23 项汽车维护流程。
3. 能独立完成车辆维修派工单的填写。
4. 能与他人合作，进行有效沟通，能按 6S 管理规定进行作业。

### 【学习重点】

能独立完成车辆维修派工单的填写。

### 【学习难点】

1. 能口述维修技师的工作职责。
2. 能口述 23 项汽车维护流程。

### 【相关知识】

#### 一、汽车维修技师的工作职责

1. 参加例会要求

1）每次参加例会，不准迟到。
2）认真听取例会的内容：
① 对于工作中好的方面要保持。
② 以往工作中的过错，无论是曾经发生在哪位员工身上，在以后的工作中都要杜绝发生。
3）听取每日工作安排，领会工作内容。

2. 班前准备

1）穿统一的工作服。
2）对自己的卫生责任区域进行全面的检查与清洁。
3）对自己的工具进行整理、整顿，处于待工状态。
4）对设备进行调试，保持良好状态。

5）保持良好的精神面貌。

3. 维修作业

1）拿到工单后，确认工单上所列车型与所要工作的车辆一致。

2）铺设翼子板垫及相应的保护用品，如图1-1所示。

3）确认工单中所列的工作项目，并准备相应的专用工具及设备。

4）当两人以上工作时，要合理分工。

图1-1 铺设车外三件套

4. 施工

1）对于自己不熟悉的工作要告诉班组长。

2）对于自己不太把握的工作要请教班组长或其他维修技师。

3）按照维修手册中的操作流程，正规操作。

4）对于一些工作项目复杂的车辆，得到明确工作指示后，方可工作。

5）工作中需要补充作业时，要及时通知班组长，未得到许可前不准施工。

6）对于工作中，可换、可不换的零件，要请示班组长。

7）工单中有其他工序的工作项目时，自己要进行完工检查后并及时通知班组长。

8）工作中，合理安排工作的先后顺序，要逐项完成工作，不漏项，确保质量。

5. 免费检查

1）根据免费检查单上所列的检查项目，逐项检查。

2）对于检查中发现需要进行维修的部位及需要更换的零件，要及时通知班组长，取得客户同意后方可施工。

3）对于松动的螺栓进行紧固，需要调整的部位进行调整，需要润滑的部位进行润滑，并在施工单上做好记录。

6. 自检

1）完工后，依工单上所列的工作项目逐项检查，不准漏项。

2）检查车辆所工作过的部位，螺栓无松动，无质量隐患。

3）根据车辆所出现故障的部位、零件，判断与其相关的部位是否存在质量隐患。

4）需要路试的车辆，通知班组长和客户一起路试，确认故障已经排除。

5）收拾旧零件：

① 清点更换下来的旧零件，贴好标签送至前台零件展示区。

② 对于大的旧零件要请示班组长，得到客户同意后进行相应的处理。

6）填写工单、质检单，交给班组长，并向其做维修方面必要的说明。

7. 技工要求（八不准）

1）非工作需要，不准擅自使用客户车辆上的音响和车用TV。

2）不准拿、用客户车上任何用品。

3）不准私自拆卸其他车辆部件用于自己的在修车。

4）在维修检验未确认前，不准交车。

5）不准在客户面前议论车辆品质及有损于公司形象的话题。

8. 5S 要求

1）工作服保持干净、整洁。

2）每日上班前、后对维修车间内外的卫生责任区进行整理、整顿、清扫、清洁，设备进行维护。

3）工作中要做到：工具、零件、设备、油水不落地。

4）工作中保持工作场地的清洁，工具（车）箱清洁/无异物，工具摆放整齐。

5）工作中工具、零件、设备等，不能随意放在客户的车辆上面（如发动机舱内、仪表台、座椅、行李舱等）。

6）工具（车）箱、零件车要专位放置，车辆升起时，不能放在车辆下面。

7）工作中因待件等原因停止工作时，要收拾好已拆下的零件，专位放置，并通知班组长。

8）当车辆离开工作场地后，要对工作场地及时清理，专用工具及时归还。

9. 履行职责

1）听从领导的安排，工作认真负责。

2）当因事请假或休息时，向班组长交代清楚手中的工作情况，确保不耽误工作进展。

3）在规定时间内完工。

4）努力工作、学习，掌握一定的技术水平，做到一次性修复。

5）工作中爱护客户的车辆：

① 使用专用工具、设备，不野蛮操作。

② 开关车门时要轻开轻关。

③ 工作中不能戴手套驾驶车辆。

④ 无油水溅落车辆上面，发现油污时要及时处理掉。

⑤ 不在客户的车辆上休息、抽烟、随意听音响、调试其他功能设施（如时钟、电台、座椅位置等）。

6）看到客户时，要主动打招呼问好。对于客户提出的问题，要热情认真地回答，讲不明白的地方要通知班组长和客户沟通。

## 二、汽车维修服务流程

### （一）接待服务

1. 接待准备

1）服务顾问按规范的要求检查仪容、仪表。

2）准备好必要的表单、工具和材料。

3）环境保持清洁美观。

2. 迎接客户

1）主动迎接，并引导客户停车。

2）使用标准问候语言。

3）恰当称呼客户。

4）注意接待顺序。

3. 环车检查

1）安装车内四件套，如图 1-2 所示。

2）基本信息登录。

3）环车检查。

4）详细、准确填写"接车登记表"。

4. 现场问诊

了解客户关心的问题，询问客户的来意，仔细倾听客户的要求及对车辆故障的描述。

5. 故障确认

1）可以立即确定故障的，根据质量担保规定，向客户说明车辆的维修项目和客户的需求是否属于质量担保范围内。

如果当时很难确定是否属于质量担保范围，应向客户说明原因，待进一步进行诊断后做出结论。

图1-2 铺设车内四件套

2）不能立即确定故障的，要向客户解释需经全面仔细检查后才能确定。

6. 获得、核实客户及其车辆信息

1）向客户取得行驶证及车辆维护手册。

2）引导客户到接待前台，请客户坐下。

7. 确认备品供应情况

查询备品库存，确定是否有所需备品。

8. 估算备品/工时费用

1）查看系统内客户服务档案，以判断车辆是否还有其他可推荐的维修项目。

2）尽量准确地对维修费用进行估算，并将维修费用按工时费和备品费进行细化。

3）将所有项目及所需备品录入系统。

4）如不能确定故障的，告知客户待检查结果出来后，再给出详细费用。

9. 预估完工时间

根据维修项目所需的工时及店内实际情况预估出完工时间。

10. 制作任务登记表

1）询问并向客户说明公司的付费方式。

2）说明交车程序，询问客户旧件处理方式。

3）询问客户是否接受免费洗车服务。

4）将以上信息录入系统。

5）告诉客户在维修过程中如果发现新的维修项目会及时与其联系，在客户同意并授权后才会进行维修。

6）书面写好派工单，向客户解释派工单，并请客户签字确认。

7）将"接车登记表"、任务"派工单"客户联交给客户。

11. 安排客户休息

（二）作业管理

1. 服务顾问与车间主管交接

1）服务顾问将车辆开至待修区，将车辆钥匙、"派工单"交给车间主管。

2）依照"派工单"与车间主管进行车辆交接。

3）向车间主管交代作业内容。

4）向车间主管说明交车时间的要求及其他需注意事项。

2. 车间主管向班组长派工

1）车间主管确定派工优先度。

2）车间主管根据各班组的技术能力及工作状况，向班组派工。

3. 实施维修作业

1）班组接到任务后，根据"接车登记表"对车辆进行验收。

2）确认故障现象，必要时可进行试车。

3）根据"派工单"上的工作内容，进行维修或诊断。

4）维修技师凭"派工单"领料，并在出库单上签字。

5）非工作需要不得进入车内，不能开动客户车上的电气设备。

6）对于客户留在车内的物品，维修技师应小心地加以保护，非工作需要严禁触动，因工作需要触动时要通知服务顾问，以征得客户的同意。

4. 作业过程中存在的问题

1）作业进度发生变化时，维修技师必须及时报告车间主管及服务顾问，以便服务顾问及时与客户联系，取得客户谅解或认可。

2）作业项目发生变化时按增项处理。

5. 自检及班组长检验

1）维修技师作业完成后，先进行自检。

2）自检完成后，交班组长检验。

3）检查合格后，班组长在"派工单"填写车辆维修建议、注意事项等，并签名。

4）交质检员或技术总监质量检验。

6. 总检

质检员或技术总监进行100%总检。

7. 车辆清洗

1）总检合格后，若客户接受免费洗车服务，将车辆开至洗车工位，同时通知车间主管及服务顾问车已开始清洗。

2）清洗车辆外观，必须确保不出现漆面划伤、外力压陷等情况。

3）彻底清洗驾驶室、行李舱和发动机舱等部位。烟灰缸、地毯和仪表等部位的灰尘都要清理干净，注意保护车内物品。

4）清洁后将车辆停放到竣工停车区，车辆摆放整齐，车头朝向出口方向。

（三）交车服务

1. 通知服务顾问准备交车

1）将车钥匙、"派工单"等物品移交车间主管，并通知服务顾问车辆已修完。

2）通知服务顾问停车位置。

2. 服务顾问内部交车

1）检查"派工单"，以确保客户委托的所有维修维护项目的书面记录都已完成，并有质检员签字。

项目一　汽车日常检查

2）实车核对"派工单",以确保客户委托的所有维修维护项目在车辆上都已完成。

3）确认故障已消除,必要时试车。

4）确认从车辆上更换下来的旧件。

5）确认车辆内外清洁度(包括无灰尘、油污、油脂)。

6）其他检查。除车辆外观外,不遗留抹布、工具、螺母和螺栓等。

3. 通知客户,约定交车

1）检查完成后,立即与客户取得联系,告知车已修好。

2）与客户约定交车时间。

3）大修车、事故车等不要在高峰时间交车。

4. 陪同客户验车

1）服务顾问陪同客户查看车辆的维修维护情况,依据任务"派工单"及"接车登记表",实车向客户说明。

2）向客户展示更换下来的旧件。

3）说明车辆维修建议及车辆使用注意事项。

4）提醒客户下次维护的时间和里程。

5）说明备胎、随车工具已检查及说明检查结果。

6）向客户说明、展示车辆内外已清洁干净。

7）告知客户三日内销售服务中心将进行服务质量跟踪电话回访,询问客户方便接听电话的时间。

8）当客户的面取下三件套,放于回收装置中。

5. 制作结算单

1）引导客户到服务接待前台,请客户坐下。

2）打印出车辆维修结算单及出门证。

6. 向客户说明有关注意事项

1）根据任务派工单上的"建议维修项目"向客户说明这些工作是被推荐的,并记录在车辆维修结算单上。特别是有关安全的建议维修项目,要向客户说明必须维修的原因及不修复可能带来的严重后果,若客户不同意修复,要请客户注明并签字。

2）对维护手册上的记录进行说明。

3）对于首保客户,说明首次维护是免费的维护项目,并简要介绍质量担保规定和定期维护的重要性。

4）将下次维护的时间和里程记录在车辆维修结算单上,并提醒客户留意。

5）告知客户会在下次维护到期前提醒、预约客户来店维护。

6）与客户确认方便接听服务质量跟踪电话的时间并记录在车辆维修结算单上。

7. 解释费用

1）依车辆维修结算单,向客户解释收费情况。

2）请客户在结算单上签字确认。

8. 服务顾问陪同客户结账

9. 服务顾问将资料交还客户

1）服务顾问将车钥匙、行驶证和维护手册等相关物品交还给客户。

2）将能够随时与服务顾问取得联系的方式（电话号码等）告诉客户。

3）询问客户是否还有其他服务。

10. 送客户离开

送别客户并对客户的惠顾表示感谢。

### 三、派工注意事项

1）要区分返修、保修、预约和等待维修的客户，并根据此顺序进行派工。

2）根据维修班组的情况，轮流派工，遇到班组人员不在，自动跳到下一班组。

3）保证一人一张工单的派工原则。

4）发现追加作业项目的时候，维修技师需通知服务顾问与车间主管，服务顾问通知客户，再由服务顾问把信息返回给车间。

5）维修技师如果在规定的时间内不能完工，提前 20min 通知车间主管，车间主管通知服务顾问。

6）当维修中断或待料时，通知服务顾问。

7）对维修技师进行技术支援。当作业要求超出维修技师的能力范围时，需另选合适的维修技师或车间主管进行作业指导。

### 四、维修技师的维修流程

1. 领取工单

一旦维修技师准备开始一新的工作，他应检查控工看板，领取工单及钥匙并将车开至维修工位。

2. 记录时间

在工单上打上时间，每一修理工作开始时，维修技师应在工单上记录开工与完工时间；多工组维修应记录多工组维修交接记录表。

3. 取车

确认已使用四件套：座椅套、脚垫、转向盘套、变速杆套，若缺任何一项应立即补上，并在派工单上记录。由停车区将车辆开入维修站修车区。

4. 领取零件

当维修技师维修需要零件时，凭派工单从配件部储存区领取该零件。若部分零件不需用于该修理工作，维修技师应将该零件返还至零件部，零件部应开列退料单并钉在工单上。

5. 必要时通知总监

非常规维修或维护项目应通知维修站技术总检讨论修理工作和作业的顺序。若检验需执行修理工作的某些作业时，确定作业顺序是重要的，在这种状况下，修理作业前，维修技师可开始一些简单的工作并由检验人员进行中间检查。

6. 使用维修手册

若适用，应参阅维修手册或技术通报（在开始工作前）。

7. 使用维修查检表

对于例行性的维护，维修技师应使用相关的维修查检表并记录其作业过程。

**8. 开始维修工作**

在修理期间，维修技师应在维修工单或小派工单上勾掉已完成的作业，工单也可用于记录维修技师的意见。

**9. 完成修理工作**

在维修过程中，班组长应实施过程检验，并做记录。一旦修理工作已完成，维修技师应告知技术总检（在某些状况，总检将会检查修理工作）；完成工单填写并签名；完成所有的报表文件，如维修查检表、工单等；将车辆和工单交给服务顾问，如图1-3所示。

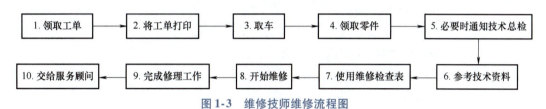

图1-3　维修技师维修流程图

**10. 交车**

维修技师应将车辆停放在准备试车的停车区，在工单上打上完成时间，将所有的报表文件交给检验人员，然后转检验流程。

### 五、轿车23项维护流程

××品牌轿车23项维护工单见表1-1。

表1-1　××品牌轿车23项维护工单

车型：_____　车牌号：_____　　　　　行驶里程：_____km

| 车辆举升位置 | 步骤序号 | 维护操作步骤（关键项目★） | 检查结果 | 备注 |
|---|---|---|---|---|
| 未进工位 | 1 | 检查制动踏板、加速踏板和离合器踏板的行程及松紧度 | □正常　□异常 | |
| | 2 | ★转动转向盘，检查转向机间隙及是否存在异响 | □正常　□异常 | |
| | 3 | ★检查驻车制动器的行程及松紧度 | □正常　□异常 | |
| | | 移动车辆进入工位 | | |
| 进入工位（地面） | 4 | 领取物料及准备维护工具 | | |
| | | 检查喇叭、整车灯光、仪表功能和音响系统 | □正常　□异常 | |
| | 5 | 检查刮水器、后视镜、升降器、门锁操控和安全带的功能 | □正常　□异常 | |
| | 6 | 检查空调冷暖风系统的工作状况 | □正常　□异常 | |
| | | 必要时拆出空调滤芯，进行清洁或更换 | □清洁　□更换 | |
| | 7 | 检查蓄电池电压，必要时清洁、紧固及润滑桩头 | □正常　□异常 | |
| | 8 | ★检查机油、冷却液、制动液和转向液的液面高度 | □正常　□异常 | |
| | | 必要时补充冷却液、制动液、转向液和清洗液 | □是　□否 | |
| | 9 | 更换或清洁空气滤清器（手册规定更换周期），并检查发电机、空调传动带挠度 | □正常　□异常 | |
| | 10 | 检查车身五门一盖无开关卡滞，并对车门锁、铰链和限位器进行润滑 | □正常　□异常 | |

（续）

车型：＿＿＿＿＿＿　　车牌号：＿＿＿＿＿＿＿＿＿　　　　　　　　行驶里程：＿＿＿＿＿＿km

| 车辆举升位置 | 步骤序号 | 维护操作步骤（关键项目★） | 检查结果 | 备注 |
|---|---|---|---|---|
| 高位 | 11 | 举升车辆及准备工具 | | |
| | | 拆发动机放油螺栓，排放机油 | | |
| | 12 | 拆变速器、后减速器（乘用车无）加油螺母，检查变速器、后减速器油位及品质 | □正常　□异常 | |
| | 13 | 检查制动、冷却、转向和燃油系统是否有油液渗漏，更换燃油滤清器（手册规定更换周期） | □正常　□异常 | |
| | 14 | ★检查转向系统，摆动前轮及拉杆，确认转向拉杆、球头是否松动 | □正常　□异常 | |
| | 15 | ★检查并紧固前后悬架、转向、排气、发动机相关连接螺栓 | □正常　□异常 | |
| | 16 | 更换机油滤清器，紧固机油放油螺栓 | □是　□否 | |
| | 17 | 更换后减速器油（乘用车无） | □是　□否 | |
| | 18 | 更换变速器油（手册规定更换周期） | □是　□否 | |
| 中下部 | 19 | 车辆下降至中下部 | | |
| | | 更换机油滤清器，按标准加注机油，运行并观察发动机工况及噪声 | □正常　□异常 | |
| | 20 | ★举升车辆至上部，观察底盘、发动机、变速器和后减速器（乘用车无）是否有油液渗漏 | □正常　□异常 | |
| | | 必要时进行清洁或调整紧固 | □清洁　□调整 | |
| | 21 | 检查四轮胎纹深度及磨损情况，检查四轮轴承、摩擦片和制动盘有无异常 | □正常　□异常 | |
| | | 必要时进行四轮换位，及时对轴承，摩擦片和制动盘进行清洁或调整更换 | □清洁　□更换 | |
| 地面 | 22 | 车辆下降放落至地面，关闭发动机 | | |
| | | 检查四轮螺栓，检查四轮及备胎充气情况，必要时充气 | □正常　□异常 | |
| | 23 | 用诊断仪诊断故障，并检测蓄电池的电压、火花塞、喷油器和PCV阀等相关数据流有无异常 | □正常　□异常 | |
| | | 必要时进行火花塞、喷油器、曲轴箱通风管的清洁或调整更换 | □清洁　□更换 | |

维修建议

项目一　汽车日常检查

> 【信息收集】

一、我们的学习任务是什么？

二、为了顺利完成本学习任务，请按下列要求完成下列信息的收集。
1. 维护车辆的车型：_____
2. 行驶里程：_____
3. 根据维护周期表 1-2 列出 4 万 km 维护需要做哪些项目？

_____

_____

表 1-2　维护周期表

| 周期项目/km | 机油滤清器 | 空气滤清器 | 燃油滤清器 | 空调滤清器 | 制动液 | 变速器油 | 转向助力液 | 火花塞 |
|---|---|---|---|---|---|---|---|---|
| 5000 | ● | ○ | —— | ○ | ○ | ○ | ○ | —— |
| 10000 | ● | ○ | ○ | ○ | ○ | ○ | ○ | —— |
| 20000 | ● | ● | ● | ● | ○ | ○ | ○ | ○ |
| 30000 | ● | ● | —— | ● | ○ | ○ | ○ | ○ |
| 40000 | ● | ● | ● | ● | ● | ○ | ○ | ● |
| 50000 | ● | ● | —— | ● | ○ | ○ | ○ | ○ |
| 60000 | ● | ● | ● | ● | ● | ● | ● | ○ |

注：●：需要更换；○：常规检查，如需更换则更换；——：无须更换。

4. 根据维护配件价格表 1-3 列出 4 万 km 维护需要的费用：_____元。

表 1-3　配件价格表

| 零配件名称 | 零配件价格（元） | 工时费（元） |
|---|---|---|
| ××轿车维护配件价格 | | |
| 机油 | SM 5W-30（半合成机油）181/瓶/4L | 30 |
| 机油滤清器 | 20/个 | |
| 空气滤清器 | 59/个 | |
| 燃油滤清器 | 45/个 | 60 |
| 空调滤清器 | 70/个 | |
| 火花塞 | 13/支（每次更换需 4 支） | 60 |
| 制动液 | 35/瓶（每次更换需 2 瓶） | 120 |
| 变速器油 | 手动档：118/瓶/1.8L | 100 |
| 转向助力液 | 59/瓶/1L（每次更换需 2 瓶） | 60 |
| 冷却液 | 135/瓶/6L（冰点不高于 -40℃） | 60 |

11

5. 进行车辆维护前需要做哪些预检工作？

6. 安放车内四件套和车外三件套的目的是什么？

## 【制订计划】

请根据车主描述的现象和任务要求，确定所需的维护仪器、工具，并对小组成员进行合理分工，制订详细的检查和维护计划。

1. 请在下表中选择在检修中可能用到的工量具（在对应的选项中打√即可）。

| 工量具名称 | 选 | 择 |
|---|---|---|
| 车内四件套 | □可能 | □不可能 |
| 车外三件套 | □可能 | □不可能 |
| 手套 | □可能 | □不可能 |
| 扳手 | □可能 | □不可能 |
| 手电筒 | □可能 | □不可能 |
| 其他（请填写具体名称） | | |

2. 小组成员分工

| 序　号 | 组　长 | 记　录　员 | 操　作　员 | 备　注 |
|---|---|---|---|---|
| | | | | |
| | | | | |

3. 汽车维护派工计划

1) 车辆检查方法：_____

2) 操作步骤：_____

3) 选用工具：_____

## 【实施计划】

请结合本小组制订的计划，对汽车进行接车和维护派工，并完成下列内容的填写。
根据实训车辆，采用角色扮演法，填写表1-4 汽车维修派工单：
1) 在车辆内部安放防护物（座椅套、脚垫、转向盘套、变速杆套）。
2) 在完成最初故障诊断的同时编制相应的商务报价。
3) 围绕车辆巡视一圈，按派工单上所注明的检查点进行系统的检查。

项目一　汽车日常检查

## 表1-4　汽车维护派工单

| 服务站名称 | | 车辆进站时间 | | 年　月　日　时 | | 服务顾问 | |
|---|---|---|---|---|---|---|---|
| 客户信息 | □车主　□送修人 | | | 地址 | | 联系电话 | |
| 车辆信息 | 车牌号 | | 车型 | | VIN（车辆识别号码） | 发动机号 | 里程数 |
| 作业信息 | 维修开始时间 | | 预计交车时间 | | 付款方式 | | 非索赔旧件是否带走 |
| | 年　月　日　时 | | 年　月　日　时 | | □现金　□信用卡　□其他 | | 是□　否□ |
| 互动检查 | 是否有贵重物品 是□　否□ 车身状况及漆面检查，损伤部位右图标注 | | | 油箱油量 | □空　　　□<1/4 □半箱　□<3/4　□满箱 | | |
| | | | | 检查结果 | | | |
| | | | | 车身检查 | | | |
| | | | | 车内检查 | | | |
| | | | | 发动机舱 | | | |
| | | | | 底盘检查 | | | |
| | 客户须知 1. 客户提供的信息真实有效 2. 维修完成时间以通知客户接车时间为准 3. 客户应在接到通知2h内接车 4. 客户违反"客户须知"产生的风险和损失需客户承担 | | | 客户故障描述： | | | |

外出救援：　是□　否□　　　　救援里程（往返）：　　　（km）　救援到达时间：

客户确认：本人已阅知并理解上述内容　　　客户签字：

| 维修项目 | 维修（维护）项目 | 备件 | 是否索赔 | 材料费（元） | 工时费（元） | 小计（元） | 维修人 | 检查人 |
|---|---|---|---|---|---|---|---|---|
| | | | 是　否 | | | | | |
| | | | 是　否 | | | | | |
| | | | 是　否 | | | | | |
| | | | 是　否 | | | | | |
| | | | 是　否 | | | | | |
| | | | 是　否 | | | | | |
| | 预估费用（元）： | | 费用小计（元） | | | | | |

客户确认以上维修项目及费用：

（续）

| 新增维修项目 | 维修（维护）项目 | 备件 | 是否索赔 | 材料费（元） | 工时费（元） | 小计（元） | 维修人 | 检查人 |
|---|---|---|---|---|---|---|---|---|
| | | | 是　否 | | | | | |
| | | | 是　否 | | | | | |
| | | | 是　否 | | | | | |
| | | | 是　否 | | | | | |
| | 预估新增维修时间： | | 费用小计（元） | | | | | |
| | 预估新增维修费用（元）： | | | | | | | |

客户确认以上维修项目及费用：

| 索赔费用（元） | | 自费费用（元） | | 维修总费用（元） | | 交通补偿费用（元）： | |
|---|---|---|---|---|---|---|---|
| 质检员签字（盖章）： | | 通知用户接车方式 | 现场短信电话 | 通知用户接车时间 | 年　月　日　时 | 实际交车时间 | 年　月　日　时 |
| 客户评价 | □满意　□不满意 | 不满意原因：□服务接待　□服务环境　□维修质量　□维修时间　□备件保供　□维修收费　□产品质量 | | | | | |

本人确认以上内容与本人需求一致并已提车　　　　客户签字：

## 【检查与控制】

观察员根据操作员的工作过程评分，具体评分细则见表1-5。

表1-5　汽车维护派工考核评分表

操作时间：30min

| 序号 | 考核项目 | 考核内容及要求（评分要点） | 配分 | 评分标准 | 扣分 |
|---|---|---|---|---|---|
| 1 | 取出保修手册 | 拉开车门<br>请客户提供保修手册/在得到客户允许后打开杂物箱 | 6 | | |
| 2 | 环车检查 | 将座椅套、脚垫、转向盘套等物品放置在车内<br>找到保修手册，核实发动机号、底盘号和以前的维修记录<br>核实里程数，记录燃油量<br>检查前排座椅、仪表台上等处是否有客户遗留的贵重物品<br>在从车里出来之前，打开发动机舱盖拉锁和所有门锁 | 30 | 报错扣2分，检查错误扣2分 | |
| | | 关上驾驶人侧车门<br>记录左前车门、翼子板、发动机舱盖和后视镜等处的划痕、凹痕或漆伤<br>检查风窗玻璃上的划痕<br>检查左侧刮水片是否硬化或有裂纹<br>检查左前轮胎是否有不均匀磨损和裂纹等问题 | | 报错扣2分，检查错误扣2分 | |

项目一　汽车日常检查

（续）

| 序号 | 考核项目 | 考核内容及要求（评分要点） | 配分 | 评 分 标 准 | 扣分 |
|---|---|---|---|---|---|
| 2 | 环车检查 | 检查发动机舱是否有油液泄漏 | 30 | 报错扣2分，检查错误扣2分 | |
| | | 检查右侧翼子板、右前门和右侧后视镜等处是否有车身和油漆损伤<br>检查右侧刮水片是否硬化或有裂纹<br>检查右前轮胎是否有不均匀磨损和裂纹现象<br>确认轮饰盖是否完好 | | 报错扣2分，检查错误扣2分 | |
| | | 检查右侧车身和油漆的损伤情况<br>检查是否有贵重物品遗忘在车后座上<br>检查右后轮胎是否有不均匀的磨损或裂纹 | | 报错扣2分，检查错误扣2分 | |
| | | 检查后门是否有车身和油漆损伤<br>掀起行李舱盖，检查行李舱内是否有遗留的贵重物品<br>检查后风窗玻璃的刮水片是否有硬化或裂纹<br>确认所有随车工具齐全，确认千斤顶妥善固定在原位 | | 报错扣2分，检查错误扣2分 | |
| 3 | 填写派工单 | 记录完善 | 30 | 记录错误一处扣2分 | |
| 4 | 口述维护流程 | 口述4万km主要维护项目 | 24 | 每条3分 | |
| 5 | 安全保护 | 劳保穿戴齐全 | 5 | 劳保穿戴不全扣3分 | |
| | | 文明操作、工具摆放有序 | 5 | 乱摆乱放工量具，扣2分 | |
| | | 总　　　　分 | 100 | 得分 | |

考评员：　　　　　　　　记分员：　　　　　　　　　　　　年　月　日

## 【评价与反馈】

### 1. 自我评价

| 我做得好的地方 | 我还存在这些方面的问题 |
|---|---|
| □动作准确 | □动作不到位 |
| □工具使用规范 | □工具使用不规范 |
| □安装步骤熟悉 | □安装步骤不熟悉 |
| □零件摆放整齐 | □零件摆放不整齐 |
| □操作用时合理 | □操作用时过长 |
| □工作态度端正 | □工作态度不够端正 |

### 2. 小组评价

我们组做到了：□全员参与　□分工明确　□工作高效　□完成了工作任务

3. 教师评价

| 评价内容 | 评价指标 | 等次（星级评定） |
|---|---|---|
| 活动态度方面 | 1）态度是否积极，是否主动组织或参与活动<br>2）与小组同学合作是否良好<br>3）活动是否认真、善始善终<br>4）是否勇于克服困难 | |
| 知识技能方面 | 1）查阅资料技能<br>2）实地观察记录能力<br>3）调查研究能力<br>4）整理材料能力 | |

## 【知识巩固】

### 一、选择题

1. VIN 为 LFPX1ACA765A88776 的车辆，是（　　）年生产下线的。
   A. 2008　　　　B. 2007　　　　C. 2006　　　　D. 2005
2. 下列（　　）派工单应给予最高的优先级。
   A. 预约　　　　B. 维修/召回行动　　C. 保修派工单　　D. 返修派工单
3. 车间完成维修质检将工单交至前台后，业务接待首先应进行（　　）工作。
   A. 立即致电车主告知可以取车　　　　B. 进行交车前检查
   C. 请客户立即填写客户满意度调查表　　D. 业务接待进行路试

### 二、填空题

1. 必须安放的三种护车套件（维修三保）是_____、_____、_____。
2. 汽车 4S 店中 4 个 "S" 的含义是_____、_____、_____、_____。
3. 5S 管理包括_____、_____、_____、_____和素养。
4. 接待过程中环车检查时需要检查的项目有车身漆面、_____、_____、_____、_____和备胎随车工具等。

### 三、简答题

简述汽车维护服务流程的内容。

项目一　汽车日常检查

## 任务二
## 车身外部检查

### 【任务描述】

老黄五一小长假开车回了趟老家,由于老家路上灰尘以及砂石比较多,可能对车身造成了一定的损伤,老黄觉得车身外观体现车主的风度和气质,所以他认为有必要对车身外部进行检查与维护。如果让你来完成车身维护作业,你应该怎样做?

### 【学习目标】

1. 能口述车身外部各部件的名称。
2. 能口述车身外部维护的检查要点。
3. 能独立完成车身外部的检查与维护。
4. 能与他人合作,进行有效沟通,能按 6S 管理规定进行作业。

### 【学习重点】

能独立完成车身外部的检查与维护。

### 【学习难点】

能口述车身外部维护的检查要点。

### 【相关知识】

#### 一、车身外部各部件的名称

汽车车身是用来运送乘客和货物,并保护其免受尘土、雨雪、振动、噪声和废气等侵袭的具有特定形状的结构,对行驶安全、乘坐舒适和运输效率等有很大的影响。同时车身合理的外部形状,有助于提高汽车行驶稳定性和改善发动机的冷却条件,保证车身内部通风良好。

汽车车身包括车身壳体及门窗、前后钣金制件、车身附件和内外饰件等。汽车车身各部件名称如图 1-4~图 1-7 所示。

#### 二、车身检查

(一) 车身外观的检查

1. 车身漆面

车身漆面能起到防止金属部件生锈、防止阳光直射、加强车身强度、美化车辆外观等作用。

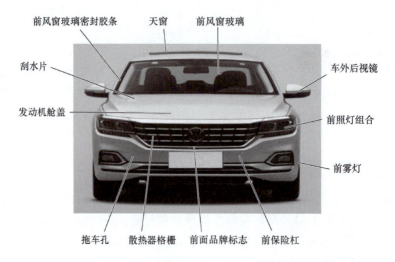

图1-4 车身部件名称示意图（车前部）

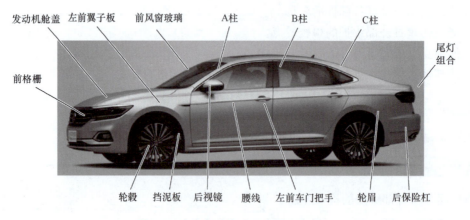

图1-5 车身部件名称示意图（左侧）

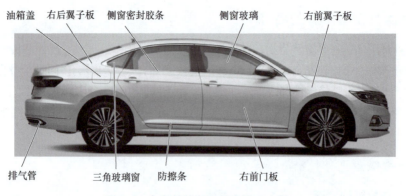

图1-6 车身部件名称示意图（右侧）

车身漆面的检查主要包括检查车身漆面有无油污、损坏和划痕等情况。

项目一　汽车日常检查

图 1-7　车身部件名称示意图（车尾部）

2. 汽车玻璃

汽车玻璃是汽车重要的部件之一，除了具有透明的特性外，还具有在碰到物体不易碎的特性还能够有效地保护乘员的安全。

汽车玻璃的检查主要包括检查外观是否有油污开裂和破损等情况，确认玻璃密封条配合牢固、无开裂、变形和翘起等现象。

（二）车门铰链、行李舱铰链、开合件以及车身连接螺栓的检查

车门铰链的作用：连接车门、车身和保证车门的开合。

检查内容：主要检查各个铰链在开合时是否有异响，是否生锈，松紧度是否合适等，螺栓连接是否有松动的现象。

（三）车身锁的检查

车身锁有门锁和儿童锁等。

儿童锁的功能（限后门锁）：为了防止车内后排儿童单独乘坐时擅自打开车门发生危险，保证汽车在行驶过程中儿童无意识拉动手柄后无法从内部打开，防止意外的发生；停止行驶时，从内外可以操纵外手柄打开车门，如图 1-8 所示。

图 1-8　儿童锁

检查方法：开启儿童锁，从车内开门，则无法打开车门，从车外拉开车门锁则可以打开车门；锁止儿童锁，则从车内外均可以开门锁打开车门。

（四）组合灯外观的检查

组合灯由前照灯组合和后尾灯组合组成，主要检查它们的外观是否有污垢、划痕，安装是否良好。

三、车身预检工作位置流程

在检查车身外部时，以检查驾驶人座椅项目（位置1）开始，然后按照图1-9中指示顺序方向，将车辆四周彻底检查一遍。

19

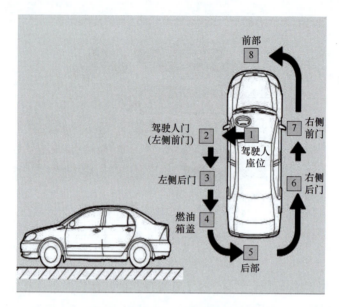

图1-9 车身检查工作位置的流程

📝 【信息收集】▶▶▶

一、我们的学习任务是什么？

二、为了顺利完成本学习任务，请按下列要求完成下列信息的收集。
1. 维护车辆车型：_____
2. 行驶里程：_____
3. 汽车车身包括哪些组成部件？

_____

_____

4. 车身的检查与维护包括哪些项目？

_____

_____

5. 写出车身预检工作位置流程。

_____

📊 【制订计划】▶▶▶

请根据车主描述的现象和任务要求，确定所需的维护仪器、工具，并对小组成员进行合理分工，制订详细的检查和维护计划。

项目一 汽车日常检查

1) 请在下表中选择在检修中可能用到的工量具（在对应的选项中打√即可）。

| 工量具名称 | 选 | 择 |
| --- | --- | --- |
| 万用表 | □可能 | □不可能 |
| 钢直尺 | □可能 | □不可能 |
| 尖嘴钳 | □可能 | □不可能 |
| 扳手 | □可能 | □不可能 |
| 十字螺钉旋具 | □可能 | □不可能 |
| 一字螺钉旋具 | □可能 | □不可能 |
| 手电筒 | □可能 | □不可能 |
| 其他（请填写具体名称） | | |

2) 小组成员分工。

| 序　号 | 组　　长 | 记　录　员 | 操　作　员 | 备　　注 |
| --- | --- | --- | --- | --- |
| | | | | |
| | | | | |

3) 车身检查和维护计划。
① 车身外观要检查的项目：_____
_____
_____

② 儿童锁的检查方法：_____
_____
_____

【实施计划】

请结合本小组制订的维护计划，对车身进行检查与调整，并完成下列内容的填写。
（一）车身外部名称认识，请注明下列各部件和结构的名称。

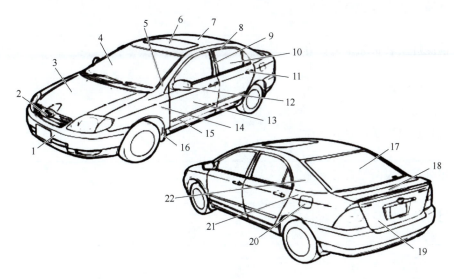

| 序号 | 名称 | 序号 | 名称 |
| --- | --- | --- | --- |
| 1 |  | 12 | 后视镜 |
| 2 |  | 13 |  |
| 3 |  | 14 | 前翼子板 |
| 4 | 前风窗玻璃 | 15 | 防擦板 |
| 5 | 前柱 | 16 |  |
| 6 |  | 17 |  |
| 7 |  | 18 |  |
| 8 | 门框 | 19 |  |
| 9 | 中柱 | 20 |  |
| 10 |  | 21 |  |
| 11 |  | 22 | 后柱 |

（二）在教师的引导下分组，以小组为单位学习相关知识，并回答下列问题。

经过老师对车身各部件的名称、车门铰链的检查、儿童安全锁的检查方法讲解后，小组学习，完成下列问题：

1. 车辆外观检查

车辆外观的检查主要包括部件功能和外观损坏的检查，该工作重点外观损坏检查包括_____、_____、行李舱盖检查、_____、车门检查、车身漆面检查和汽车玻璃检查。

2. 前照灯总成检查

前照灯总成的检查如图 1-10 所示。

1）前照灯总成表面是否有污垢？

_____

2）前照灯表面是否有划痕？

_____

3）前照灯安装状况是否良好？

_____

3. 后尾灯总成检查

后尾灯总成的检查如图 1-11 所示。

1）尾灯总成表面是否有污垢？

_____

2）尾灯总成表面是否有划痕？

_____

3）尾灯总成安装状况是否良好？

_____

项目一 汽车日常检查

图 1-10 前照灯总成的检查

图 1-11 后尾灯总成的检查

4. 燃油箱盖和行李舱盖检查

燃油箱盖和行李舱盖检查如图 1-12 和图 1-13 所示。

图 1-12 燃油箱盖的检查

图 1-13 行李舱盖的检查

1）打开行李舱盖及燃油箱盖，检查燃油箱盖的表面是否有损坏？_____
2）用手轻轻晃动连接部位，确认安装是否牢固可靠？_____
3）在行李舱开启的状态下用手晃动连接杆，连接螺栓是否有松动现象？_____

5. 各车门铰链及儿童锁检查

车门铰链及儿童锁检查如图 1-14 和图 1-15 所示，将检查结果填入表 1-6 中。

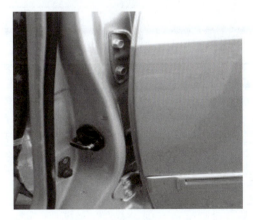
图 1-14 车门铰链的检查

图 1-15 儿童锁的检查

表1-6　车门和儿童锁检测表（良好/损坏）

| 检查位置 | 车身螺栓 | 车门螺栓 | 铰　链 | 车门锁 | 儿童锁 |
| --- | --- | --- | --- | --- | --- |
| 左前门 | | | | | |
| 左后门 | | | | | |
| 右后门 | | | | | |
| 右前门 | | | | | |

6. 发动机舱盖检查

发动机舱盖开启开关及铰链的检查如图1-16和图1-17所示。

图1-16　发动机舱盖开启开关

图1-17　发动机舱盖铰链

1）通过驾驶室发动机舱盖开启开关打开发动机舱盖，在举高位置左右晃动，确认铰链是否完好？_____

2）将发动机舱盖放下，确认锁扣是否能正确扣合？_____

3）将发动机舱盖锁好，再次打开，确认其是否能正确锁紧和开启？_____

7. 车身及玻璃检查

1）车身表面有无损坏？车身漆面有无损坏？车身漆面有无划痕？_____

2）车窗是否有损坏？有无裂纹？_____

3）车身配合间隙的检查。

| 检查内容 | 检查记录 |
| --- | --- |
| 确认发动机舱盖、行李舱与两侧翼子板的配合间隙均匀、左右对称、平整度一致 | |
| 确认前、后保险杠与翼子板的配合间隙均匀、平整一致 | |
| 确认前、后保险杠与发动机舱盖、行李舱的配合间隙均匀 | |
| 检查四个车门与车身的配合间隙均匀、平整一致 | |

4）车身玻璃的检查。

项目一 汽车日常检查

| 检查内容 | 检查记录 |
|---|---|
| 检查确认玻璃表面无开裂、爆眼、划伤且玻璃平整 | |
| 透过玻璃看物体时,无模糊、无变形感觉 | |
| 确认玻璃密封条配合牢固,无开裂、变形和翘起等现象 | |

8. 车辆外观检测流程及注意事项

| 要求项目检查情况 | 实际检查情况 | 竣工检验要求及注意事项 |
|---|---|---|
| 车灯总成检查 | | |
| 发动机舱盖检查 | | |
| 燃油箱盖及行李舱盖检查 | | |
| 车门检查 | | |
| 儿童锁检查 | | |
| 车身漆面检查 | | |
| 汽车玻璃检查 | | |

【检查与控制】

观察员根据操作员的工作过程评分,具体评分细则见表1-7。

表1-7 车身检查与维护考核评分表

操作时间:30min

| 序号 | 考核项目 | 考核内容及要求（评分要点） | 配分 | 评分标准 | 得分 | 备注 |
|---|---|---|---|---|---|---|
| 1 | 操作前准备工作 | 1）检查工具是否齐全<br>2）安装车轮挡块<br>3）拉紧驻车制动器<br>4）将变速杆置于空档位置 | 20 | 1）检查工具是否齐全（5）<br>2）安好车轮挡块（5分）<br>3）拉紧驻车制动器（5分）<br>4）将变速杆置于空档位置（5分）<br>5）步骤不清楚,不得分 | | |
| 2 | 检查车身外部各部件 | 1）检查车辆车身、车门外观、门窗玻璃是否有划痕、凹陷和掉漆等现象<br>2）逐一检查各前照灯组合外观是否有污垢、划痕,安装情况是否良好<br>3）检查燃油箱盖、行李舱盖是否有损坏,连接部位是否牢固<br>4）检查车门铰链连接是否牢固,儿童锁是否正常工作<br>5）检查发动机舱盖开启开关是否正常 | 64 | 1）车辆外观漏检一项或者检查不全面,每项扣2分<br>2）各前照灯组合外观检查是否全面（说不全或漏说一项扣2分）<br>3）燃油箱盖、行李舱检查是否全面（说不全或漏说一处扣2分）<br>4）车门铰链或儿童锁检查是否全面（说不全或漏说一处扣2分）<br>5）发动机舱盖开启开关检查方法是否正确（检查错误扣2分） | | |

25

（续）

| 序号 | 考核项目 | 考核内容及要求（评分要点） | 配分 | 评分标准 | 得分 | 备注 |
|---|---|---|---|---|---|---|
| 3 | 恢复设备 | 1）收拾并整理好三件套<br>2）锁好车门 | 6 | 1）不收好并叠放整齐三件套，不得分<br>2）未按标准锁好车门，不得分 | | |
| 4 | 工具和量具的使用 | 1）正确使用各种工具和量具<br>2）不得损坏工具和量具 | 5 | 1）工量具使用方法不正确，一次扣2分<br>2）损坏工量具，不得分 | | |
| 5 | 安全保护 | 劳保穿戴齐全 | 3 | 劳保穿戴不全，扣3分 | | |
| | | 文明操作，工具摆放有序 | 2 | 乱摆乱放工量具，扣2分 | | |
| | | 合　　计 | 100 | | | |

考评员：　　　　　　　　　记分员：　　　　　　　　　年　　月　　日

## 【评价与反馈】

### 1. 自我评价

| 我做得好的地方 | 我还存在这些方面的问题 |
|---|---|
| □动作准确 | □动作不到位 |
| □工具使用规范 | □工具使用不规范 |
| □安装步骤熟悉 | □安装步骤不熟悉 |
| □零件摆放整齐 | □零件摆放不整齐 |
| □操作用时合理 | □操作用时过长 |
| □工作态度端正 | □工作态度不够端正 |

### 2. 小组评价

我们组做到了：□全员参与　　□分工明确　　□工作高效　　□完成了工作任务

### 3. 教师评价

| 评价内容 | 评价指标 | 等次（星级评定） |
|---|---|---|
| 活动态度方面 | 1）态度是否积极，是否主动组织或参与活动<br>2）与小组同学合作是否良好<br>3）活动是否认真、善始善终<br>4）是否勇于克服困难。 | |
| 知识技能方面 | 1）查阅资料技能<br>2）实地观察记录能力<br>3）调查研究能力<br>4）整理材料能力 | |

项目一　汽车日常检查

## 【知识巩固】

### 一、选择题

1. 下列不属于汽车玻璃的特性是（　　）。
   A. 透明性　　　　　B. 不易碎性　　　　C. 耐热性　　　　　D. 吸水性
2. 当儿童锁开关开启时（　　）。
   A. 从车里向外开不了　　　　　　　　B. 从里向外开不了
   C. 里外都可以随意开　　　　　　　　D. 里外均开不了
3. 灯光组合的检查与维护不包括（　　）。
   A. 外观　　　　　　B. 破损　　　　　　C. 耗电特性　　　　D. 安装是否牢固

### 二、简答题

1. 汽车玻璃主要检查哪些内容？

2. 简述儿童锁的检查方法。

## 任务三 发动机舱检查

### 【任务描述】

李先生购买的车辆行驶了 1 万 km,现在李先生把车开到汽车 4S 店做维护,维修人员根据用户手册的维护计划,需要对发动机舱检查与维护,如果给你这个任务,你可以完成吗?你认识发动机舱的部件吗?

### 【学习目标】

1. 能口述发动机舱各部件的名称和作用。
2. 能口述发动机舱油液的检查要点。
3. 能独立完成发动机舱各部件的检查紧固作业。
4. 能独立完成发动机舱各油液的检查。
5. 能与他人合作,进行有效沟通,能按 6S 管理规定进行作业。

### 【学习重点】

能独立完成发动机舱各部件以及油液的检查与维护。

### 【学习难点】

能口述发动机舱油液的检查要点。

### 【相关知识】

了解发动机舱的各部件状况,便于及时进行维护与检修,确保发动机正常运转及用车安全,同时了解油液液位、质量,防止液位偏低、质量下降,使发动机功率下降和车辆部件加速磨损,需要对发动机舱进行维护。发动机舱的维护检查主要包括发动机舱各部件的检查及紧固作业、发动机油液的检查。

#### 一、发动机舱的检查内容

1)检查发动机连接件、前减振器上支撑、蓄电池支架、冷却系统连接软管的紧固情况。

2)检查传动带松紧度、油液渗漏情况、散热器盖密封性。

3)检查冷却液冰点、电解液密度。

4)检查发动机机油、冷却液液面、喷洗液液面、制动液液面和转向液液面。

项目一 汽车日常检查

## 二、发动机舱检查前的准备工作

1）将车辆变速杆置于P位。
2）拉满驻车制动杆行程。
3）安装车轮挡块。
4）打开发动机舱盖，用释放杆支撑发动机舱盖，安装三件套：前格栅布、左/右翼子板布，如图1-18所示。

图1-18 发动机舱三件套的安装

## 三、操作内容

1. 检查并紧固发动机连接件，前减振器上支撑，蓄电池支架螺母、螺栓
（1）操作方法 目视检查发动机连接件，前减振器支撑，蓄电池支架螺母、螺栓紧固情况。
（2）技术要求 发动机连接件无变形、无裂纹，连接牢固。
2. 检查冷却系统连接软管和卡箍
（1）操作方法 用手摇动连接软管及卡箍，检查是否泄漏或松动。
（2）技术要求 冷却系统无凸起、无裂纹，卡箍安装牢固。
3. 检查传动带
（1）操作方法 目视检查传动带并用手按压传动带测试传动带松紧度。
（2）技术要求 无裂纹、无脱层，用拇指压紧带轮间的传动带，检查传动带的挠度，不得大于15mm，如图1-19所示。
4. 检查油液连接管路
（1）操作方法 目视检查转向液、制动液、刮水

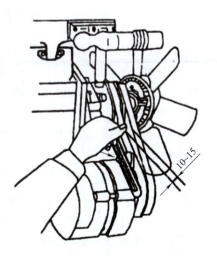

图1-19 传动带松紧度的检查

29

器喷洗液、冷却液等油液连接管路表面及接触面。

（2）技术要求　无凹瘪、无渗漏、无扭曲。

5. 检查散热器盖

（1）操作方法　目视橡胶垫是否有裂纹或损坏，用手按压或拉动压力阀。

（2）技术要求　散热器盖垫片应完整正常，压力阀操作平顺有效，无变形锈蚀。

6. 检查蓄电池

（1）操作方法　目视蓄电池端盖、外壳有无变形、鼓胀，加液孔盖透气孔有无堵塞，极柱有无氧化，用手摇动电缆线夹观察其是否松动。

（2）技术要求　极柱无氧化，电缆线夹无生锈、松动；外壳无变形，无鼓胀。蓄电池充电注意接线前要分清设备正负极，接线时先接正极，后接负极防止产生过大的电火花，拆卸时刚好相反，先拆负极，再拆正极。

7. 检查冷却液冰点、电解液相对密度

（1）操作方法　用吸管吸入少许冷却液或电解液，打开便携式折射计盖子，在折射计玻璃上滴入 1~2 滴冷却液或电解液，从观察窗观察并读出冷却液冰点或电解液相对密度，如图 1-20 所示。

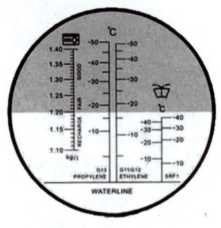

图 1-20　冷却液冰点、电解液的检测

（2）技术要求　折射计玻璃要水平放置，冷却液冰点或电解液相对密度应符合规定。当今冷却液的冰点一般在 -15 ~ -68℃ 范围内，电解液相对密度是 1.15 ~ 1.20 需充电，1.20 ~ 1.25 电量够用，1.25 ~ 1.30 电量充足。

8. 检查机油

主要检查机油的油位和油质。

（1）检查方法

1）拉出机油尺，将机油尺用干净的抹布擦拭干净，如图 1-21 所示。

2）将机油尺再次插入机油导管中，并注意要放到底。

3）再拉出机油尺并使机油尺与地面成 45°角，检查机油是否在 L（最低）~ H（最高）刻线中间（图 1-22），如不足，则加到正常刻度范围内。观察颜色是否有发黑变质的现象。

4）检查完毕后将机油尺插回发动机中。

图 1-21 拉出并擦净机油尺

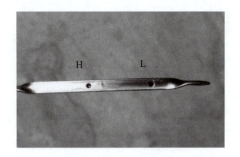

图 1-22 机油液位

（2）技术要求　机油油位应在最低刻度（L）~最高刻度（H）中间偏上位置，机油颜色无发黑变质。

9. 检查冷却液

（1）检查目的　为了确保有足够的冷却液，防止发动机运转时散热不良、过热、功率下降，甚至造成机件损坏。

（2）检查内容　液位和质量，冷却液一般呈红色或绿色。

（3）检查方法　用手轻轻拍动冷却液储液罐，观察冷却液是否在 MAX~MIN 刻度线范围内，不足时应及时添加。

（4）技术要求　冷却液液位应在 MIN~MAX 刻度线范围内，最好在中间偏上位置。

10. 检查制动液

（1）检查目的　防止出现制动液减少使车辆制动效果下降，甚至制动失灵，造成车辆运行时存在安全隐患或产生安全事故，制动液一般呈淡黄色，更换周期一般为两年或 4000km。主要检查油位和质量。

（2）检查方法　用手轻拍制动液储液罐，观察制动液是否在 MIN~MAX 刻度线范围内，不足时应及时添加。

（3）技术要求　液位应在 MIN~MAX 刻度线范围内，最好在中间偏上位置，如图 1-23 所示。

11. 检查风窗清洗液液位

（1）操作方法　用手轻拍清洗液储液罐，观察风窗清洗液是否在刻度线范围内，不足时应及时添加。

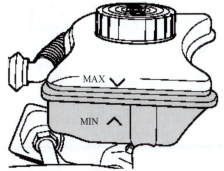

图 1-23 制动液液位示意图

（2）技术要求　液位在刻度线范围内位置，如液位偏低则应立即补充。

12. 检查转向助力液

（1）作用　转向助力液是汽车助力转向泵里面用的一种特殊液体，通过液压作用，可以使转向盘变得非常轻巧，与自动变速器油液、制动油液以及减振油液类似。

（2）操作方法　用手轻拍清洗液储液罐，观察转向助力液是否在刻度线范围内，不足时应及时添加。

（3）技术要求　液位在刻度线范围内位置，如液位偏低则应立即补充。

## 【信息收集】

一、我们的学习任务是什么？

二、为了顺利完成本学习任务，请按下列要求完成下列信息的收集。
1. 维护车辆车型：_____
2. 行驶里程：_____
3. 宝骏630发动机舱油液的检查与维护主要是检查液位和质量，检查项目有发动机机油、_____、风窗玻璃清洗液、冷却液、_____、_____。
4. 进行发动机舱检查与维护前需要安装车外三件套，它们分别是_____、_____、_____。
5. 车辆冷却液进行维护时，需要进行冷却液冰点的检测，冷却液冰点一般在_____范围内正常。
6. 用拇指压紧带轮间的传动带，检查传动带的挠度，不得大于_____ mm。

## 【制订计划】

请根据车主描述的现象和任务要求，确定所需的维护仪器、工具，并对小组成员进行合理分工，制订详细的检查和维护计划。

1. 请在下表中选择在检修中可能用到的工量具（在对应的选项中打√即可）。

| 工量具名称 | 选 | 择 |
|---|---|---|
| 车外三件套 | □可能 | □不可能 |
| 车内四件套 | □可能 | □不可能 |
| 手套 | □可能 | □不可能 |
| 扳手 | □可能 | □不可能 |
| 十字螺钉旋具 | □可能 | □不可能 |
| 一字螺钉旋具 | □可能 | □不可能 |
| 手电筒 | □可能 | □不可能 |
| 其他（请填写具体名称） | | |

2. 小组成员分工

| 序　号 | 组　长 | 记　录　员 | 操　作　员 | 备　注 |
|---|---|---|---|---|
| | | | | |
| | | | | |

项目一　汽车日常检查

3. 发动机舱的检查和维护计划

| 序　号 | 检查内容 | 技术要求 |
|---|---|---|
| 1 | 发动机连接件、前减振器上支撑、蓄电池支架螺母、螺栓 | |
| 2 | 冷却系统连接软管和卡箍 | |
| 3 | 传动带 | |
| 4 | 散热器盖 | |
| 5 | 蓄电池 | |
| 6 | 冷却液冰点、电解液相对密度 | |
| 7 | 各油液连接管路 | |
| 8 | 机油 | |
| 9 | 制动液 | |
| 10 | 冷却液 | |
| 11 | 转向液 | |
| 12 | 风窗清洗液 | |

【实施计划】

请结合本小组制订的维护计划，对发动机舱进行检查，并完成下列内容的填写。

1）制动液储液罐液面高度检查。

检查主缸储液罐内制动液液面的高度，如果低于 MAX 的标记，则应_____
_____

2）蓄电池的检查主要包括支架螺母、螺栓的检查，以及蓄电池极柱和外壳的检查：蓄电池支架螺母、螺栓的检查主要是检查支架是否_____，蓄电池极柱应_____。

如果蓄电池极柱出现了氧化、腐蚀，那么应该如何处理？
_____
_____

3）蓄电池充电注意接线前要分清设备正负极，接线时先接_____，后接_____防止产生过大的电火花，拆卸时刚好相反，先拆_____，再拆正极。

4）检查传动带松紧度时，用拇指施以 30N 的力压紧带轮间的传动带，传动带的挠度不得大于_____mm。

5）用折射计检测电解液的相对密度，蓄电池的电解液相对密度为_____时则需充电，1.20～1.25 电量够用，_____电量充足。

6）制动液检查维护的目的是，为了防止出现制动液减少使_____效果下降，甚至制动失灵，造成车辆运行时存在安全隐患或产生安全事故，制动液一般呈淡黄色，更换周期一般为_____年或 4000km。

7）发动机舱油液维护检测内容。

| 油液名称 | 液位检查（在对应括号里打√） | | | 油液质量检查 | 是否需要更换 |
|---|---|---|---|---|---|
| 机油 | 过高（　） | 正常（　） | 过低（　） | | |
| 制动液 | 过高（　） | 正常（　） | 过低（　） | | |
| 冷却液 | 过高（　） | 正常（　） | 过低（　） | | |
| 转向助力液 | 过高（　） | 正常（　） | 过低（　） | | |
| 风窗玻璃清洗液 | 过高（　） | 正常（　） | 过低（　） | | |

## 【检查与控制】

观察员根据操作员的工作过程评分，具体评分细则见表1-8。

**表 1-8　发动机舱检查与维护考核评分表**

操作时间：30min

| 序号 | 考核项目 | 考核内容及要求（评分要点） | 配分 | 评分标准 | 得分 | 备注 |
|---|---|---|---|---|---|---|
| 1 | 操作前准备工作 | 1）检查工具是否齐全<br>2）安装车轮挡块<br>3）拉紧驻车制动器<br>4）将变速杆置于空档位置 | 18 | 1）检查工具是否齐全（3）<br>2）安好车轮挡块（5分）<br>3）拉紧驻车制动器（5分）<br>4）将变速杆置于空档位置（5分）<br>5）步骤不清楚，不得分 | | |
| 2 | 认识发动机舱各部件 | 1）打开发动机舱盖，安装车外保护三件套<br>2）检查发动机舱内各油液的液位及变质情况<br>3）检查发动机舱内各管路及接头卡箍是否渗漏、开裂和松动<br>4）检查发动机舱蓄电池氧化情况、外壳、电路的完好情况，蓄电池支架螺母、螺栓<br>5）检查减振器支撑及其他连接件的牢固程度并紧固<br>6）检查发动机舱传动带老化程度、松紧度<br>7）检查冷却液冰点，并判断冰点是否正常<br>8）检查电解液相对密度，并判断蓄电池当前状态<br>9）检查散热器盖是否松动 | 66 | 1）打开发动机舱方法不当，安装三件套错误或漏安装（不合格一项，扣2分）<br>2）检查发动机舱内各油液液位及变质情况（说不全或漏说、检查方法不对，则一项扣3分）<br>3）检查发动机舱内各管路及接头卡箍是否渗漏、开裂、松动（说不全或漏说、检查方法不对，则一项扣3分）<br>4）检查发动机舱蓄电池氧化、熔丝盒、电路完好情况，螺栓、螺母牢固情况（错检或漏检，一处扣2分）<br>5）检查减振器支撑及其他连接件稳固情况（错检或漏检，方法不正确扣3分）<br>6）检查发动机舱传动带老化程度、松紧度方法不正确（错检或漏检，方法不正确扣3分）<br>7）冷却液冰点检查方法、结果判断不正确，均扣3分<br>8）电解液密度检查方法、结果判断不正确，均扣3分<br>9）散热器盖漏检或检查方法不正确均扣3分 | | |

项目一  汽车日常检查

(续)

| 序号 | 考核项目 | 考核内容及要求<br>（评分要点） | 配分 | 评分标准 | 得分 | 备注 |
|---|---|---|---|---|---|---|
| 3 | 恢复设备 | 1）收拾并整理好三件套<br>2）盖下发动机舱盖 | 6 | 1）不收好并叠放整齐三件套，不得分<br>2）未按标准盖下发动机舱盖，不得分 | | |
| 4 | 工量具的使用 | 1）正确使用各种工量具<br>2）不得损坏工量具 | 5 | 1）工量具使用方法不正确，一次扣2分<br>2）损坏工量具不得分 | | |
| 5 | 安全保护 | 劳保穿戴齐全 | 3 | 劳保穿戴不全扣3分 | | |
| | | 文明操作，工具摆放有序 | 2 | 乱摆乱放工量具扣2分 | | |
| | 合　　计 | | 100 | | | |

考评员：　　　　　　　记分员：　　　　　　　　　　　年　　月　　日

## 【评价与反馈】

### 1. 自我评价

| 我做得好的地方 | 我还存在这些方面的问题 |
|---|---|
| □动作准确 | □动作不到位 |
| □工具使用规范 | □工具使用不规范 |
| □安装步骤熟悉 | □安装步骤不熟悉 |
| □零件摆放整齐 | □零件摆放不整齐 |
| □操作用时合理 | □操作用时过长 |
| □工作态度端正 | □工作态度不够端正 |

### 2. 小组评价

我们组做到了：□全员参与　□分工明确　□工作高效　□完成了工作任务

### 3. 教师评价

| 评价内容 | 评价指标 | 等次（星级评定） |
|---|---|---|
| 活动态度方面 | 1）态度是否积极，是否主动组织或参与活动<br>2）与小组同学合作是否良好<br>3）活动是否认真、善始善终<br>4）是否勇于克服困难 | |
| 知识技能方面 | 1）查阅资料技能<br>2）实地观察记录能力<br>3）调查研究能力<br>4）整理材料能力 | |

## 【知识巩固】

### 选择题

1. 主要成分为乙二醇与水混合物的油液是（　　）。
   A. 机油　　　　　　B. 冷却液　　　　　C. 转向助力液　　　D. 风窗清洗液
2. 制动液每隔（　　）年更换一次。
   A. 2　　　　　　　B. 5　　　　　　　C. 1
3. 冷却液温度在70℃时，发动机进行的是（　　）。
   A. 小循环　　　　　B. 大循环
4. 如果前轮先于后轮抱死拖滑，汽车将出现（　　）现象。
   A. 甩尾　　　　　　B. 失去转向能力
5. 检查冷却液液面高度时应（　　）观察。
   A. 平视　　　　　　B. 俯视　　　　　　C. 仰视
6. 添加冷却液时应添加（　　）。
   A. R134A　　　　　B. R12

项目一 汽车日常检查

## 任务四
## 乘员舱检查

### 【任务描述】

李先生驾驶的爱车已经行驶了 2 万 km，需要对乘员舱进行维护，你可以独立完成这个任务吗？

### 【学习目标】

1. 能口述乘员舱各部件的名称和作用。
2. 能口述乘员舱内各部件的检查要点。
3. 能独立完成乘员舱各部件的检查与维护工作。
4. 能与他人合作，进行有效沟通，能按 6S 管理规定进行作业。

### 【学习重点】

能独立进行乘员舱各部件的检查与维护。

### 【学习难点】

能口述乘员舱各部件的检查要点。

### 【相关知识】

#### 一、乘员舱内的维护作业内容

1）检查座椅的紧固状况。
2）检查安全带的状况。
3）检查仪表功能的状况。
4）检查灯光组合开关的功能。
5）检查刮水器开关的功能。
6）检查门窗控制键的工作情况。
7）检查驻车制动器的工作情况。
8）检查转向盘自由行程。

#### 二、乘员舱检查前的准备工作

1）车辆变速杆应置于 P 位。
2）拉满驻车制动器行程。

3）安装车轮挡块。

4）安装乘员舱内保护四件套：座椅套、脚垫、转向盘套、变速杆套，如图1-24所示。

a）安装座椅套　　　　　　b）安装脚垫　　　　　c）安装转向盘套和变速杆套

图1-24　安装车内保护四件套

### 三、检查座椅的紧固状况

1. 操作方法

1）抓住座椅边缘侧面。

2）往两侧前门方向推拉座椅。

3）座椅前后调节功能、座椅靠背倾角调节、座椅坐垫高度调节、座椅头枕高度调节均要调试，如图1-25所示。

2. 技术要求

座椅螺栓紧固正常，无异常松动，各调节功能要正常。

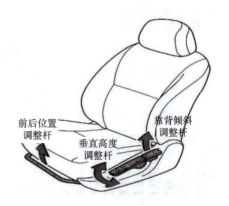

图1-25　座椅调节

### 四、检查安全带的状况

1. 操作方法

1）拉出安全带，检查肩带和跨带两边表面是否有损坏和刮痕。

2）按下肩带导向器按钮，检查导向器是否上下灵活移动。

3）快速拉、放肩带，检查肩带安全锁定功能是否正常有效。

4）把安全带的带扣插进扣环，往上拉动安全带，检查扣环的锁止功能是否正常。

2. 技术要求

安全带表面无损伤、无刮痕，导向器、扣环的锁止功能正常有效。

### 五、乘员舱中控台的检查

中控台就是驾驶室前部正副驾驶的工作台，它是安装仪表盘、空调和音响面板以及储物盒、安全气囊等装置的载体，如图1-26所示。

技术要求：各部件应安装连接良好，各功能正常。

### 六、乘员舱仪表认识

汽车仪表由各种仪表、指示器，特别是用于提示驾驶人的警告灯、报警器等组成，为驾驶人提供所需的汽车运行参数信息,如图1-27所示。

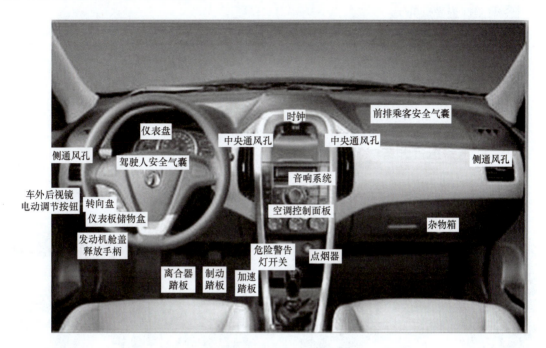

图1-26 乘员舱中控台部件图

图1-27 汽车仪表

## 七、灯光组合开关

图1-28所示为灯光组合开关,各开关功能如下:
OFF:灯光关闭开关

- 小灯/示宽灯开关
- 前照灯近光灯开关
- 前照灯远光灯开关
- 前雾灯开关
- 左转向灯
- 右转向灯

技术要求：各开关应控制良好，灯光正常。

## 八、刮水器组合开关

刮水器操作开关图标如图1-29所示。

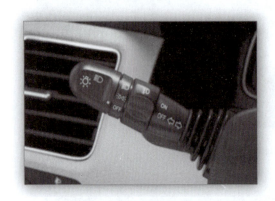

图1-28 灯光组合开关

图1-29 刮水器操作开关图标

各操作位置控制功能如下：
OFF：关闭
INT：间歇刮水
LO：低速连续刮水
HI：高速连续刮水
抬起组合杆：喷洗器工作

技术要求：喷洗器喷射力、喷射位置应在刮水片工作区域内，刮水器档位低高速档、间歇档正常工作。

## 九、门窗组合开关

驾驶人侧的门窗开关如图1-30所示，各功能键序号如下：

1：中控四门电动车窗锁止、解除
2：车辆左前窗升降
3：车辆右前窗升降
4：车辆左后窗升降
5：车辆右后窗升降

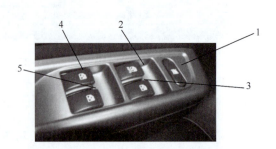

图1-30 驾驶人侧的门窗开关

## 十、驻车制动器的检查

1. 驻车制动的作用

驻车制动器通常是指机动车辆安装的手动刹车，简称为手刹，在车辆停稳后用于稳定车辆，避免车辆在斜坡路面停车时由于溜车造成事故。

2. 检查目的

驻车制动器使用一段时间后，其驻车制动性能达不到效果，要对其进行检查与调整。

3. 检查方法和技术要求

1）拉起驻车制动器，当听到"咔嗒"声时，驻车制动指示灯应该亮起。

2）检查驻车制动器拉起的行程一般有 6~9 次"咔嗒"声。

## 十一、转向盘自由行程的检查

1. 转向盘自由行程

当汽车处于直线行驶时，转向盘为消除间隙而克服弹性变形所转过的角度，称为转向盘自由行程，即在前轮不动的情况下，转向盘可以自由转动的角度，这个角度以 10°~15° 为好，上下总和不能大于 20°。测量转向盘自由行程如图 1-31 所示。

图 1-31　测量转向盘自由行程

2. 转向盘自由行程失效的原因

转向盘自由行程过大是由于转向系统各机件之间装配不当或机件的磨损所致。

3. 检查转向盘的自由行程

1）需要先将前轮进行摆正，做好标记，把钢直尺垂直放在转向盘边缘，以标记点为参考，在转向盘周边加 5N 的力。

2）左右两边方向轻轻转动转向盘，测量转向盘行程，标准自由行程为 0~30mm。

### 【信息收集】

一、我们的学习任务是什么？

二、为了顺利完成本学习任务，请按下列要求完成下列信息的收集。

1. 维护车辆的车型：_____

2. 行驶里程：_____

3. 检查乘员舱前需要安装车外三件套，它们分别是_____、_____、_____。

4. 检查驻车制动器时，驻车制动器的拉起行程一般有_____次"咔嗒"声。

5. 宝骏 630 的自由行程一般在_____ mm。

## 【制订计划】

请根据车主描述的现象和任务要求，确定所需的维护仪器、工具，并对小组成员进行合理分工，制订详细的检查和维护计划。

1. 请在下表中选择在检修中可能用到的工量具（在对应的选项中打√即可）。

| 工量具名称 | 选 | 择 |
|---|---|---|
| 车内四件套 | □可能 | □不可能 |
| 钢直尺 | □可能 | □不可能 |
| 手套 | □可能 | □不可能 |
| 扳手 | □可能 | □不可能 |
| 十字螺钉旋具 | □可能 | □不可能 |
| 一字螺钉旋具 | □可能 | □不可能 |
| 手电筒 | □可能 | □不可能 |
| 其他（请填写具体名称） | | |

2. 小组成员分工

| 序 号 | 组 长 | 记 录 员 | 操 作 员 | 备 注 |
|---|---|---|---|---|
|  |  |  |  |  |
|  |  |  |  |  |

3. 乘员舱检查和维护计划

| 序 号 | 检查内容 | 技术要求 |
|---|---|---|
| 1 | 座椅的紧固情况 |  |
| 2 | 安全带状况 |  |
| 3 | 仪表各部件 |  |
| 4 | 灯光组合开关 |  |
| 5 | 刮水器组合开关 |  |
| 6 | 门窗组合开关 |  |
| 7 | 驻车制动器 |  |
| 8 | 转向盘自由行程 |  |

## 【实施计划】

请结合本小组制订的维护计划，对乘员舱进行检查与调整，并完成下列内容的填写。

项目一  汽车日常检查

1)在实车乘员舱中控台上口述出各部件的名称,并按要求进行检查与维护,评分员做好评分。

2)在实车上指出汽车仪表各部件的名称,并按技术要求进行检查与维护,评分员做好评分。

3)在实车上找到所有的灯光开关和刮水器开关、门窗控制组合开关,并按技术要求进行检查与维护,评分员做好评分。

4)在实车上按要求进行驻车制动器和转向盘自由行程的检查与维护,评分员做好评分。

## 【检查与控制】

观察员根据操作员的工作过程评分,具体评分细则见表1-9。

表1-9  乘员舱维护考核评分表

操作时间:30min

| 序号 | 考核项目 | 考核内容及要求（评分要点） | 配分 | 评分标准 | 得分 | 备注 |
|---|---|---|---|---|---|---|
| 1 | 操作前准备工作 | 1)检查工具<br>2)安装车轮挡块<br>3)拉紧驻车制动器<br>4)将变速杆置于空档位置<br>5)打开车门,安装车内保护四件套 | 7 | 1)检查工具是否齐全(1)<br>2)安好车轮挡块(1分)<br>3)拉紧驻车制动器(1分)<br>4)将变速杆置于空档位置(1分)<br>5)正确铺好乘员舱防护罩,未按要求做好扣2分,未铺好防护罩扣3分 | | |

（续）

| 序号 | 考核项目 | 考核内容及要求<br>（评分要点） | 配分 | 评 分 标 准 | 得分 | 备注 |
|---|---|---|---|---|---|---|
| 2 | 中控仪表台 | 口述中控台、仪表台各部件的名称，并检查各部件安装是否牢固，各部件使用功能是否良好 | 20 | 口述名称、维护各部件要准确，每错误一个部件扣1分 | | |
| 3 | 灯光组合开关、刮水器开关、门窗键开关 | 操作检查各开关是否正常开启关闭，口述各部件名称 | 30 | 口述名称、维护各部件要准确，每错误一个部件扣2分 | | |
| 4 | 安全带、座椅检查 | 按技术要求检查安全带、座椅的工作情况 | 13 | 未按要求检查座椅、安全带功能，检查不到位的，每错误一项扣1分 | | |
| 5 | 驻车制动杆行程、转向盘自由行程检查 | 按要求检查驻车制动器行程、转向盘自由行程，并判断行程是否在正常范围内 | 10 | 未按要求检查驻车制动器行程、转向盘自由行程，检查判断不到位的，每错误一项扣2分 | | |
| 6 | 安全文明生产 | 遵循文明生产制度 | 10 | 违反安全文明生产规程扣10分，若造成人身和设备安全事故的本次成绩计0分 | | |
| 7 | 职业素养 | 学习态度端正、团队合作、服从管理安排 | 10 | 1）学习态度：积极主动参与学习<br>2）团队合作：与小组成员一起分工合作，不影响学习进度<br>3）现场管理：服从工位安排，执行实训室管理规定<br>以上不足之处酌情扣3~10分 | | |
| | 合　　计 | | 100 | | | |

考评员：　　　　　　　　　　记分员：　　　　　　　　　　　　年　　月　　日

## 【评价与反馈】

### 1. 自我评价

| 我做得好的地方 | 我还存在这些方面的问题 |
|---|---|
| □动作准确 | □动作不到位 |
| □工具使用规范 | □工具使用不规范 |
| □安装步骤熟悉 | □安装步骤不熟悉 |
| □零件摆放整齐 | □零件摆放不整齐 |
| □操作用时合理 | □操作用时过长 |
| □工作态度端正 | □工作态度不够端正 |

项目一　汽车日常检查

2. 小组评价

我们组做到了：□全员参与　　□分工明确　　□工作高效　　□完成了工作任务

3. 教师评价

| 评 价 内 容 | 评 价 指 标 | 等次（星级评定） |
|---|---|---|
| 活动态度方面 | 1）态度是否积极，是否主动组织或参与活动<br>2）与小组同学合作是否良好<br>3）活动是否认真、善始善终<br>4）是否勇于克服困难 | |
| 知识技能方面 | 1）查阅资料技能<br>2）实地观察记录能力<br>3）调查研究能力<br>4）整理材料能力 | |

【知识巩固】

一、选择题

1. 以宝骏630轿车为例，转向盘自由行程一般在（　　）范围内。
A. 20～30mm　　　　B. 15～30mm　　　　C. 10～30mm　　　　D. 5～10mm
2. 在检查灯光工作状况作业中，当灯光控制开关旋至一档的检查内容是（　　）。
A. 示宽灯、牌照灯、仪表灯　　　　　　B. 示宽灯、仪表灯、制动灯
C. 示宽灯、牌照灯、转向灯　　　　　　D. 雾灯、仪表灯、制动灯
3. 汽车驻车制动器是通常制动（　　）。
A. 前轮　　　　B. 传动轴　　　　C. 后轮　　　　D. 前后轮
4. 检查制动踏板时，发现制动踏板踩下去像踩海绵一样柔软，可能的原因是（　　）。
A. 制动液不足　　　　　　　　　　　B. 制动片磨损
C. 制动液中混入空气　　　　　　　　D. 制动踏板连接故障
5. 汽车日常安全检查作业中，不包括（　　）。
A. 灯光检查　　　　B. 喇叭检查　　　　C. 轮胎检查　　　　D. 油液液位检查

二、简答题

1. 刮水器开关档位有哪些？

2. 何为转向盘自由行程？

# 任务五 备胎的更换

### 【任务描述】

国庆节的高速公路上，杨女士的汽车左前车轮漏气了，由于杨女士不会更换备胎，于是她给 4S 店打电话请求救援，如果是你碰到杨女士这样的情况，你能自己完成这项任务吗？

### 【学习目标】

1. 能掌握轮胎的基本知识。
2. 能独立对轮胎进行基本的检查。
3. 能独立规范完成备胎的更换。
4. 能与他人合作，进行有效沟通，能按 6S 管理规定进行作业。

### 【学习重点】

能独立规范地完成备胎的更换。

### 【学习难点】

能独立对轮胎进行基本的检查。

### 【相关知识】

#### 一、备胎的认识

1. 备胎的作用

备胎顾名思义就是汽车的备用轮胎，主要作用是为防止汽车因轮胎损坏而抛锚。

2. 备胎的分类

① 全尺寸备胎：全尺寸备胎的规格大小与原车其他四个轮胎完全相同，可以将其替换任何一条暂时或已经不能使用的轮胎。

② 非全尺寸备胎（图 1-32）：非全尺寸备胎的轮胎直径和宽度都要比其他四个轮胎略小，因此只能作为临时代替使用，而且只能用于非驱动轮，并且最高时速不能超过 80km/h。

图 1-32 非全尺寸备胎

## 二、备胎的检查

备胎在安装前需要进行基础的检查,以确保行车安全,检查的内容如下:

1. 胎压检测

通过胎压表检查备胎的气压是否在规定的范围值内,检测轮胎气压常用的工具是胎压表,如图1-33所示。

常用的单位换算关系:$1bar = 1kgf/cm^2 = 100kPa$。

2. 轮胎花纹深度的检查

轮胎花纹小于1.6mm或已磨损到提示线之下,则需要尽快对轮胎进行更换。检测方法:将花纹深度尺伸入轮胎胎面的同一横截面几个主花纹沟中,测量它的深度,读取数据即为该轮胎的花纹深度,如图1-34所示。

图1-33 胎压表

图1-34 花纹深度的测量

3. 轮胎花纹内异物检查

检查轮胎花纹内是否夹杂尖锐或较大的异物,必要时用螺钉旋具将其剔除。

4. 检查轮胎使用状况

检查轮胎外侧面,是否出现鼓包或存在裂纹、切口。

5. 检查轮胎气门嘴是否出现老化或漏气的现象

方法是用手旋下轮胎气门嘴的防尘帽,将轮胎气压加到规定要求的气压值,然后在气门嘴上涂抹一层肥皂水,如果有气泡产生,表明气门存在漏气现象,应进一步检修。

6. 检查轮辋和轮毂

目视检查轮辋和轮毂是否存在变形、腐蚀和裂纹等损坏情况,如有则应更换轮胎。

## 三、备胎更换的安全操作注意事项

1)更换备胎前需要检查工具是否齐全,备胎和随车工具一起放在行李舱中,如图1-35所示。

2)进行备胎更换工作前,需开启危险警告灯并在车后50~100m的地方放置三角警示牌,以确保安全。

3)拆卸被换轮胎前,需确保车辆驻车制动器拉起,并安装好车轮挡块,同时为了确保工作安全,需要把备胎放置于车底起到保险作用。

4）用车载工具拆卸和安装轮胎螺栓时需要按对角顺序分三次进行拆卸和拧紧。

5）安装千斤顶前，要先拧松所换轮胎螺栓。

6）工作过程中，要确保千斤顶的凹槽对准车身的凹槽，方可升起千斤顶。

图 1-35　随车工具

7）拆卸下来的轮胎要马上放回车底代替备胎，再把备胎从车底取出进行安装。

8）要确保千斤顶已不支撑车身，再进行车轮轮胎螺栓最后加固拧紧，拧紧力矩为 90～110N·m。

## 【信息收集】

一、我们的学习任务是什么？

二、为了顺利完成本学习任务，请按下列要求完成下列信息的收集。

1. 维护车辆车型：_____
2. 行驶里程：_____
3. 更换备胎前，需要对备胎气压进行检查，更换车辆的备胎气压要求是_____kPa。气压的换算关系为 $1\text{kgf}/\text{cm}^2$ = _____ bar = _____ kPa。
4. 轮胎花纹深度检查时，如果轮胎花纹小于_____或已磨损到提示线之下，则需要尽快对轮胎进行更换。
5. 拆卸或拧紧轮胎螺栓时，需要分_____次按_____顺序进行操作。
6. 把备胎安装到车轮前，需要检查备胎的气压、_____、_____、轮胎花纹内是否有异物、_____、_____，确保均正常，方可使用备胎。

## 【制订计划】

请根据车主描述的现象和任务要求，确定所需的维护仪器、工具，并对小组成员进行合理分工，制订详细的检查和维护计划。

1. 请在下表中选择在检修中可能用到的工量具（在对应的选项中打√即可）。

| 工量具名称 | 选 | 择 |
| --- | --- | --- |
| 扭杆 | □可能 | □不可能 |
| 千斤顶 | □可能 | □不可能 |
| 尖嘴钳 | □可能 | □不可能 |
| 套筒扳手 | □可能 | □不可能 |

项目一 汽车日常检查

（续）

| 工量具名称 | 选 | 择 |
|---|---|---|
| 十字螺钉旋具 | □可能 | □不可能 |
| 一字螺钉旋具 | □可能 | □不可能 |
| 手电筒 | □可能 | □不可能 |
| 其他（请填写具体名称） | | |

2. 小组成员分工

| 序　号 | 组　长 | 记　录　员 | 操　作　员 | 备　注 |
|---|---|---|---|---|
| | | | | |
| | | | | |
| | | | | |

3. 备胎更换检查和维护计划

1）备胎更换的操作步骤：

_____
_____
_____
_____

2）选用工具：_____
_____

## 【实施计划】

请结合本小组制订的维护计划，对备胎进行更换，并完成下列内容的填写。

1）备胎的气压检查：所更换汽车使用的备胎类型是_____，检查备胎的气压为_____kPa。备胎气压是（正常/不正常）。如果气压偏低，需要对轮胎进行_____。气压过高，则应适当_____，直到达到规定要求。

2）备胎花纹深度测量时，所选用的工具名称是_____，所测得的花纹深度为_____mm。

3）当花纹深度_____1.6mm时，该轮胎可以使用。

4）检查轮胎花纹内是否夹杂尖锐或较大的异物，必要时用螺钉旋具将其剔除。

5）当轮胎出现老化、裂纹或鼓包时，会容易出现_____，影响生命安全，需要更换轮胎。

6）进行备胎更换工作前，需开启危险警告灯并在车后_____m的地方放置三角警示牌，以确保安全。

7）用车载工具拆卸和安装轮胎螺栓时需要按_____顺序分_____次进行拆卸和拧紧。

8）要确保千斤顶已不支撑车身，再进行车轮轮胎螺栓最后加固拧紧，拧紧力矩为

49

_____ N·m。

## 【检查与控制】

观察员根据操作员的工作过程评分,具体评分细则见表1-10。

表1-10 更换备胎考核评分表

操作时间:30min

| 序号 | 考核项目 | 考核内容及要求<br>(评分要点) | 配分 | 评分标准 | 得分 | 备注 |
|---|---|---|---|---|---|---|
| 1 | 操作前准备工作 | 1)工具检查<br>2)安装车轮挡块<br>3)拉紧驻车制动器<br>4)将变速杆置于空档位置 | 12 | 1)检查工具是否齐全(3)<br>2)安装好车轮挡块(3分)<br>3)拉紧驻车制动器(3分)<br>4)将变速杆置于空档位置(3分) | | |
| 2 | 备胎检查 | 1)胎压检测<br>2)花纹深度检测<br>3)花纹内异物检查<br>4)轮胎外观使用情况检查<br>5)气门嘴是否漏气检查<br>6)轮毂、轮辋检查 | 30 | 1)胎压检测方法正确<br>2)花纹深度检查方法要准确<br>3)花纹内异物检查要正确<br>4)轮胎外观检查要全面正确<br>5)气门嘴检查方法要正确<br>6)轮毂、轮辋检查要正确<br>每错误一处扣2分 | | |
| 3 | 用随车工具更换备胎 | 1)用随车工具中的套筒扳手预松所换轮胎螺栓<br>2)安放千斤顶于车底,同时将备胎放于车底<br>3)将车辆升起,使所换轮胎离开地面,拆卸被换轮胎<br>4)取出备胎并装上备胎<br>5)拧紧备胎螺栓,放下千斤顶<br>6)拧紧已装备胎螺母 | 40 | 1)未按对角顺序拧松轮胎螺栓(扣3分)<br>2)千斤顶安放位置不正确,操作千斤顶方法不当(每处扣3分)<br>3)未将备胎放于车底(扣5分)<br>4)拆卸轮胎方法错误(扣3分)<br>5)拧紧轮胎螺母(未拧紧,一处扣3分)<br>6)步骤不清楚,不得分 | | |
| 4 | 恢复设备 | 1)收拾并整理好工具<br>2)将随车工具放回行李舱 | 6 | 1)不收好并叠放整齐工具,不得分<br>2)未将随车工具放好,不得分 | | |
| 5 | 工具和量具的使用 | 1)正确使用各种工量具<br>2)不得损坏工量具 | 5 | 1)工量具使用方法不正确,一次扣2分<br>2)损坏工量具,不得分 | | |
| 6 | 安全保护 | 劳保穿戴齐全<br>文明操作,工具摆放有序 | 3<br>4 | 劳保穿戴不全,扣3分<br>乱摆乱放工量具,扣4分 | | |
| | | 合 计 | 100 | | | |

考评员:　　　　　　　　记分员:　　　　　　　　　　　　年　月　日

项目一 汽车日常检查

## 【评价与反馈】

1. 自我评价

| 我做得好的地方 | 我还存在这些方面的问题 |
|---|---|
| □动作准确 | □动作不到位 |
| □工具使用规范 | □工具使用不规范 |
| □安装步骤熟悉 | □安装步骤不熟悉 |
| □零件摆放整齐 | □零件摆放不整齐 |
| □操作用时合理 | □操作用时过长 |
| □工作态度端正 | □工作态度不够端正 |

2. 小组评价

我们组做到了：□全员参与　□分工明确　□工作高效　□完成了工作任务

3. 教师评价

| 评价内容 | 评价指标 | 等次（星级评定） |
|---|---|---|
| 活动态度方面 | 1）态度是否积极，是否主动组织或参与活动<br>2）与小组同学合作是否良好<br>3）活动是否认真、善始善终<br>4）是否勇于克服困难 | |
| 知识技能方面 | 1）查阅资料技能<br>2）实地观察记录能力<br>3）调查研究能力<br>4）整理材料能力 | |

## 【知识巩固】

### 一、选择题

1. 出于安全因素的考虑，在一辆车辆上只允许使用（　　）结构和截面规格的轮胎。

A. 相同　　　　　B. 不相同　　　　　C. 可同，也可以不同

2. 轮胎气压应该在（　　）下检测。

A. 常温　　　　　B. 低温　　　　　C. 高温

3. 非全尺寸备胎的最大速度为（　　）km/h。

A. 80　　　　　B. 60　　　　　C. 70

4. 在检查轮胎的拧紧力矩时（　　）检查防盗螺栓。

A. 需要　　　　　B. 不需要　　　　　C. 可要/可不要

5. 过量充气的轮胎（　　）部位磨损。

A. 胎冠中心　　　　　B. 外侧边　　　　　C. A 和 B

6. 车轮损坏的主要原因是（　　）。

A. 过载　　　　　　B. 老化　　　　　　C. 以上都是

## 二、简答题

1. 轮胎气压过高、过低的不良影响有哪些？

2. 更换备胎的注意事项有哪些？

# 项目二

## 汽车发动机维护

发动机是汽车的动力源。如果长时间不更换机油,会由于机械部分摩擦产生的碎屑对滤清器造成堵塞,造成油路的不畅通而影响发动机的性能。所以,定期对汽车发动机进行维护能提高发动机的各个性能指标,从而保证了发动机能在良好的状态下工作。发动机维护是一项非常重要的工作,做得好,不仅能使发动机安全运转,而且可以延长使用寿命。因此,在汽车维护中,要按规定对发动机进行检查与维护。

本项目的学习任务分为:

学习任务一　机油的检查与更换

学习任务二　火花塞的检查与更换

学习任务三　进、排气系统的检查与更换

学习任务四　冷却液的检查与更换

学习任务五　发动机正时带的检查与更换

## 任务一
## 机油的检查与更换

### 【任务描述】

王先生驾驶汽车距离上次维护到现在已经行驶了 5000km，按照维护要求需要对该车的机油进行更换，以保证车辆的正常、安全使用。作为维修技师的你，能完成这项任务吗？

### 【学习目标】

1. 能叙述机油的作用。
2. 能通过查阅资料，会独立查找机油更换的技术参数和需要的工具。
3. 能通过小组讨论，制订机油更换的方案。
4. 能按技术规范要求正确使用汽车维修工具完成机油的检查与更换。
5. 能与他人合作，进行有效沟通，能按 6S 管理规定进行作业。

### 【学习重点】

能按技术规范要求正确使用汽车维修工具完成机油的检查与更换。

### 【学习难点】

能通过小组讨论，制订机油更换的方案。

### 【相关知识】

#### 一、机油的作用

机油分为汽油机机油和柴油机机油两个系列，起润滑、冷却、清洗、密封和防腐蚀的作用，如图 2-1 所示。

#### 二、机油的分类

正规的机油生产厂家生产的机油基本都是按照 API 等级和 SAE 等级这两个标准来划分的。

1. API 等级

API 等级是美国石油协会的英文缩写，API 等级代表机油质量的等级。它将机油分为两类：S 开头系列代表汽油机机油；C 开头系列代表柴油机机油，S 和 C 同时存在，则表示此机油汽、柴通用。

汽油机机油级别有 SA、SB、SC、SD、SE、SF、SG、SH、SL、SM、SN 等，字母越往

项目二 汽车发动机维护

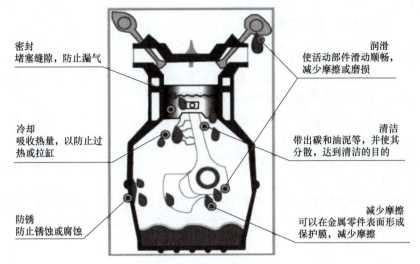

图 2-1 机油的作用

后等级越高，等级越高机油品质越好。

柴油机机油级别有 CC、CD、CE、CF-4 几个等级，字母越往后等级越高，等级越高，机油品质越好。

2. SAE 黏度等级

单级机油：0W、5W、10W、20W、30W、40W、50W、60W、20、30、40。

多级机油：SAE5W-30、10W-30、SAE15W-40、SAE20W-40 等。

"W"代表冬季，前面的数字越小说明低温黏度越低，发动机冷起动时的保护能力越好；"W"后面的数字则是机油耐高温性的指标。多级机油冬夏通用。

### 三、机油的更换周期

1）以行驶里程和行驶时间为参考，不同类型的机油，更换周期有差异。

矿物油：由于该类机油的抗氧化、抗高温能力差，现在比较少用，5000km 或 6 个月更换一次。

半合成油：流动性较好，7500km 或 8 个月更换一次。

全合成油：流动性最好，比较稀，1 万 km 更换一次。

2）根据机油的质量检查确定机油是否更换。

检查方法如下：

① 闻味法。取出机油，若有极强的酸臭味，说明机油已经变质，应该更换。

② 手捻法。将取出的旧机油用大拇指与食指反复研磨，质量好的手感有润滑性、磨屑少、无摩擦感。如感到有杂质，黏性差，甚至发涩，应该更换。

③ 辨色法。取一张干净的白滤试纸，滴数点旧机油在纸上，待机油渗漏后，质量还好的机油无粉末，用手摸干而光滑，且黄色浸润带清晰。呈深黑褐色，有杂质，应该更换，如图 2-2 所示。

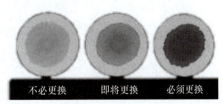

图 2-2 机油油质的检测

55

### 四、机油的更换方法和注意事项

1. 机油的油位和质量的检查

方法：起动发动机至正常工作温度后，停止发动机并等待约5min后，拉出机油尺擦干净后插回发动机，再次拔出机油尺检查油量和油质。

机油过多的影响：机油量过多，将造成发动机运转阻力增大，机油激溅加剧，引起发动机烧机油，燃烧室积炭等严重后果。

机油过少的影响：机油量过少，影响润滑效果，甚至引起烧瓦、抱轴等故障。

2. 机油的排放

方法：打开机油加注口盖，举升车辆至适合操作的最高位置，将机油回收器放置于放油螺栓下方，用合适的套筒扳手拆卸放油螺栓，放完机油后，更换放油螺栓密封垫，用 $25N \cdot m$ 的力矩拧紧。

注意事项如下：

1）举升车辆时，当车轮离地后要检查车辆稳定后继续上升。

2）拆卸放油螺栓时，用工具拧松后，用手边旋松放油塞边向里顶着，以防机油喷泄。

3. 机油滤清器的更换

方法：用机油滤清器扳手逆时针拆卸机油滤清器，拆卸完毕后安装上相同型号的新机油滤清器，再用机油滤清器扳手上紧到合适的力矩。

注意事项如下：

1）安装新机油滤清器前需要用新的机油滤清器涂抹在新滤清器的 O 形密封圈上，确保密封良好。

2）安装机油滤清器时，先用手将机油滤清器拧在机油滤清器座上，直到滤清器 O 形密封圈与安装表面接触，再用机油滤清器扳手把滤清器拧紧3/4圈。

4. 机油的加注

方法：将举升机下降后，加注机油，直到油位达到机油标尺上的满油位标记。起动发动机5min后熄火，静置3min后再次检查发动机机油位是否在正常位置，如不足则继续添加。

注意事项如下：

1）起动发动机后要检查放油螺栓以及机油滤清器接合面是否漏油。

2）检查完毕后，要对机油加注口及油底壳进行清洁。

### 【信息收集】

一、我们的学习任务是什么？

二、为了顺利完成本学习任务，请按下列要求完成下列信息的收集。

1. 维护车辆的车型：＿＿＿＿＿＿＿＿

2. 行驶里程：＿＿＿＿＿＿＿＿

3. 机油的作用主要有哪些？

4. 如何检查发动机内的机油量？油量过多过少有何害处？

_____
_____
_____

5. 机油型号 SAE5W-30 代表的意思是 _____
_____

### 【制订计划】

请根据车主描述的现象和任务要求，确定所需的维护仪器、工具，并对小组成员进行合理分工，制订详细的检查和维护计划。

1. 请在下表中选择在检修中可能用到的工量具（在对应的选项中打√即可）。

| 工量具名称 | 选 择 ||
|---|---|---|
| 举升机 | □可能 | □不可能 |
| 千斤顶 | □可能 | □不可能 |
| 机油回收器 | □可能 | □不可能 |
| 套筒扳手 | □可能 | □不可能 |
| 十字螺钉旋具 | □可能 | □不可能 |
| 机油滤清器扳手 | □可能 | □不可能 |
| 手电筒 | □可能 | □不可能 |
| 其他（请填写具体名称） | | |

2. 小组成员分工

| 序　号 | 组　长 | 记　录　员 | 操　作　员 | 备　注 |
|---|---|---|---|---|
| | | | | |
| | | | | |
| | | | | |

3. 机油检查与更换的维护计划
机油检查与更换的操作步骤

_____
_____
_____

## 【实施计划】

请结合本小组制订的维护计划,对机油进行检查与更换,并完成下列内容的填写。

1)机油的液位和油质检查。起动发动机至_____后,停止发动机并等待约_____后,拉出机油尺擦干净后插回发动机,再次拔出机油尺检查油量和油质,检测得机油液位_____(正常/不正常),机油颜色为_____。该车辆的机油是否需要更换_____。

2)举升车辆至合适高度后,需要用_____号的套筒扳手拆卸放油螺栓,用工具拧松后用手拆卸放油螺栓时应_____,以防机油喷漏。

3)排放机油时,放完机油后,要更换_____,再用_____的力矩拧紧放油螺栓。

4)安装机油滤清器时,先用_____将机油滤清器拧在机油滤清器座上,直到滤清器O形密封圈与安装表面接触,再用_____把滤清器拧紧3/4圈。

5)加注机油时,将举升机下降后,加注机油,直到油位达到机油尺上的_____标记。起动发动机_____后熄火,静置_____后再次检查发动机油位是否在正常位置,如不足则继续添加。

## 【检查与控制】

观察员根据操作员的工作过程评分,具体评分细则见表2-1。

表2-1 机油的更换考核评分表

操作时间:30min

| 序号 | 考核项目 | 考核内容及要求(评分要点) | 配分 | 评 分 标 准 | 得分 | 备注 |
|---|---|---|---|---|---|---|
| 1 | 准备工作 | 1)正确安装发动机防护三件套<br>2)打开机油加注口<br>3)举升前检查车辆是否稳定<br>4)举升机安全落锁 | 12 | 未正确铺好三件套,未按要求做好每一项准备工作,每一项扣3分 | | |
| 2 | 排放机油 | 1)使用机油回收车<br>2)使用合适的工具拆卸机油放油螺栓<br>3)按规定力矩拧紧放油螺栓,并清洁 | 26 | 1)机油回收车未使用或使用不正确扣6分<br>2)拆卸放油螺栓工具使用不当或操作错误扣12分<br>3)未按规定力矩拧紧放油螺栓,方法不当、不清洁均扣8分 | | |

项目二　汽车发动机维护

（续）

| 序号 | 考核项目 | 考核内容及要求（评分要点） | 配分 | 评分标准 | 得分 | 备注 |
|---|---|---|---|---|---|---|
| 3 | 更换机油滤清器 | 1）使用机油滤清器扳手拆卸机油滤清器<br>2）清洁机油滤清器底座，并在密封圈涂抹新机油<br>3）按规定力矩紧固机油滤清器 | 27 | 1）机油滤清器扳手使用不正确或工具掉落均扣12分<br>2）未清洁机油滤清器底座或未涂抹机油，扣7分<br>3）未按要求紧固机油滤清器，扣8分 | | |
| 4 | 加注机油 | 1）正确加注机油<br>2）检查机油液位是否正常 | 12 | 1）加注机油方法不正确或机油洒落在发动机外壳，扣6分<br>2）检查机油步骤不正确，扣6分 | | |
| 5 | 检查恢复 | 1）检查机油放油螺栓和机油滤清器处有无渗漏<br>2）起动发动机，再次检查液位 | 13 | 1）未检查或检查方法不当，扣8分<br>2）未起动发动机，液位检查方法不当，扣5分 | | |
| 6 | 安全生产及文明素养 | 1）学习态度：积极主动参与学习<br>2）团队合作：与小组成员一起分工合作，不影响学习进度<br>3）现场管理：服从工位安排，执行实训室管理规定 | 10 | 1）学习态度不端正，扣3分<br>2）全程不参与团队合作讨论，扣3分<br>3）不服从现场管理规定，不服从安排，扣4分 | | |
| | 合　　计 | | 100 | | | |

考评员：　　　　　　　　　记分员：　　　　　　　　　　年　　月　　日

### 【评价与反馈】

#### 1. 自我评价

| 我做得好的地方 | 我还存在这些方面的问题 |
|---|---|
| □动作准确 | □动作不到位 |
| □工具使用规范 | □工具使用不规范 |
| □安装步骤熟悉 | □安装步骤不熟悉 |
| □零件摆放整齐 | □零件摆放不整齐 |
| □操作用时合理 | □操作用时过长 |
| □工作态度端正 | □工作态度不够端正 |

#### 2. 小组评价

我们组做到了：□全员参与　□分工明确　□工作高效　□完成了工作任务

3. 教师评价

| 评价内容 | 评价指标 | 等次（星级评定） |
| --- | --- | --- |
| 活动态度方面 | 1）态度是否积极，是否主动组织或参与活动<br>2）与小组同学合作是否良好<br>3）活动是否认真、善始善终<br>4）是否勇于克服困难 | |
| 知识技能方面 | 1）查阅资料技能<br>2）实地观察记录能力<br>3）调查研究能力<br>4）整理材料能力 | |

## 【知识巩固】

### 一、选择题

1. 当需把车辆举升过头时，操控举升机一般是分（　　）举升到位。
   A. 一次　　　　　B. 二次　　　　　C. 三次

2. 操控举升机工作时两人的站位是汽车（　　），保证车辆举升安全得到监控。
   A. 前、后站位　　B. 左、右站位　　C. 对角站位

3. 机油加注超量会对发动机（　　）。
   A. 减少起动负荷
   B. 增大润滑功能
   C. 机油易窜上燃烧室，造成烧机油

4. 发动机润滑系统的维护主要是更换机油和（　　）。
   A. 机油滤清器　　B. 放油螺栓　　C. 机油泵

5. 机油滤清器的拧紧力矩为（　　）N·m。
   A. 20　　　　B. 90　　　　C. 180　　　　D. 120

6. 安装新的机油滤清器时，在滤清器O形密封圈与安装表面接触，再用机油滤清器扳手把滤清器拧紧（　　）。
   A. 1圈　　　　B. 3/4圈　　　　C. 2圈　　　　D. 4/3圈

### 二、简答题

1. 机油是否变质的检查方法有哪些？

2. 机油过多、过少分别对发动机有什么影响？

项目二　汽车发动机维护

## 任务二 火花塞的检查与更换

### 【任务描述】

黄先生发现他的爱车出现了起动后动力不足、提速无力和经常熄火等现象,经检查初步判断为火花塞故障。那么今天的任务就是对火花塞进行检查与更换。

### 【学习目标】

1. 能叙述点火系统的组成。
2. 能通过查阅资料,会独立查找火花塞更换的相关技术参数和需要的工具。
3. 能通过小组讨论,制订火花塞更换的方案。
4. 能按技术规范要求正确使用汽车维修工具完成火花塞的检查与更换。
5. 能与他人合作,进行有效沟通,能按6S管理规定进行作业。

### 【学习重点】

能按技术规范要求正确使用汽车维修工具完成火花塞的检查与更换。

### 【学习难点】

能通过小组讨论,制订火花塞更换的方案。

### 【相关知识】

#### 一、点火系统的组成

点火系统的作用就是根据发动机的工作状态,按照发动机的工作顺序,在合适的时刻供给火花塞以足够能量的高压电,使其电极间产生火花,确保能点燃混合气,使发动机做功。

现在很多汽车采用独立点火系统,主要由点火开关、蓄电池、点火线圈、点火控制模块、火花塞和曲轴位置传感器和凸轮轴位置传感器等组成,如图2-3所示。

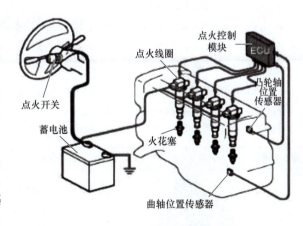

图2-3　点火系统的组成

61

## 二、火花塞的作用

火花塞接收点火线圈的高压电,并在中心电极和搭铁电极的间隙内产生火花,点燃缸内混合气,如图 2-4 所示。

## 三、火花塞的结构

火花塞由中心电极、侧电极、钢壳和瓷绝缘玻璃组成,其结构如图 2-5 所示。在中心电极和侧电极之间形成一个可以被高压击穿的间隙,称为火花塞点火间隙。

图 2-4 火花塞点火

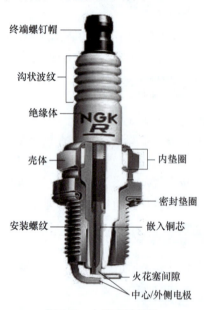

图 2-5 火花塞的结构

## 四、火花塞引起的故障分析

### 1. 火花塞引起的故障现象

火花塞的使用寿命一般为 15000~30000km,40000km 左右需要更换火花塞。火花塞如果出现损坏或烧蚀,引起点火能力下降或无法点火,则会造成可燃混合气燃烧不完全,使油耗、排放增加,加速无力,甚至无法起动发动机。

### 2. 火花塞状态分析

火花塞状态分析见表 2-2。

表 2-2 火花塞状态分析

| 火花塞状态 | 状态图示 | 影 响 | 原 因 分 析 | 处理方法 |
|---|---|---|---|---|
| 积炭 |  | 打不出火,发动机工作不良、起动困难、怠速不稳、加速不良、急加油回火、尾气超标、油耗增多 | 主要原因就是燃油燃烧不充分,燃油品质低劣 | 清除积炭 |

项目二 汽车发动机维护

(续)

| 火花塞状态 | 状态图示 | 影 响 | 原 因 分 析 | 处理方法 |
|---|---|---|---|---|
| 过热烧蚀 | | 点火提前,点火异常,发动机失火率增加,动力下降。易拖坏高压包从而导致缺缸 | 燃烧室内积炭过多、火花塞未按规定力矩拧紧、火花塞型号未选对 | 更换火花塞 |
| 油污 | | 打不着火 | 机油已进入燃烧室内,造成烧机油,导致火花塞有油污 | 清洗油污 |
| 正常 | | 发动机火花塞正常工作 | 无 | 检查火花塞间隙 |

## 五、火花塞的检查

火花塞的检查见表2-3。

表2-3 火花塞的检查

| 操作示意图 | 操作方法 |
|---|---|
| | 1)关闭点火开关,断开点火线圈的接线插座<br>2)拆卸点火线圈的固定螺栓<br>3)取出点火线圈 |
| | 1)用专用套筒拆下火花塞,并取出<br>2)用干净的布遮住火花塞孔 |

（续）

| 操作示意图 | 操作方法 |
|---|---|
|  | 检查火花塞是否有烧蚀、积炭和油污等现象 |
|  | 1）检查火花塞绝缘体是否有损坏<br>2）检查连接螺纹是否有损坏 |
|  | 用塞尺测量火花塞间隙<br>注意：量规与间隙之间应有轻微的阻力，火花塞间隙一般为0.8～1.1mm |
|  | 1）装复火花塞，并按规定力矩拧紧30N·m<br>2）装复点火线圈及电气连接线<br>3）起动发动机，确认运行平稳 |

## 【信息收集】

一、我们的学习任务是什么？

二、为了顺利完成本学习任务，请按下列要求完成下列信息的收集。

1. 维护车辆的车型：_____

2. 行驶里程：_____
3. 宝骏 630 轿车的点火方式为_____，其点火系统由_____、点火开关、_____、点火控制模块、_____和_____等组成。
4. 标出下图序号的火花塞上各部分名称。
①_____；②_____；③_____；④_____；⑤_____；
⑥_____；⑦_____；⑧_____；⑨_____；⑩_____

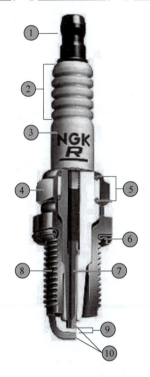

5. 查阅相关资料，说说下图中四种火花塞出现的现象分别是什么状态？

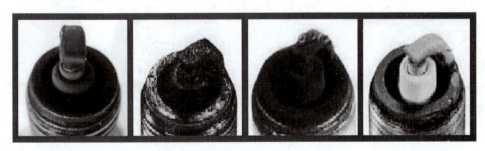

1. _____  2. _____  3. _____  4. _____
A. 油污    B. 过热    C. 正常    D. 炭污

6. 用塞尺测量火花塞间隙时，火花塞间隙一般为_____mm，是否需要更换_____。

### 【制订计划】

请根据车主描述的现象和任务要求，确定所需的维护仪器、工具，并对小组成员进行合理分工，制订详细的检查和维护计划。

1. 请在下表中选择在检修中可能用到的工量具（在对应的选项中打√即可）。

| 工量具名称 | 选 | 择 |
|---|---|---|
| 塞尺 | □可能 | □不可能 |
| 钢直尺 | □可能 | □不可能 |
| 尖嘴钳 | □可能 | □不可能 |
| 扳手 | □可能 | □不可能 |
| 十字螺钉旋具 | □可能 | □不可能 |
| 一字螺钉旋具 | □可能 | □不可能 |
| 手电筒 | □可能 | □不可能 |
| 其他（请填写具体名称） | | |

2. 小组成员分工

| 序 号 | 组 长 | 记 录 员 | 操 作 员 | 备 注 |
|---|---|---|---|---|
|  |  |  |  |  |
|  |  |  |  |  |

3. 火花塞检查和维护计划

1）火花塞的检查内容：＿＿＿＿＿＿＿＿＿＿＿＿＿＿＿＿＿＿＿＿＿＿＿＿＿＿＿＿
＿＿＿＿＿＿＿＿＿＿＿＿＿＿＿＿＿＿＿＿＿＿＿＿＿＿＿＿＿＿＿＿＿＿＿＿＿＿

2）操作步骤：＿＿＿＿＿＿＿＿＿＿＿＿＿＿＿＿＿＿＿＿＿＿＿＿＿＿＿＿＿＿＿＿
＿＿＿＿＿＿＿＿＿＿＿＿＿＿＿＿＿＿＿＿＿＿＿＿＿＿＿＿＿＿＿＿＿＿＿＿＿＿

3）选用工具：＿＿＿＿＿＿＿＿＿＿＿＿＿＿＿＿＿＿＿＿＿＿＿＿＿＿＿＿＿＿＿＿
＿＿＿＿＿＿＿＿＿＿＿＿＿＿＿＿＿＿＿＿＿＿＿＿＿＿＿＿＿＿＿＿＿＿＿＿＿＿

4）测量出哪些数据：＿＿＿＿＿＿＿＿＿＿＿＿＿＿＿＿＿＿＿＿＿＿＿＿＿＿＿＿
＿＿＿＿＿＿＿＿＿＿＿＿＿＿＿＿＿＿＿＿＿＿＿＿＿＿＿＿＿＿＿＿＿＿＿＿＿＿

## 【实施计划】

1）请结合本小组制订的维护计划，对火花塞进行检查与更换，并完成下列内容的填写。

| 序 号 | 检测部位 | 检测情况 | 结果判断 |
|---|---|---|---|
| 1 | 火花塞电极外观 | | |
| 2 | 火花塞绝缘体部分 | | |
| 3 | 火花塞连接螺栓 | | |
| 4 | 火花塞间隙测量 | | |

2）火花塞的故障部位是：

| 故障部位为 | （1） |
|---|---|
| | （2） |
| | （3） |

## 【检查与控制】

观察员根据操作员的工作过程评分，具体评分细则见表2-4。

表2-4 火花塞的检查和维护考核评分表

操作时间：30min

| 序号 | 考核项目 | 考核内容及要求（评分要点） | 配分 | 评分标准 | 得分 | 备注 |
|---|---|---|---|---|---|---|
| 1 | 准备工作 | 1）工具、材料准备<br>2）安装防护用具 | 15 | 1）备齐所需工具、材料，错选或漏选1件扣1分，扣完为止<br>2）安装发动机防护三件套不正确扣5分<br>3）不正确使用车轮挡块扣5分 | | |
| 2 | 火花塞的拆卸 | 正确使用工具拆卸火花塞 | 10 | 1）不正确选用工具扣5分<br>2）拆卸方法不正确扣5分 | | |
| 3 | 火花塞的检查维护 | 1）目测检查火花塞外观和电极<br>2）测量火花塞间隙 | 45 | 1）检查火花塞绝缘体是否有裂纹、火花塞连接部分是否有损坏（检查不全或检查结果错误扣10分）<br>2）检查火花塞电极情况（检查不全面或检查结果错误扣10分）<br>3）用工具测量火花塞间隙，测量方法不对或测量结果错误均扣15分 | | |
| 4 | 火花塞的安装 | 正确使用工具安装火花塞 | 10 | 1）不正确使用工具安装火花塞扣5分<br>2）安装不到位扣5分 | | |
| 5 | 安全保护 | 劳保穿戴齐全 | 10 | 劳保穿戴不全，扣10分 | | |
| | | 文明操作，工具摆放有序 | 10 | 乱摆乱放工量具，扣10分 | | |
| | 合计 | | 100 | | | |

考评员： 记分员： 年 月 日

## 【评价与反馈】

1. 自我评价

| 我做得好的地方 | 我还存在这些方面的问题 |
| --- | --- |
| □动作准确 | □动作不到位 |
| □工具使用规范 | □工具使用不规范 |
| □安装步骤熟悉 | □安装步骤不熟悉 |
| □零件摆放整齐 | □零件摆放不整齐 |
| □操作用时合理 | □操作用时过长 |
| □工作态度端正 | □工作态度不够端正 |

2. 小组评价

我们组做到了：□全员参与　□分工明确　□工作高效　□完成了工作任务

3. 教师评价

| 评价内容 | 评价指标 | 等次（星级评定） |
| --- | --- | --- |
| 活动态度方面 | 1）态度是否积极，是否主动组织或参与活动<br>2）与小组同学合作是否良好<br>3）活动是否认真、善始善终<br>4）是否勇于克服困难 | |
| 知识技能方面 | 1）查阅资料技能<br>2）实地观察记录能力<br>3）调查研究能力<br>4）整理材料能力 | |

## 【知识巩固】

### 一、选择题

1. 检查时，在一个火花塞的端部发现一层干的、松散的黑色积炭。技师甲说，这个火花塞不能再用，技师乙说，这个火花塞可以清洁和维修，然后再用。（　　）正确。

　　A. 甲正确　　　　　B. 乙正确　　　　　C. 两人均正确　　　D. 两人均不正确

2. 拆装发动机火花塞应用（　　）。

　　A. 火花塞套筒　　　B. 套筒　　　　　　C. 呆扳手　　　　　D. 梅花扳手

3. 装复火花塞时，用（　　）的力矩拧紧火花塞。

　　A. 20N·m　　　　　B. 30N·m　　　　　C. 40N·m　　　　　D. 50N·m

4. 发动机有烧机油的现象时，火花塞电极之间会有（　　）的产生。

　　A. 积炭　　　　　　B. 油污　　　　　　C. 白色沉积物　　　D. 锈蚀

### 二、简答题

1. 简述点火系统的组成。

2. 火花塞故障会对发动机有什么影响？

项目二  汽车发动机维护

## 任务三
## 进、排气系统的检查与更换

### 【任务描述】

黄先生反映他的汽车行驶了 60000km 以上后，出现了油耗增加、有时怠速不稳的现象，经维修技师初步检查判断可能是进、排气系统出现了问题。那么我们的任务是对进、排气系统进行检查与更换。

### 【学习目标】

1. 能叙述进、排气系统的总体组成。
2. 能叙述进、排气系统主要元件的作用和安装位置。
3. 能独立完成进、排气系统的检查与更换。
4. 能与他人合作，进行有效沟通，能按 6S 管理规定进行作业。

### 【学习重点】

能独立完成进、排气系统的检查与更换。

### 【学习难点】

独立完成进排、气系统的检查。

### 【相关知识】

#### 一、进气系统的作用和组成

进气系统的作用是向发动机提供新鲜、清洁的空气，节气门用于调节进气量，从而控制发动机的功率。

进气系统由空气滤清器、节气门体、怠速控制阀、进气总管、进气歧管和气缸等组成，如图 2-6 所示。

1. 空气滤清器

空气滤清器是对空气净化的装置，它由壳体和滤芯组成。如果滤芯阻塞严重，空气进入气缸受阻，从而会使发动机功率下降。空气滤清器的清洁，一般每 15000km 用高压气清洁一次，每 2 年或 3 万 km 更换一次。

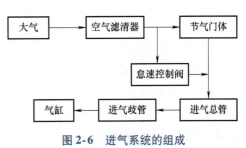

图 2-6  进气系统的组成

### 2. 进气管

进气管用于连接节气门体与空气滤清器。当进气管出现破损或连接松动时，将出现漏气现象，导致发动机不能正常工作。

### 3. 节气门

节气门是电控燃油喷射系统最重要的部件。节气门是控制空气进入发动机的一道可控阀门，气体进入进气管后会和汽油混合变成可燃混合气，从而燃烧做功。它上接空气滤清器，下接发动机缸体，被称为是汽车发动机的咽喉。

### 4. 怠速控制阀

怠速是汽车的一种工作状况，指发动机在空档情况下运转。完全放松加速踏板时，发动机怠速时的转速被称为怠速转速。怠速转速可以通过调整节气门大小等来调整其高低。一般车辆发动机怠速运转的速度为 700~900r/min。

怠速控制阀安装在节气门体上，用于控制节气门的旁通空气量，保持节气门闭合时发动机转速恒定。

### 5. 进气歧管

进气歧管必须将空气、燃油混合气或洁净空气尽可能均匀地分配到各个气缸，为此进气歧管内气体流道的长度应尽可能相等。

### 6. 气缸

气缸是引导活塞在缸内进行直线往复运动的圆筒形金属机件。

## 二、排气系统的组成

排气系统指汇集各气缸的废气，减小排气噪声和消除废气中的火焰和火星，使废气安全地进入大气，并对废气中的有害物质进行排放控制。排气系统（图2-7）包括排气歧管、排气管、三元催化转化器、消声器和尾管。废气自气缸排出后，随即进入排气歧管，各缸的排气歧管汇集后，经过排气管将废气排出。

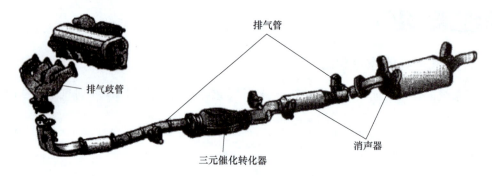

图 2-7 排气系统的组成

### 1. 三元催化转化器

废气排放控制系统使用三元催化转化器将尾气中三种污染物：碳氢化合物（HC）、一氧化碳（CO）和氮氧化合物（$NO_x$）转化为无害物质。

### 2. 消声器

消声器用来消除排气的噪声，使汽车行驶时更安静。如果消声器堵塞，会影响排气的顺畅性，从而影响发动机的性能。

3. 排气歧管

排气歧管是与发动机气缸体相连的，将各缸的排气集中起来导入排气总管，带有分歧的管路。对它的要求主要是，尽量减小排气阻力，并避免各缸之间相互干扰。

### 三、进、排气系统的检查与维护

1. 空气滤清器的检查方法

1）拧下空气滤清器盖上部的固定螺栓。

2）拆下空气滤清器盖夹子。

3）用抹布或高压气枪清洁空气滤清器内部灰尘，并确保进气壳保持干燥。

4）检查并用高压气枪清洁空气滤清器芯，或更换空气滤清器芯。空气滤清器的清洁和更换以使用环境以及使用情况而定。

5）安装好空气滤清器。

2. 进气管的检查

（1）外观检查　检查进气管是否存在破损和变形。

（2）连接状况检查

1）检查进气管连接卡箍是否松动。

2）晃动进气管，检查连接是否可靠。

3）在发动机运转状态下，检查连接处是否存在漏气现象。

3. 节气门体的检查

（1）节气门联动功能的检查

1）在发动机熄火的状态下踩下加速踏板，观察节气门是否正常动作。

2）检查节气门拉索是否连接正常。

（2）节气门的检查

1）拆卸节气门体与进气管的连接卡箍，并拆下进气管。

2）用手转动节气门，观察节气门是否有卡滞或脏堵。如发现节气门存在脏堵现象，需拆下节气门总体，用清洗剂进行喷洗。

3）装复节气门体和进气管，将卡箍安装后紧固。

4. 三元催化转化器的检查

1）检查三元催化转化器表面是否有凹陷。如有凹陷或刮擦，则表明三元催化转化器的载体可能受到损伤，需要更换三元催化转化器。

2）检查三元催化转化器外壳上是否有严重的褪色斑点或略有呈青色或紫色的痕迹，在三元催化转化器防护罩的中央是否有明显的暗灰斑点。如有，则说明三元催化转化器曾处于过热状态，需做进一步的检查。

5. 排气管的检查

（1）损坏和安装状况检查

1）检查排气管是否损坏。

2）检查消声器是否损坏。

3）检查排气管支架上的O形密封圈是否脱离。

4）检查垫片是否损坏。

（2）排气管渗漏检查　通过观察周围是否存在任何炭黑，检查排气管连接部分是否渗漏废气。

6. 松动检查

检查副消声器和主消声器之间的安装卡箍，拧紧力矩为 21.1~22.1N·m。

### 【信息收集】

一、我们的学习任务是什么？

二、为了顺利完成本学习任务，请按下列要求完成下列信息的收集。

1. 维护车辆的车型：_____
2. 行驶里程：_____
3. 请写出进气系统的组成名称及作用。

| 序号 | 名　称 | 作　用 |
| --- | --- | --- |
| 1 | | |
| 2 | | |
| 3 | | |
| 4 | | |

4. 排气系统指收集并且排放废气的系统，包括_____、排气管、_____、消声器和尾管等。

5. 进、排气系统的检查内容有哪些？

| 序　号 | 检查项目 | 检查内容 |
| --- | --- | --- |
| 1 | 空气滤清器 | |
| 2 | 节气门 | |

项目二　汽车发动机维护

（续）

| 序　号 | 检查项目 | 检查内容 |
|---|---|---|
| 3 | 进气管 |  |
| 4 | 三元催化转化器 |  |
| 5 | 排气管 |  |

### 【制订计划】

请根据车主描述的现象和任务要求，确定所需的维护仪器、工具，并对小组成员进行合理分工，制订详细的检查和维护计划。

1. 请在下表中选择在检修中可能用到的工量具（在对应的选项中打√即可）。

| 工量具名称 | 选　　择 | |
|---|---|---|
| 木槌 | □可能 | □不可能 |
| 高压气枪 | □可能 | □不可能 |
| 尖嘴钳 | □可能 | □不可能 |
| 扳手 | □可能 | □不可能 |
| 十字螺钉旋具 | □可能 | □不可能 |
| 手套 | □可能 | □不可能 |
| 手电筒 | □可能 | □不可能 |
| 其他（请填写具体名称） | | |

2. 小组成员分工

| 序　号 | 组　　长 | 记　录　员 | 操作员 | 备　注 |
|---|---|---|---|---|
|  |  |  |  |  |
|  |  |  |  |  |
|  |  |  |  |  |

3. 进、排气系统检查和维护计划

1）进、排气检查的项目：

2）操作步骤：_____

_____

3）选用工具：_____

_____

### 【实施计划】

请结合本小组制订的维护计划，对进、排气系统进行检查与更换，并完成下列内容的填写。

1）请在实车上找到进、排气系统的组成部件，并分别口述它们的作用，评分员做好评分。

2）请在实车上结合检查内容对进、排气系统进行检查与维护，并把检查结果填写在下面的表格中。

| 序　号 | 检 查 项 目 | 检 查 结 果 |
| --- | --- | --- |
| 1 | 空气滤清器 | |
| 2 | 节气门 | |
| 3 | 进气管 | |
| 4 | 三元催化转化器 | |
| 5 | 排气管 | |

### 【检查与控制】

观察员根据操作员的工作过程评分，具体评分细则见表 2-5。

项目二　汽车发动机维护

### 表 2-5　发动机进、排气系统的维护考核评分表

操作时间：30min

| 序号 | 考核项目 | 考核内容及要求（评分要点） | 配分 | 评分标准 | 得分 | 备注 |
|---|---|---|---|---|---|---|
| 1 | 准备工作 | 1）工具材料准备<br>2）安装防护用具 | 6 | 1）备齐所需工具、材料，错选或漏选1件扣1分，扣完为止<br>2）安装好车轮挡块（2分）<br>3）打开发动机舱盖（2分）<br>4）安装发动机舱保护三件套（2分） | | |
| 2 | 进、排气系统认识 | 就车叙述指出发动机进、排气系统原件名称 | 11 | 叙述不全或指出位置不正确，每处扣1分 | | |
| 3 | 清洁空气滤清器 | 1）拆取空气滤清器<br>2）用专用工具清洁空气滤清器，清洁空气滤清器壳内部<br>3）安装空气滤清器 | 15 | 1）清洁空气滤清器方法不正确扣10分<br>2）工具使用不正确扣5分<br>3）步骤不清楚，不得分 | | |
| 4 | 清洁节气门体 | 1）点火开关关闭<br>2）断开与节气门体连接的线束插头管路等<br>3）拆下节气门体<br>4）清洗剂清洗节气门体<br>5）复位安装节气门体 | 30 | 1）未确认点火开关关闭，扣5分<br>2）线束接头管路断开方法不正确，每处扣3分<br>3）节气门体清洗方法不正确扣10分<br>4）节气门以及相关线束插头管路安装不正确，每处扣3分 | | |
| 5 | 进气管的检查 | 1）进气管外观检查<br>2）进气管连接状况检查 | 13 | 1）进气管外观不检查或检查方法不当，扣5分<br>2）进气管连接检查不当或检查不准确，扣8分 | | |
| 6 | 排气管的检查 | 排气管外观检查<br>排气管连接状况检查 | 8 | 排气管检查不准确，每漏一项扣2分 | | |
| 7 | 三元催化转化器检查 | 三元催化转化器外观检查 | 4 | 三元催化转化器检查不准确，每一项扣2分 | | |
| 8 | 安全保护、工具归位 | 劳保穿戴齐全<br>工具设备、场地清洁<br>文明操作，工具摆放有序 | 5<br>4<br>4 | 劳保穿戴不全，扣5分<br>设备表面或场地没有清洁扣4分<br>乱摆乱放工量具，扣4分 | | |
| | 合　　计 | | 100 | | | |

考评员：　　　　　　　　　记分员：　　　　　　　　　　　年　　月　　日

## 【评价与反馈】

### 1. 自我评价

| 我做得好的地方 | 我还存在这些方面的问题 |
| --- | --- |
| □动作准确 | □动作不到位 |
| □工具使用规范 | □工具使用不规范 |
| □安装步骤熟悉 | □安装步骤不熟悉 |
| □零件摆放整齐 | □零件摆放不整齐 |
| □操作用时合理 | □操作用时过长 |
| □工作态度端正 | □工作态度不够端正 |

### 2. 小组评价

我们组做到了：□全员参与　　□分工明确　　□工作高效　　□完成了工作任务

### 3. 教师评价

| 评价内容 | 评价指标 | 等次（星级评定） |
| --- | --- | --- |
| 活动态度方面 | 1）态度是否积极，是否主动组织或参与活动<br>2）与小组同学合作是否良好<br>3）活动是否认真、善始善终<br>4）是否勇于克服困难 | |
| 知识技能方面 | 1）查阅资料技能<br>2）实地观察记录能力<br>3）调查研究能力<br>4）整理材料能力 | |

## 【知识巩固】

### 一、选择题

1. 发动机排放超标的因素有（　　）等。
   A. 气缸压力过大　　　　　　　　B. 三元催化转化器失效
   C. 机油量偏少　　　　　　　　　D. 消声器生锈
2. 一般情况下空气滤清器的安装位置是（　　）。
   A. 发动机进气管路尾部　　　　　B. 发动机进气管路头部
   C. 排气管末端　　　　　　　　　D. 任意位置
3. 纸质型空气滤清器的检查主要有（　　）工作。
   A. 清洁　　　　　B. 检查　　　　　C. 安装　　　　　D. 以上都是
4. 发动机怠速运转时的转速为（　　）。

A. 400~500r/min  B. 1200~1500r/min
C. 700~900r/min  D. 0

5. 三元催化转化器能把（　　）转化成无毒的物质。

A. CO  B. $NO_x$  C. HC  D. $CO_2$

## 二、简答题

1. 简述怠速的定义。

2. 简述三元催化转化器的作用。

## 任务四
## 冷却液的检查与更换

### 【任务描述】

国庆节假期，王先生驾驶他的爱车回了趟老家，他发现该车行驶 0.5h 后，车辆就出现了"开锅"的现象，王先生只好把车停在安全区域，打电话叫 4S 店紧急救援。4S 店的黄师傅通过检查发现是该车的冷却液变质了，并且冷却液不足，从而导致了该车出现了"开锅"的故障现象。那么我们的学习任务就是对冷却液进行检查与维护。

### 【学习目标】

1. 能叙述冷却系统的总体组成和作用。
2. 能叙述冷却液的检查与维护要点。
3. 能独立完成冷却液的检查与维护。
4. 能与他人合作，进行有效沟通，能按 6S 管理规定进行作业。

### 【学习重点】

能独立完成冷却液的检查与维护。

### 【学习难点】

能叙述冷却液检查与维护的要点。

### 【相关知识】

汽车冷却系统的功用是将受热零件吸收的部分热量及时散发出去，保证发动机在最适宜的温度状态下工作。发动机正常工作时的冷却液温度是 80~90℃。

### 一、冷却系统的组成

冷却系统主要由冷却液、散热器、冷却风扇、储水箱、水泵、水管和节温器等组成。如图 2-8 所示。

1. 冷却液

冷却液在发动机冷却系统中循环流动，将发动机多余的热能带走，使发动机能以正常工作温度运转。除此之外，冷却液还有防止冷却液凝固（防冻）、冷却系统部件生锈（防锈）、水垢（防垢）、沸腾（防沸）的产生等功能。冷却液的冰点可达到 -60℃，沸点至少应达到 108℃。冷却液的更换周期一般为 2 年或 4 万 km。

冷却液不足的影响：冷却效果下降，导致发动机过热，容易造成冷却液沸腾而导致

"开锅"。

冷却液不足时,应及时补充,加注时尽量使用同一品牌的冷却液。不同品牌的冷却液生产配方会有所差异,如果混合使用,多种添加剂之间很可能会发生化学反应,造成添加剂失效。

冷却液过多的影响:容易溢出,容易造成压力过大导致冷却系统管道接口处漏水。

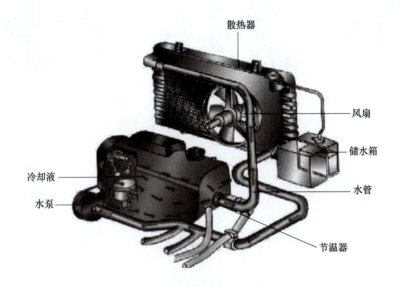

图 2-8　冷却系统的组成

2. 水泵

对冷却液加压,保证其在冷却系统中循环流动。

3. 散热器

散热器由进水室、出水室及散热器芯等三部分构成。冷却液在散热器芯内流动,空气在散热器芯外通过。热的冷却液由于向空气散热而变冷,冷空气则因为吸收冷却液散出的热量而升温,所以散热器是一个热交换器。

4. 冷却风扇

当风扇旋转时吸进空气,使其通过散热器,以增强散热器的散热能力,加速冷却液的冷却。

5. 储水箱

储水箱的作用是补充冷却液和缓冲"热胀冷缩"的变化,加注冷却液时不要加满。

6. 水管

水管的主要作用还是传递冷却液,协助冷却液对发动机散热。

7. 节温器

节温器是根据冷却液温度的高低自动调节进入散热器的水量,改变水的循环范围,以调节冷却系统的散热能力,保证发动机在合适的温度范围内工作。节温器开启的温度是70℃,根据节温器的是否开启,冷却系统的循环路线分为大循环、小循环。冷却系统循环路线如图 2-9 所示。

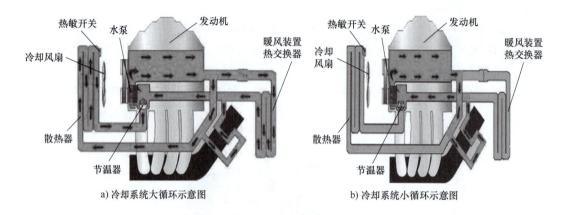

图 2-9　冷却系统大小循环示意图

大循环冷却液循环路线为：水泵—气缸盖水套—分水管—气缸体水套—节温器—散热器进水软管—散热器—散热器出水软管—水泵。

小循环冷却液循环路线为：水泵—气缸盖水管—分水管—气缸体水管—节温器—旁通管—水泵。

## 二、冷却液的检查

1. 冷却液液位的检查

1）检查目的。冷却液加注太多，容易溢出，容易造成压力过大导致冷却系统管道接口处漏水。冷却液加注太少，冷却效果下降，导致发动机过热，容易开锅。因此冷却液液位应在正常上下刻度极限之间。

2）检查方法。在发动机处于冷态时，目视检查储液罐中冷却液的液位，冷却液的液位应保证在上下极限刻度 MAX ~ MIN 线范围内，如图 2-10 所示。

2. 冷却液渗漏的检查

检查冷却液是否从散热器、橡胶软管、散热器管和软管夹周围渗漏。

3. 冷却液质量的检查

1）检查冷却液是否变质，一是看冷却液补充水壶中是否有杂质、絮状物等，如有建议更换。

2）检查冷却液是否变质，其中一项是看冷却液的冰点是否在使用范围内，所谓的冷却液冰点就是冷却液能承

图 2-10　冷却液上下刻度示意图

受的最低温度点。当今冷却液的冰点一般在 -15 ~ -68℃ 范围内，如不在该范围，建议更换冷却液。

冷却液变质检查方法如下：

① 工具选用：冰点测试仪，如图 2-11 所示。

② 清洁冰点测试仪棱镜后，打开盖板，用吸管将少许冷却液涂于棱镜上，盖上盖板，

项目二 汽车发动机维护

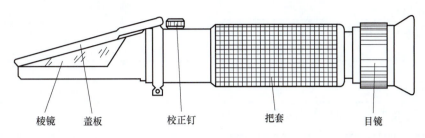

图 2-11 冰点测试仪

如图 2-12 所示。

③ 用眼睛直接对着光处，直接观测，在观测口中将显示冷却液冰点，观测口中有明显的蓝白接线，上部为蓝色，下部为白色，中间竖线为冷却液冰点，分界线对应的刻度即为测量的结果。

### 三、管路的检查

1. 外观的检查

检查冷却系统管路是否破损和变形。

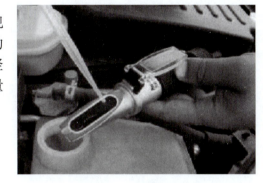

图 2-12 滴取冷却液

2. 连接状况的检查

1）检查冷却系统管路连接卡箍是否松动。

2）晃动冷却系统管路，检查连接是否可靠。

3）在发动机运转状态下，检查连接处是否存在明显的漏水现象。

### 四、冷却液的更换

1）将汽车停好在平地上，准备好新的冷却液。

2）目视检查储液罐内冷却液液位是否在正常刻度，拧下散热器盖，小心烫伤。

3）将散热器放水管接头松开。

4）将放水开关关好，向冷却系统注上新冷却液，按标准加注至膨胀水箱 MAX 的标记处，不可加满冷却液。

5）在冷却液快加满时，可将发动机起动 2~3min，使冷却液循环，冷却液循环时把冷却系统的空气排出，并使冷却液液面降低，这时应按标准补足。

6）拧好散热器盖，再次检查管路是否有渗漏。

### 【信息收集】

一、我们的学习任务是什么？

二、为了顺利完成本学习任务，请按下列要求完成下列信息的收集。

1. 维护车辆的车型：_____

2. 行驶里程：_____
3. 冷却系统的作用：

_____

_____

_____

4. 请写出冷却系统组成的名称以及各自的作用。

| 序号 | 名　称 | 作　用 |
| --- | --- | --- |
| 1 | 冷却液 |  |
| 2 | 散热器 |  |
| 3 | 冷却风扇 |  |
| 4 | 储水箱 |  |
| 5 | 水泵 |  |
| 6 | 水管 |  |
| 7 | 节温器 |  |

5. 为了使发动机正常工作，冷却液应保证在_____℃范围内。
6. 识读图2-9，请写出冷却液在冷却系统内循环流动的两条路线。
大循环：



小循环：

7. 冷却液一般更换间隔时间为_____年或 4 万 km。

## 【制订计划】

请根据车主描述的现象和任务要求,确定所需的维护仪器、工具,并对小组成员进行合理分工,制订详细的检查和维护计划。

1. 请在下表中选择在检修中可能用到的工量具(在对应的选项中打√即可)。

| 工量具名称 | 选 择 | |
|---|---|---|
| 冰点测试仪 | □可能 | □不可能 |
| 钢直尺 | □可能 | □不可能 |
| 尖嘴钳 | □可能 | □不可能 |
| 扳手 | □可能 | □不可能 |
| 十字螺钉旋具 | □可能 | □不可能 |
| 一字螺钉旋具 | □可能 | □不可能 |
| 手电筒 | □可能 | □不可能 |
| 其他(请填写具体名称) | | |

2. 小组成员分工

| 序 号 | 组 长 | 记 录 员 | 操 作 员 | 备 注 |
|---|---|---|---|---|
| | | | | |
| | | | | |

3. 冷却液的检查和维护计划

1)冷却液检查的内容:_____
_____
_____

2)冷却液更换的步骤:_____
_____
_____

3)冷却液检查选用的工具:_____
_____

## 【实施计划】

请结合本小组制订的维护计划,对冷却液进行检查与更换,并完成下列内容的填写。

1)请在实车上找到冷却系统的组成部件,并分别口述它们的作用,评分员做好评分。

2)请在实车上结合检查内容冷却系统进行检查与维护,并把检查结果填写在下面的表格中。

| 序号 | 检查项目 | 检查结果 | 结果判断 |
|---|---|---|---|
| 1 | 冷却液液位 | | |
| 2 | 冷却液颜色 | | |
| 3 | 冷却液冰点 | | |
| 4 | 冷却管路 | | |
| 5 | 冷却液渗漏情况 | | |

## 【检查与控制】

观察员根据操作员的工作过程评分，具体评分细则见表2-6。

表2-6 发动机冷却系统检查与维护考核评分表

操作时间：30min

| 序号 | 考核项目 | 考核内容及要求（评分要点） | 配分 | 评分标准 | 得分 | 备注 |
|---|---|---|---|---|---|---|
| 1 | 准备工作 | 1）工具材料准备<br>2）安装防护用具 | 6 | 1）备齐所需工具、材料，错选或漏选1件扣1分，扣完为止<br>2）安装好车轮挡块（2分）<br>3）打开发动机舱盖（2分）<br>4）安装发动机舱保护三件套（2分） | | |
| 2 | 检查冷却液 | 1）目测检查冷却液液位<br>2）检查冷却液颜色<br>3）测量冷却液冰点<br>4）检查冷却液是否渗漏 | 25 | 1）冷却液液位检查方法、结果判断不正确（扣5分）<br>2）冷却液颜色结果判断不正确扣5分<br>3）冷却液冰点检查方法不当、结果判断不正确，每处扣5分<br>4）冷却液渗漏检查不准确（扣5分） | | |
| 3 | 冷却系统泄漏的检查 | 1）检查冷却系统各管路是否泄漏<br>2）检查各个管路接头是否渗漏<br>3）检查主/副水箱是否泄漏 | 25 | 检查方法不对或漏检，每处扣5分 | | |
| 4 | 冷却液更换 | 冷却液更换步骤 | 30 | 冷却液更换步骤不当不准确，每处扣5分 | | |
| 5 | 安全保护、工具归位 | 劳保穿戴齐全 | 4 | 劳保穿戴不全，扣4分 | | |
| | | 工具设备、场地清洁 | 5 | 设备表面或场地没有清洁扣5分 | | |
| | | 文明操作，工具摆放有序 | 5 | 乱摆乱放工量具，扣5分 | | |
| | 合计 | | 100 | | | |

考评员：　　　　　　　　　记分员：　　　　　　　　　　年　月　日

项目二 汽车发动机维护

## 【评价与反馈】

1. 自我评价

| 我做得好的地方 | 我还存在这些方面的问题 |
| --- | --- |
| □动作准确 | □动作不到位 |
| □工具使用规范 | □工具使用不规范 |
| □安装步骤熟悉 | □安装步骤不熟悉 |
| □零件摆放整齐 | □零件摆放不整齐 |
| □操作用时合理 | □操作用时过长 |
| □工作态度端正 | □工作态度不够端正 |

2. 小组评价

我们组做到了：□全员参与　□分工明确　□工作高效　□完成了工作任务

3. 教师评价

| 评价内容 | 评价指标 | 等次（星级评定） |
| --- | --- | --- |
| 活动态度方面 | 1）态度是否积极，是否主动组织或参与活动<br>2）与小组同学合作是否良好<br>3）活动是否认真、善始善终<br>4）是否勇于克服困难 | |
| 知识技能方面 | 1）查阅资料技能<br>2）实地观察记录能力<br>3）调查研究能力<br>4）整理材料能力 | |

## 【知识巩固】

### 一、选择题

1. 冷却液的作用有（　　）。
   A. 防止冷却液凝固　　　　　　　　B. 防止冷却系统部件生锈
   C. 防止发动机内部温度过热　　　　D. 润滑发动机零部件

2. 主要成分为乙二醇与水混合物的油液品是（　　）。
   A. 机油　　　　　　　　　　　　　B. 冷却液
   C. 转向助力液　　　　　　　　　　D. 风窗清洗液

3. （　　）用来改变冷却液的循环路线及流量，自动调节冷却的温度。
   A. 水泵　　　　　B. 风扇　　　　　C. 散热器　　　　D. 节温器

4. 汽车发动机的正常工作温度是（　　）℃。
   A. 60~70　　　　B. 30~40　　　　C. 80~90　　　　D. 90~100

5. 冷却液温度在75℃时，发动机进行的是（    ）。
A. 大循环　　　　　B. 小循环　　　　　C. 不循环　　　　　D. 无限循环

## 二、简答题

1. 简述冷却液的作用。

2. 简述冷却液过多、过少的影响有哪些？

项目二 汽车发动机维护

# 任务五
# 发动机正时带的检查与更换

### 【任务描述】

一辆北京现代轿车行驶了 8 万 km，来到 4S 店做 8 万 km 维护时，技术人员查看了维护记录，计划对这辆车进行发动机正时带的检查与更换。

### 【学习目标】

1. 能根据工作需要，检查发动机正时带松紧程度，制订更换正时带计划。
2. 能根据任务需要，口述列举工具清单和准备工具。
3. 能正确识别标准发动机正时带的质量、规格并领取。
4. 能按照正时带装配工艺要求，独立完成整个更换调整过程。
5. 能与他人合作，进行有效沟通，能按 6S 管理规定进行作业。

### 【学习重点】

能根据装配工艺、步骤和方法，独立完成正时带的更换。

### 【学习难点】

掌握正时齿轮标记装配工艺方法和步骤。

### 【相关知识】

正时带是发动机配气系统的重要组成部分，通过与曲轴的连接并配合一定的传动比来保证进、排气时间的准确。使用正时带而不是齿轮来传动是因为正时带噪声小，自身变化量小而且易于补偿。显而易见正时带的寿命肯定要比金属齿轮短，因此要定期更换正时带。

## 一、正时带的用途

正时带属于耗损品，而且正时带一旦断裂，凸轮轴当然不会照着正时运转，此时极有可能导致气门与活塞撞击而造成严重毁损，所以正时带一定要依据原厂指定的里程或时间更换。

汽车发动机工作过程中，在气缸内不断发生进气、压缩、做功和排气四个过程，并且，每个步骤的时机都要与活塞的运动状态和位置相配合，使进气与排气及活塞升降相互协调起来，正时带在发动机里面扮演了一个"桥梁"的作用，在曲轴的带动下将力量传递给相应机件。有许多高档车为了保证正时系统工作稳定，采用金属链条来替代正时带。由于车辆正时齿形带断裂后会造成发动机内部气门损坏,危害较大,故一般厂家都对正时带规定有更换周期。

正时带属于橡胶部件,随着发动机工作时间的增加,正时带和正时带的附件(如正时带张紧轮、正时带张紧器和水泵等)都会发生磨损或老化。因此,凡是装有正时带的发动机,厂家都会有严格要求,在规定的周期内定期更换正时带及附件,更换周期则随着发动机的结构不同而有所不同,一般在车辆行驶到6万~10万km时应该更换,具体的更换周期应该以车辆的维护手册说明为准,当总行驶里程到达8万km时,建议考虑更换。

## 二、正时带定期检查

当今,随着汽车先进程度越来越高,维修的工作量将逐渐减少。于是,车主们往往认为他们的车辆基本不需要修理。而各汽车制造商明确规定了正时带进行常规检查及更换的周期,作为专业维修技师,你应该将这一点向车主讲明:作为定期维护、全面检查的一项内容,正时带的维护应该加在定期维护的程序中。如果忽视了这一点,没有定期检查、及时更换有故障的正时带,可能会导致严重的后果。

正时带具体检查方法(图2-13)如下:

1)首先清洁正时齿轮盖,然后将正时带盖罩锁拧向开启位置,再按下后盖上的卡箍,拆下正时带盖罩。

2)用手指捏住正时带的中间位置,将正时带扭转90°,检查其张紧力,若正时带过松则用专用工具转动张紧轮,进行正时带松紧度的调整。

3)检查完毕后,装复正时带盖,安装时必须保证正时带盖安装到位,正时带盖下部应保证密封可靠,防止异物掉入正时带盖内,以避免发生严重事故。

图2-13 正时带的检查

## 三、正时带的优缺点

正时系统的传动件分为正时链条和正时带两种。正时带已在发动机中应用很长时间,技术成熟,成本较低,噪声较小,但需要定期检查和维护,一般6万~10万km就需要更换。正时链条具有结构紧凑、传递功率高、可靠性与耐磨性高、终身免维护等显著优点,但相对传统的正时带来说,其噪声一般稍大一些。

随着技术的进步,有些汽车上采用了齿形静音链条,其噪声甚至低于正时带。相信这种正时链条的广泛使用将为广大汽车用户带来更多便利。

## 四、正时带的更换

拆卸旧正时带及更换新正时带流程图如图 2-14 所示。正时带安装标记如图 2-15 所示。正时带标记与安装方向如图 2-16 所示。

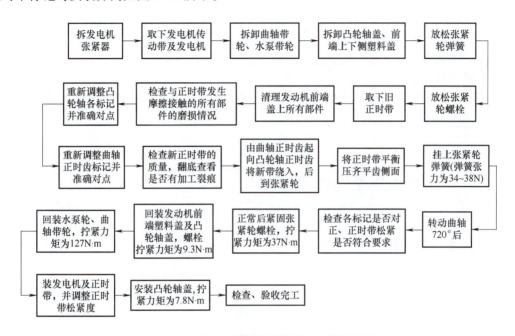

图 2-14　拆卸旧正时带及更换新正时带流程图

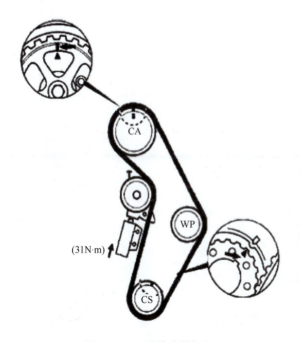

图 2-15　正时带安装标记

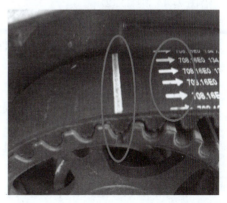

图 2-16　正时带标记与安装方向

## 【信息收集】

一、我们的学习任务是什么？

二、为了顺利完成本学习任务，请按下列要求完成下列信息的收集。
1. 维护车辆的车型：_____
2. 行驶里程：_____
3. 观察发动机凸轮轴正时齿的标记所对应的点，如要判断某缸在压缩，驱动齿轮应对应哪两点？
_____
_____

4. 曲轴正时齿标记对应哪个点时活塞处于上止点？
_____

5. 如何区分导轮和张紧轮。
_____

6. 正时带转向如何？
_____

7. 怎样拆旧正时带方便？怎样上新正时带方便？
_____

8. 螺栓过紧难拆卸怎么办？
_____

9. 装配新正时带时应注意哪些步骤和技巧？
_____

10. 正时带绕向示意图：
沿图 2-17 中① ② _____ _____ _____ ⑥方向缠绕正时带。

11. 更换新正时带前，应清理各部件的表面，应使用什么方法清理？
_____

12. 安装前为什么要检查部件的磨损情况？
_____

13. 新带装上后转动曲轴两周目的是什么？
_____

14. 正时带的张力是人为外加还是靠张紧弹簧本身拉力？
_____

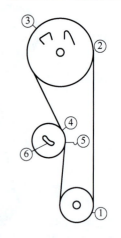

图 2-17　正时带绕向示意图

项目二　汽车发动机维护

## 【制订计划】

请根据车主描述的现象和任务要求，确定所需的维护仪器、工具，并对小组成员进行合理分工，制订详细的检查和维护计划。

1. 请在下表中选择在检修中可能用到的工量具（在对应的选项中打√即可）。

| 工量具名称 | 选 | 择 |
|---|---|---|
| 抹布 | □可能 | □不可能 |
| 维修工具150件套 | □可能 | □不可能 |
| 尖嘴钳 | □可能 | □不可能 |
| T形套筒扳手 | □可能 | □不可能 |
| 十字螺钉旋具 | □可能 | □不可能 |
| 一字螺钉旋具 | □可能 | □不可能 |
| 手电筒 | □可能 | □不可能 |
| 其他（请填写具体名称） | | |

2. 小组成员分工

| 序　号 | 组　　长 | 记　录　员 | 操　作　员 | 备　注 |
|---|---|---|---|---|
| | | | | |
| | | | | |

3. 正时带检查和维护计划

1）正时带检查方法：_____
_____

2）正时带更换操作步骤：_____
_____

3）选用工具：_____
_____

## 【实施计划】

请结合本小组制订的维护计划，对正时带检查与更换，并完成下列内容的填写。

## 1. 正时带更换

| 序号 | 拆解工艺流程 | 工具 | 工具型号及要点 |
|---|---|---|---|
| | LJ465Q 发动机正时带拆装工艺流程 | | |
| 1 | 松开水泵带轮 | 套筒加棘轮手柄 | 10 号套筒 |
| 2 | 松开发电机支架 | 套筒加棘轮手柄 | |
| 3 | 取下发电机传动带 | | |
| 4 | 取下水泵带轮 | | |
| 5 | 固定飞轮 | 飞轮止动器 | |
| 6 | 拆下曲轴带轮 | | |
| 7 | 拆正时外盖 | 套筒加棘轮手柄 | |
| 8 | 松开张紧轮螺钉 | 套筒加棘轮手柄 | |
| 9 | 释放弹簧力 | 一字螺钉旋具 | |
| 10 | 取下张紧轮 | | |
| 11 | 取下正时带 | | |
| 序号 | 安装工艺流程 | 工具 | 工具型号及要点 |
| 1 | 转曲轴至中止点 | | 上止点 90° |
| 2 | 对准凸轮轴正时标记 | 套筒加棘轮手柄 | 18 号套筒 |
| 3 | 对曲轴正时记号-上止点 | | |
| 4 | 对曲轴正时装传动带张紧轮 | 套筒加棘轮手柄 | |
| 5 | 装正时带 | | |
| 6 | 调节正时带张紧轮力 | 一字螺钉旋具、尖嘴钳 | $\phi 8mm \times 200mm$ |
| 7 | 旋转曲轴两周检查正时标记 | 套筒加棘轮手柄 | |
| 8 | 装正时外壳 | 套筒加棘轮手柄 | |
| 9 | 固定飞轮取下曲轴带轮螺钉 | | |
| 10 | 装曲轴带轮 | | |
| 11 | 装水泵带轮 | 套筒加棘轮手柄 | |
| 12 | 装水泵传动带 | | |
| 13 | 调节水泵传动带张紧力 | 套筒加棘轮手柄 | |
| 14 | 上紧水泵传动带螺钉 | 套筒加棘轮手柄 | |

## 2. 正时带检查

| 项 目 | 结果判断及处理 |
|---|---|
| 正时记号检查 | □正常　□不正常 |
| 正时带检查 | □可用　□不可用，建议更换 |
| 正时带张紧轮检查 | □可用　□不可用，建议更换 |
| 水泵传动带检查 | □可用　□不可用，建议更换 |

## 【检查与控制】

观察员根据操作员的工作过程评分，具体评分细则见表 2-7。

## 项目二  汽车发动机维护

表 2-7  正时带的更换考核评分表

操作时间：30min

| 检修项目 | 检修内容 | 分值 | 评分标准 | 扣分 |
|---|---|---|---|---|
| 作业安全/5S | 铺收座椅套、翼子板布等 | 5 | 每少铺收一件扣1分 | |
| | 准备好所需仪器设备 | 5 | 未准备扣5分，准备有遗漏，扣2分 | |
| | 工量具、场地清洁 | 5 | 未清洁每次扣1分 | |
| 工具使用 | 检测仪器选用合理 | 5 | 使用不合理每次扣1分 | |
| | 检测仪器使用规范 | 5 | 未合理使用每次扣1分 | |
| 拆卸正时带罩 | 拆卸传动带 | 5 | 拆卸方法不正确每次扣2分 | |
| | 拆卸气门室盖 | 2 | 未采用对角拆卸扣2分 | |
| | 拆卸2号正时带罩 | 2 | 拆卸方法不正确每次扣2分 | |
| | 拆卸曲轴正时带罩 | 2 | 拆卸方法不正确每次扣2分 | |
| | 拆下横直发动机安装支架 | 2 | 拆卸方法不正确每次扣2分 | |
| | 转动曲轴带轮，将它的缺口与正时带轮罩的正时标记"0"对准 | 3 | 未对准扣3分 | |
| | 检查凸轮轴正时带轮的标记位置是否正确 | 3 | 未检查扣3分 | |
| | 拆卸曲轴带轮 | 2 | 拆卸方法不正确每次扣2分 | |
| | 拆卸曲轴正时带罩 | 2 | 拆卸方法不正确每次扣2分 | |
| 拆卸正时带 | 拆卸正时带张紧器总成 | 2 | 拆卸方法不正确每次扣2分 | |
| | 拆下正时带 | 2 | 拆卸方法不正确每次扣2分 | |
| 更换、安装正时带 | 安装张紧轮及张紧弹簧 | 2 | 安装方法不正确每次扣2分 | |
| | 对齐凸轮轴正时带轮标记 | 3 | 未对齐扣3分 | |
| | 对齐曲轴正时带轮的正时标记 | 3 | 未对齐扣3分 | |
| | 安装正时带至曲轴正时带轮 | 3 | 安装方法不正确每次扣3分 | |
| | 安装正时带 | 3 | 正时带方向不正确扣3分 | |
| | 安装时曲轴与凸轮轴对准正时标记 | 5 | 正时标记不正确扣5分 | |
| | 锁紧张紧轮固定螺栓 | 2 | 安装方法不正确每次扣2分 | |
| 安装正时带罩及曲轴带轮 | 安装正时带罩 | 2 | 安装方法不正确每次扣2分 | |
| | 安装曲轴带轮 | 2 | 安装方法不正确每次扣2分 | |
| | 检查正时记号是否对准 | 5 | 未检查后续步骤直接扣完 | |
| | 安装曲轴正时带罩 | 2 | 安装方法不正确每次扣2分 | |
| | 安装横置发动机安装支架 | 2 | 安装方法不正确每次扣2分 | |
| | 安装2号正时带罩 | 2 | 安装方法不正确每次扣2分 | |
| | 安装气门室盖 | 2 | 未采用对角拧紧扣2分 | |
| | 安装及调整传动带 | 7 | （口述）未翻到维修手册相关页面扣3分，未口述扣4分 | |
| 工单填写 | 确认检测步骤完成情况及检修结果填写 | 3 | 每错1项扣1分 | |
| 总分 | 100 | | 得分 | |

考评员：　　　　　　　　　记分员：　　　　　　　　　　　年　　月　　日

## 【评价与反馈】

1. 自我评价

| 我做得好的地方 | 我还存在这些方面的问题 |
| --- | --- |
| □动作准确 | □动作不到位 |
| □工具使用规范 | □工具使用不规范 |
| □安装步骤熟悉 | □安装步骤不熟悉 |
| □零件摆放整齐 | □零件摆放不整齐 |
| □操作用时合理 | □操作用时过长 |
| □工作态度端正 | □工作态度不够端正 |

2. 小组评价

我们组做到了：□全员参与　□分工明确　□工作高效　□完成了工作任务

3. 教师评价

| 评价内容 | 评价指标 | 等次（星级评定） |
| --- | --- | --- |
| 活动态度方面 | 1）态度是否积极，是否主动组织或参与活动<br>2）与小组同学合作是否良好<br>3）活动是否认真、善始善终<br>4）是否勇于克服困难 | |
| 知识技能方面 | 1）查阅资料技能<br>2）实地观察记录能力<br>3）调查研究能力<br>4）整理材料能力 | |

## 【知识巩固】

### 简答题

1. 清理部件后，应检查哪些摩擦表面及工作面的磨损情况？

2. 正时带有什么作用？

3. 为什么正时带要定期更换？

4. 如果汽车在行驶过程中正时带突然断裂会出现什么后果？

# 项目三

## 汽车底盘维护

发动机一直是汽车维护中的核心,汽车底盘与之相比就显得不那么被重视了。但是底盘的维护也是关系着汽车使用寿命的,更重要的是,底盘还关系到安全性、舒适性等各方面,所以就更不能疏忽检查与维护。汽车底盘由传动系统、行驶系统、转向系统和制动系统四大系统组成,因此本项目的学习任务分为:

学习任务一　离合器的检查与调整
学习任务二　变速器油的检查与更换
学习任务三　轮胎的检查与换位
学习任务四　底盘螺栓紧固与悬架检查
学习任务五　制动器的检查与维护
学习任务六　制动液的更换
学习任务七　转向系统的维护

# 任务一
# 离合器的检查与调整

### 【任务描述】

一辆轿车行驶了 6 万 km 以上，车主说离合器踏板变低了，而且踩起来也比以前松了，自由行程变大了，希望 4S 店能进行离合器的检查和调整。

### 【学习目标】

1. 能口述离合器的作用和维护的重要性。
2. 能口述离合器的检查要点。
3. 能独立完成离合器踏板高度和自由行程的调整。
4. 能与他人合作，进行有效沟通，能按 6S 管理规定进行作业。

### 【学习重点】

能独立完成离合器踏板高度和自由行程的调整。

### 【学习难点】

能口述离合器检查的要点。

### 【相关知识】

离合器的维护检查主要包括检查离合器踏板自由行程、检查离合器的工作情况、检查离合器储液罐液面高度等。

#### 一、离合器储液罐液面高度的检查

检查主缸储液罐内离合器液（制动液）面的高度，如果低于"MAX"的标记，则应补加，并要进一步检查离合器液压操纵机构是否有泄漏的部位。

#### 二、离合器液压操纵机构泄漏的检查

液压操纵机构泄漏的检查主要是检查主缸与油管、工作缸与油管及油封等部位是否有制动液的痕迹。

#### 三、离合器踏板的检查

1. 踩下离合器踏板，检查是否存在下述故障
1）离合器踏板回弹无力。

2）异响。
3）离合器踏板过度松动。
4）离合器踏板沉重。

2. 检查离合器踏板的高度

离合器踏板高度的检查如图 3-1 所示，掀起地毯或地板革，用钢直尺测量地面到离合器踏板上表面的距离。如果超出标准，应调整踏板高度。

离合器踏板高度的调整可以通过踏板后的限位螺栓进行。

3. 检查离合器踏板的自由行程

离合器踏板自由行程的检查如图 3-1 所示，用钢直尺抵在驾驶室地板上，先测量踏板完全放松时的高度，再用手轻按踏板，当感到阻力增大时再测量踏板高度，两次测量的高度差即为踏板的自由行程。

踏板自由行程的调整如图 3-1 所示，液压式操纵机构一般是调整主缸推杆的长度，先将主缸推杆锁紧螺母旋松，然后转动主缸推杆，从而调整踏板的自由行程，调整后应将锁紧螺母旋紧。

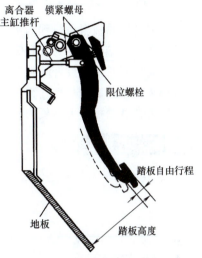

图 3-1　离合器踏板、踏板自由行程及其调整

有些车辆的操纵机构具有自调装置，如捷达乘用车，可以免除离合器踏板自由行程的调整。

4. 离合器分离点的检查

起动发动机，使发动机怠速运转。在没有踩下离合器踏板时慢慢地换档到倒车档。逐渐踩下离合器踏板，测量踏板的自由行程到齿轮噪声停止进入啮合位置的行程。

### 四、离合器工作情况的检查

车辆可靠驻停，拉起驻车制动手柄。起动发动机，发动机怠速运转，踩下离合器踏板，换到 1 档或倒档，检查是否有噪声、是否换档平稳。如果有噪声或换档不平稳，说明离合器分离不彻底。

### 五、离合器液压系统中空气的排出

离合器液压操纵系统在经过检修之后，管路内可能进入空气，在添加制动液时也可能使液压系统中进入空气。空气进入后，由于缩短了主缸推杆行程，即踏板工作行程，从而使离合器分离不彻底。因此，液压系统检修后或怀疑液压系统进入空气时，就要排除液压系统中的空气。排除方法如下：

1）将主缸储液罐中的制动液加至规定高度，升起汽车。
2）在工作缸的放气阀上安装一根软管，接到一个盛有制动液的容器内。
3）排空气需要两个人配合工作，一人慢慢地踩离合器踏板数次，感到有阻力时踩住不动，另一人拧松放气阀直至制动液开始流出，然后再拧紧放气阀。
4）连续按上述方法操作几次，直到流出的制动液中不见气泡为止。

5）空气排除干净之后，需要再次检查及调整踏板自由行程。

6）再次检查主缸储液罐液面高度，必要时添加。

### 六、轿车离合器踏板数据参考

1）离合器踏板自由行程为 15~25mm。

2）离合器踏板高度为（150±5）mm。

3）离合器总泵与推杆间隙为 0~1mm。

4）离合器踏板的总行程为 131.8~139.1mm。

5）离合器踏板最大踏板力不超过 122.2N。

**【信息收集】**

一、我们的学习任务是什么？

二、为了顺利完成本学习任务，请按下列要求完成下列信息的收集。

1. 维护车辆车型：_____

2. 行驶里程：_____

3. 根据图 3-2，简述离合器的工作原理：踩下离合器踏板，_____将制动液通过软管推入_____，带动分离拨叉将离合器分离，从而断开_____和变速器的连接，为换档做准备。

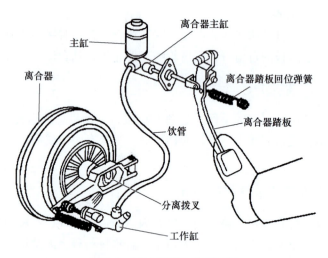

图 3-2 离合器的工作原理图

4. 离合器操纵机构一般分为机械拉锁式机构和_____式机构，实训用车是采用_____式机构。

5. 离合器液压操纵机构所用油液是和_____系统共用油液。

6. 查阅实训用车的离合器踏板高度标准值为_____mm，离合器自由行程标准值为_____mm。

项目三　汽车底盘维护

### 【制订计划】

请根据车主描述的现象和任务要求,确定所需的维护仪器、工具,并对小组成员进行合理分工,制订详细的检查和维护计划。

1. 请在下表中选择在检修中可能用到的工量具(在对应的选项中打√即可)。

| 工量具名称 | 选 | 择 |
|---|---|---|
| 万用表 | □可能 | □不可能 |
| 钢直尺 | □可能 | □不可能 |
| 尖嘴钳 | □可能 | □不可能 |
| 扳手 | □可能 | □不可能 |
| 十字螺钉旋具 | □可能 | □不可能 |
| 一字螺钉旋具 | □可能 | □不可能 |
| 手电筒 | □可能 | □不可能 |
| 其他(请填写具体名称) | | |

2. 小组成员分工

| 序　号 | 组　　长 | 记　录　员 | 操　作　员 | 备　注 |
|---|---|---|---|---|
| | | | | |
| | | | | |

3. 离合器检查和维护计划

1)油液检查方法:_____
_____

2)操作步骤:_____
_____

3)选用工具:_____
_____

4)测量出哪些数据:_____
_____

### 【实施计划】

请结合本小组制订的维护计划,对离合器进行检查与调整,并完成下列内容的填写。

1. 离合器储液罐液面高度检查

检查主缸储液罐内离合器液（制动液）面的高度，如果低于"MAX"的标记，则应_____。

2. 离合器液压操纵机构泄漏检查

液压操纵机构泄漏检查主要是检查主缸与油管和_____等部位是否有制动液的痕迹。

3. 离合器踏板检查

1）踩下离合器踏板，检查是否存在下述故障：

① 踏板回弹无力。

② 异响。

③ 踏板过度松动。

④ 踏板沉重。

2）检查离合器踏板高度。

离合器踏板高度的检查如图 3-1 所示，掀起地毯或地板革，用钢直尺测量_____到_____的距离。如果超出标准，应调整踏板高度。离合器踏板高度的调整可以通过_____进行调整。

4. 检查离合器踏板自由行程

踏板自由行程的检查如图 3-3 所示，用钢直尺抵在驾驶室地板上，先测量踏板完全放松时的高度，再用手轻按踏板，当感到阻力增大时再测量踏板高度，两次测量的_____即为踏板的自由行程。

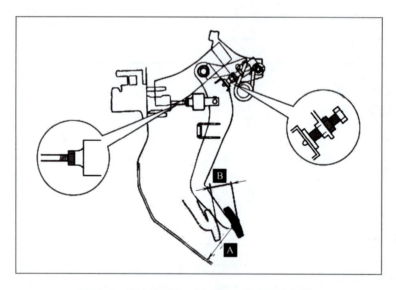

图 3-3　离合器踏板、踏板自由行程及其调整

踏板自由行程的调整如图 3-4 所示，液压操纵机构一般是调整主缸推杆的长度，先将_____旋松，然后转动主缸推杆，从而调整踏板自由行程，调整后应将_____旋紧。

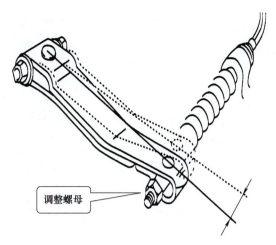

图 3-4　拉索式离合器踏板自由行程

5. 拉索式离合器踏板自由行程的调整

1）使用润滑油加注枪润滑离合器操纵拉索。

2）旋松离合器拉索上的锁紧螺母，转动调整螺钉，改变_____长度，确保离合器踏板有适当的自由行程，将_____锁好。

6. 离合器工作情况的检查

车辆可靠驻停，拉起驻车制动器。起动发动机，发动机怠速运转，踩下离合器踏板，换到 1 档或倒档，检查是否有噪声、是否换档平稳。如果有噪声或换档不平稳，说明_____。

7. 离合器液压系统中空气的排出

离合器液压系统在经过检修之后，管路内可能进入空气，在添加制动液时也可能使液压系统中进入空气。空气进入后，由于缩短了主缸推杆行程，从而使离合器分离不彻底。因此，液压系统检修后或怀疑液压系统进入空气时，就要排除液压系统中的空气。一人慢慢地踩离合器踏板数次，感到_____，另一人拧松放气阀直至_____流出，然后再拧紧放气阀。连续按上述方法操作几次，直到流出的制动液_____。

【检查与控制】

观察员根据操作员的工作过程评分，具体评分细则见表 3-1。

表 3-1　检查调整离合器间隙及踏板自由行程考核评分表

操作时间：30min

| 序号 | 考核项目 | 考核内容及要求（评分要点） | 配分 | 评分标准 | 扣分 |
|---|---|---|---|---|---|
| 1 | 检查前准备 | 1）安装车轮挡块<br>2）拉紧驻车制动器<br>3）将变速杆置于空档位置<br>4）检查制动液液位 | 20 | 1）安装好车轮挡块（5分）<br>2）拉紧驻车制动器（5分）<br>3）将变速杆置于空档位置（5分）<br>4）读出制动液液位是否正常（5分） | |

（续）

| 序号 | 考核项目 | 考核内容及要求（评分要点） | 配分 | 评分标准 | 扣分 |
|---|---|---|---|---|---|
| 2 | 离合器踏板检查 | 1）检查离合器踏板状况（回弹无力）<br>2）检查离合器踏板状况（完全踩下）<br>3）检查离合器踏板状况（异常噪声）<br>4）检查离合器踏板状况（过度松动）<br>5）车辆离合器踏板高度（134～144mm）<br>6）测量离合器踏板自由行程（5～15mm） | 30 | 1）报错扣2分，检查错误扣2分<br>2）报错扣2分，检查错误扣2分<br>3）报错扣2分，检查错误扣2分<br>4）报错扣2分，检查错误扣2分<br>5）钢直尺是否垂直于地板，否则扣2分，读数未加地板厚度扣2分，报数不正确扣2分，测量位置不正确扣2分，检查错误扣2分<br>6）钢直尺是否垂直于地板，否则扣2分，报数不正确扣2分，测量位置不正确扣2分，检查错误扣2分 | |
| 3 | 离合器踏板调整 | 1）检查调整分离杠杆高度<br>2）调整分离轴承间隙标准：2～3mm<br>3）复查踏板自由行程<br>4）拧紧各锁紧螺母 | 25 | 1）检查调整方法不当（一处扣2分）<br>2）调整分离杠杆高度（误差大于标准0.1mm，扣2分）<br>调整分离轴承间隙（不合格，扣2分）<br>3）复查踏板自由行程（未复查，扣2分）<br>4）拧紧各锁紧螺母（未拧紧，一处扣2分）<br>不会调整，不得分 | |
| 4 | 试车 | 1）起动发动机<br>2）试验离合器 | 5 | 1）不试车，不得分<br>2）调整未达到要求，不得分 | |
| 5 | 工量具的使用 | 1）正确使用各种工量具<br>2）不得损坏工量具 | 10 | 1）工量具使用方法不正确，一次扣2分<br>2）损坏工量具，不得分 | |
| 6 | 安全保护 | 劳保穿戴齐全 | 5 | 劳保穿戴不全，扣3分 | |
| | | 文明操作，工具摆放有序 | 5 | 乱摆乱放工具，扣2分 | |
| | | 总　分 | 100 | 得　分 | |

考评员：　　　　　　　　记分员：　　　　　　　　　　年　　月　　日

## 【评价与反馈】

### 1. 自我评价

| 我做得好的地方 | 我还存在这些方面的问题 |
|---|---|
| □动作准确 | □动作不到位 |
| □工具使用规范 | □工具使用不规范 |
| □安装步骤熟悉 | □安装步骤不熟悉 |

项目三 汽车底盘维护

(续)

| 我做得好的地方 | 我还存在这些方面的问题 |
|---|---|
| □零件摆放整齐 | □零件摆放不整齐 |
| □操作用时合理 | □操作用时过长 |
| □工作态度端正 | □工作态度不够端正 |

2. 小组评价

我们组做到了：□全员参与　□分工明确　□工作高效　□完成了工作任务

3. 教师评价

| 评价内容 | 评价指标 | 等次（星级评定） |
|---|---|---|
| 活动态度方面 | 1) 态度是否积极，是否主动组织或参与活动<br>2) 与小组同学合作是否良好<br>3) 活动是否认真、善始善终<br>4) 是否勇于克服困难 | |
| 知识技能方面 | 1) 查阅资料技能<br>2) 实地观察记录能力<br>3) 调查研究能力<br>4) 整理材料能力 | |

## 【知识巩固】

### 一、选择题

1. 离合器踏板自由行程反应分离轴承与分离杠杆之间的间隙，此间隙值为（　　）。

A. 2~3mm　　　　B. 4~5mm　　　　C. 6~7mm

2. 离合器踏板自由行程过大，会引起（　　）。

A. 离合器分离状况不良

B. 离合器打滑

C. 车辆起步时出现撞击现象

3. 离合器踏板自由行程一般为（　　）。

A. 5~15mm　　　　B. 20~30mm　　　　C. 50~60mm

4. 车辆运行急加速时出现离合器打滑现象，引起离合器打滑的主要原因是（　　）。

A. 离合器自由行程过大

B. 离合器自由行程过小

C. 离合器分离杠杆调整不当

5. 离合器分离不彻底所引起的现象为（　　）。

A. 汽车行驶中加速，车速不能随发动机转速提高而增加

B. 汽车起步时，离合器接合不平稳而使车身发生抖动

C. 变速时挂档困难或挂不上档

D. 汽车不能起步

6. 汽车起步时，完全放松离合器踏板，汽车不能起步或起步困难，此故障为（　　）。
   A. 离合器分离不彻底　　　　　　　B. 离合器打滑
   C. 离合器发抖　　　　　　　　　　D. 离合器异响

7. 若初步判断汽车离合器发抖，应首先检查（　　）。
   A. 离合器踏板自由行程　　　　　　B. 离合器摩擦片是否装错
   C. 离合器摩擦片是否变薄、硬化　　D. 离合器分离杠杆内端高低是否一致

8. 离合器从动盘翘曲、铆钉松脱或更换的新摩擦片过厚，将会引起（　　）。
   A. 离合器打滑　　　　　　　　　　B. 离合器发抖
   C. 离合器分离不彻底　　　　　　　D. 离合器异响

9. 液压操纵离合器操纵系统漏油或有空气，将会引起（　　）。
   A. 离合器打滑
   B. 离合器分离不彻底
   C. 离合器异响

10. 摩擦式离合器按其从动盘的数目分，下列不属于的是（　　）。
    A. 单片式　　　　B. 双片式　　　　C. 多片式　　　　D. 三片式

11. 离合器中最容易磨损的部件是（　　）。
    A. 压紧弹簧　　　　B. 压盘　　　　C. 从动盘　　　　D. 分离杠杆

项目三 汽车底盘维护

# 任务二
# 变速器油的检查与更换

### 【任务描述】

一辆轿车行驶了 6 万 km 以上,按照用户手册要求,需要进行变速器维护,并进行变速器油的更换。

### 【学习目标】

1. 能口述变速器的作用和维护的重要性。
2. 能口述变速器的检查要点。
3. 能独立进行变速器油的更换。
4. 能与他人合作,进行有效沟通,能按 6S 管理规定进行作业。

### 【学习重点】

能独立进行变速器油的更换。

### 【学习难点】

能口述变速器的检查要点。

### 【相关知识】

我们无法要求每个驾驶人都以标准的动作驾驶汽车,但是在驾驶之外,做好变速器的维护却是可行的。鉴于在变速器维护中常见的检测指标是机油,而在变速器的维护中,变速器油的选用、检查、更换又是最重要内容。实践中发现,变速器的故障有 80% 以上是由于驾驶人不注意对变速器的维护造成的。

## 一、变速器油更换的时间

变速器油的更换周期是以行驶公里数或使用时间为准,若在车辆使用手册中同时给出了这两个指标,则哪一项指标先到就先执行。如果车辆使用手册未标明变速器的换油时间,则按照 6 万~8 万 km 的里程来更换。所谓 6 万~8 万 km 的调区间,是指车辆正常使用优良条件周期和恶劣条件下的周期。检查内容主要包括油质检查、油量检查和漏油检查、滤清器检查。

## 二、变速器油的检查

### 1. 油质的检查

检查油质、颜色、气味和杂质,如颜色变黑,有烧焦味且含有杂质,则予以更换。检变速器油的状态十分重要，油液的气味和状态就可以表明变速器的工作状态，检查油液时，看下颜色，用手指相互摩擦油，看是否有杂质并闻气味。如液压油有焦味且呈棕黑色，说明已经变质了，详见表3-2。

表3-2  变速器油变质分析

| 油的状态 | 变质原因 |
| --- | --- |
| 油变成深棕色或棕褐色 | 没及时更换油或由于重负荷运转，某些部件打滑或损坏造成变速器过热 |
| 油中有金属屑 | 单向离合器或轴承严重损坏 |
| 油中有胶状油膏胶质 | 变速器油温长期过热 |
| 油有烧焦味道 | 油温过高，油面过低，冷却器或管路堵塞导致离合器或制动器摩擦片烧蚀 |

2. 油量的检查

变速器中油面的高低对变速器的性能影响很大。若油面过高，旋转机件旋转时剧烈搅动油液并产生气泡，影响润滑效果。同时，还会引起离合器、制动器打滑，加剧磨损。若油面过低，油泵吸入空气或油液中渗入空气，同样导致产生前述类似的问题。另外油面过低还会使润滑冷却条件变差，加速变速齿轮的磨损。

一般加入变速器中的油液数量，应保证在油标的标准尺度范围内为宜。具体检查方法不同厂家的规定各不相同，应按维修手册进行。

### 三、变速器漏油检查

变速器漏油是十分严重的，若不能及时发现会造成变速器齿轮干磨，磨损严重，轻则变速器大修重则更换整台变速器，甚至变速器卡死造成人身安全。

故障原因如下：

1）通气孔堵塞，放油螺钉松脱。

2）油封或者密封垫圈损坏。

3）变速器壳底变形（裂纹）。

故障排除方法如下：

1）疏通通气孔，拧紧放油螺钉。

2）更换油封或者密封垫圈。

3）若变形量不大则加装密封圈，大则更换油底壳。

### 四、变速器油滤清器的检查

在进行预防性维护时，汽车变速器用油滤清器通常是被遗忘的角落。在大部分情况下，变速器用油滤清器并不像机油、空气或燃油滤清器那样易于更换。除非该滤清器的堵塞已经影响到变速器的正常工作，否则人们通常会忽略对其及时更换的重要意义。所以应该保持其清洁或者按照其制造商推荐的更换周期及时更换。汽车自动变速器通常采用纸质滤清器、毡质滤清器或滤膜滤清器来滤除其油液中的污垢。亚洲汽车制造商喜欢使用滤膜滤清器，而欧美制造商更倾向于纸质或毡质滤清器。

### 五、变速器油的更换

1. 重力换油法

重力换油法在行业内俗称为"手换",即是打开变速器的放油螺钉,让里面的油液自然排出。这是一种旧的换油方式,优点是操作方便,耗时少,对于手动变速器适用。缺点是对于自动变速器换油不彻底,只能放掉1/4～1/3的旧油液,大约是4L。目前相当一部分服务店都沿用这种换油方式,由于添加油液后,新旧油液混合,变速器里面的油液仍处于不纯净的状态,所以只能缩短换油时间,有些服务店要求每2万～3万km换一次自动变速器油液也不奇怪了。

2. 专用换油机更换(免解体维护)

专用换油机更换在行业内俗称为"机换"。利用机器产生压力,把变矩器的机油管和散热油管里的油进行动态更换。其操作方法是:往专用换油机加入一定量的新油液,通过进油管泵入变速器,再从出油管抽出旧液,旧液输入换油机后被机油滤清器过滤,然后又泵进变速器,这样不断循环对变速器进行冲洗,冲洗完成后把旧液抽出,泵入新液,整个过程约需要1h,所需变速器油液是12L左右。这种换油方式的优点是换油比较彻底,能够放掉85%以上的旧油液,而且可以把变速器内部的油垢和金属屑清洗干净,通过专用换油机更换的方式,更换油液的周期可以达到6万～8万km,缺点是需要专用机械,耗费工时多。

【信息收集】

一、我们的学习任务是什么?


二、为了顺利完成本学习任务,请按下列要求完成下列信息的收集。

1. 维护车辆车型:_____

2. 行驶里程:_____

3. 车辆变速器类型:_____

4. 查阅维修手册,变速器的维护周期为:_____

5. 实训用车变速器油标准加注量:_____升。

6. 变速器油的作用是:_____

7. 如何检查变速器是否渗漏?

检查变速器_____是否漏油,_____是否漏油。

8. 看图3-5描述如何检查变速器油位?

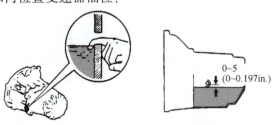

图3-5 检查变速器油液的位置

9. 如何检查变速器油是否变质？

10. 变速器油更换有哪些方法？

## 【制订计划】

请根据车主描述的现象和任务要求，确定所需的维护仪器、工具，并对小组成员进行合理分工，制订详细的检查和维护计划。

1. 请在下表中选择在检修中可能用到的工量具（在对应的选项中打√即可）。

| 工量具名称 | 选 | 择 |
|---|---|---|
| 150 件套 | □可能 | □不可能 |
| 机油回收车 | □可能 | □不可能 |
| 抹布 | □可能 | □不可能 |
| 手套 | □可能 | □不可能 |
| 十字螺钉旋具 | □可能 | □不可能 |
| 一字螺钉旋具 | □可能 | □不可能 |
| 手电筒 | □可能 | □不可能 |
| 其他（请填写具体名称） | | |

2. 小组成员分工

| 序 号 | 组 长 | 记 录 员 | 操 作 员 | 备 注 |
|---|---|---|---|---|
| | | | | |
| | | | | |

3. 变速器检查和更换计划

1）泄漏及变质检查方法：

2）更换的操作步骤：

3）选用工具：

## 项目三　汽车底盘维护

### 【实施计划】

请结合本小组制订的维护计划，对变速器油进行检查与更换，并完成下列内容的填写。

1. 举升车辆

用举升机将车辆升起，车轮离开地面后，应检查_____，将车辆举升至合适高度，应_____。

2. 变速器油泄漏的检查

检查_____等部位，看是否有泄漏情况。

3. 变速器油液面高度检查

发动机怠速时，车辆保持水平位置，按照从 P～L 的顺序转换变速杆，然后再从 L～P 拉回。在正常运行的条件下检查[液温（75±5）℃]，抽出标尺，进行检查看是否在正常刻度线内，如不够则需添加至正常刻度范围。

4. 手动变速器油的更换

手动变速器油的更换如图 3-6 所示。

1）用扳手拆卸放油螺钉_____，排放变速器油。

2）检查排放出的变速器油是否有焦煳味，是否浑浊或含有较多金属异物。

3）更换_____。

4）用加油机从加注口_____加注变速器油，直至加满流出。

5）紧固加油口螺栓，拧紧力矩为_____。

6）起动发动机，热车后进行换档操作，检查变速器是否有漏油。

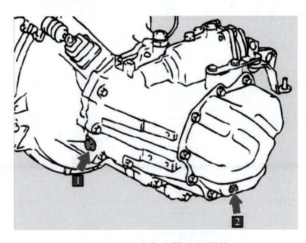

图 3-6　手动变速器油的更换

5. 自动变速器油的更换

第一步：连接换油机

打开发动机舱盖，围上翼子板垫之后，举升车辆，简单检查车辆底盘，寻找确认变速器散热油管位置，选择相应的连接接头，使换油机的两根管线分别与变速器的_____油管进行连接。

**第二步：检查旧油液**

起动车辆，连接蓄电池后开启智能换油机，从旧油显示管中观察旧油的洁净程度，若在旧油中发现存在_____、_____、_____等杂质，则该变速器内部可能已经发生磨损，先进行修理完成后，再更换变速器油。

**第三步：更换滤清器**

关闭发动机，打开放油螺栓，放出旧油。使用能计量的容器收集旧液，拆卸油底壳，将油底壳内部的油液同时放入旧油容器中。更换油底壳密封垫，如有可能也更换滤清器，但不同车辆滤清器的位置可能会有很大差异。

**第四步：循环清洗**

将新油加入换油机，开启"加注新油"的功能并起动车辆，开启换油机的"_____"功能，同时要控制换档机构，对每个档位进行循环清洗。

**第五步：**等量交换循环结束后停止发动机，加入新油至换油机内，设定加入量为放出的旧油量并选择"_____"功能，完成后，观察换油机_____颜色是否一致。如一致，则操作完成。如不一致，继续加入新油，直到新旧油颜色一致为止。

**第六步：检查液位**

检查油量是否足够，有油尺的变速器，查看油尺刻度位置；若无油尺，举升车辆，打开检查螺栓，油过多会从检查螺栓孔溢出，如没有溢出，则根据实际情况通过智能换油机添加新油，直到有油溢出为止。请注意，检查液位线需要在适当的变速器油温下进行，一般温度为_____。

## 【检查与控制】

观察员根据操作员的工作过程评分，具体评分细则见表3-3。

表3-3 手动变速器油的检查与更换考核评分表

操作时间：30min

| 项目 | 检查内容 | 评分项目 | 评分标准 | 分值 |
|---|---|---|---|---|
| 车辆基本检查 | 准备工作 | 安装车内三件套 | 每项2分 | 4 |
| | | 安放翼子板布、前格栅布 | | |
| | 暖车 | 起动发动机 | 每项3分 | 6 |
| | | 发动机运行至正常温度 | | |
| | 放出变速器油 | 拧开放油螺栓 | 每项10分 | 20 |
| | | 排放变速器油 | | |
| | 添加变速器油 | 添加变速器油 | 每项10分 | 20 |
| | | 起动发动机 | | |
| | 检查 | 发动机运行至正常温度 | 每项12分 | 24 |
| | | 检查液面高度 | | |
| 6S、安全 | 举升机使用 | 升起前支点确认 | 每项2分 | 6 |
| | | 举升高度合适 | | |
| | | 升降时安全提示语言 | | |

项目三　汽车底盘维护

（续）

| 项目 | 检查内容 | 评 分 项 目 | 评分标准 | 分值 |
|---|---|---|---|---|
| 6S、安全 | 6S方面 | 工量具、零件摆放合理 | 每项3分 | 6 |
| | | 工具零件落地 | | |
| | 工作安全 | 其他不安全操作 | | 4 |
| 工作流程 | 操作流程规范性 | 按照操作标准流程完成以上各项目 | | 10 |
| 总分 | | | | 100 |
| 工单得分 | | | | |

考评员：　　　　　　　　　记分员：　　　　　　　　　　年　　月　　日

## 【评价与反馈】

1. 自我评价

| 我做得好的地方 | 我还存在这些方面的问题 |
|---|---|
| □动作准确 | □动作不到位 |
| □工具使用规范 | □工具使用不规范 |
| □安装步骤熟悉 | □安装步骤不熟悉 |
| □零件摆放整齐 | □零件摆放不整齐 |
| □操作用时合理 | □操作用时过长 |
| □工作态度端正 | □工作态度不够端正 |

2. 小组评价

我们组做到了：□全员参与　□分工明确　□工作高效　□完成了工作任务

3. 教师评价

| 评价内容 | 评价指标 | 等次（星级评定） |
|---|---|---|
| 活动态度方面 | 1）态度是否积极，是否主动组织或参与活动<br>2）与小组同学合作是否良好<br>3）活动是否认真、善始善终<br>4）是否勇于克服困难 | |
| 知识技能方面 | 1）查阅资料技能<br>2）实地观察记录能力<br>3）调查研究能力<br>4）整理材料能力 | |

## 【知识巩固】

一、填空题

1. 变速器油的检查包括＿＿＿＿＿＿和＿＿＿＿＿＿。

2. 变速器油更换周期以_____为准。

3. 变速器油更换的方法有_____和_____。

4. 自动变速器油的颜色为_____。

5. 自动变速器油的液位在_____温度范围进行检查。

## 二、判断题

1. 对于有油尺的自动变速器，在检查油面时，油位应在油尺"HOT"之上。（　　）

2. 在液力变矩器中起到低速增矩作用的主要元件是涡轮。（　　）

3. 离合器和制动器是自动变速器中用来连接或固定行星齿轮机构中某一元件的装置，其本身的工作是由液压系统进行控制的。（　　）

4. DSG双离合直接换档变速器中的离合器安装有干式和湿式两种形式。（　　）

5. 主油压过低会造成变速器内离合器或制动器打滑。（　　）

6. 自动变速器无论有没有主油压，都将不会影响汽车的正常行驶。（　　）

## 三、简答题

一辆宝来轿车，装载01M自动变速器，在维修人员对其进行常规维护更换自动变速器油时，发现自动变速器油有焦煳味，且油液中有颗粒状漂浮物，颜色呈浑浊的黑灰色。针对这一现象回答以下问题。

1. 自动变速器油的主要作用是什么？

2. 从这种现象上，可以判断该车自动变速器存在哪些可能的故障？

项目三 汽车底盘维护

## 任务三
## 轮胎的检查与换位

### 【任务描述】

一辆轿车行驶了 3 万 km 以上，为了延长轮胎的使用寿命以及确保行驶的安全性，需对轮胎进行检查与维护。

### 【学习目标】

1. 能口述轮胎的规格和维护的重要性。
2. 能口述轮胎的检查要点。
3. 能独立完成四轮换位。
4. 学会使用气压表、胎纹深度尺和气动扳手。
5. 能与他人合作，进行有效沟通。
6. 能按 6S 管理规定进行作业。

### 【学习重点】

能独立完成轮胎的检查和四轮换位。

### 【学习难点】

1. 能口述轮胎检查的要点。
2. 会使用气压表、胎纹深度尺。

### 【相关知识】

#### 一、轮胎表面参数

有许多重要信息被模制到轮胎的胎侧上，如轮胎种类、花纹、规格、有无内胎、速度级别、载重指数、扁平比以及重要的安全标示等，如图 3-7 所示。

轮胎常见的参数解读如图 3-8 所示。轮胎负荷能力表见表 3-4，轮胎速度等级表见表 3-5。

#### 二、胎面磨损标记

任何品牌的轮胎都会在胎面沟槽底部设置一个磨损标记，如图 3-9 所示。一般轿车轮胎的磨损标记高度为 1.6mm（这个高度也是法定的轮胎最小沟槽深度），载重轮胎上的磨损标记高度为 2.4mm。

有的车主认为只要轮胎没破，即使轮胎花纹快磨光了仍继续用，这样的旧轮胎其实是十分危险的：当遇上湿滑路面时，胎面花纹无法将轮胎下方的积水完全排出，很容易导致车辆失控。

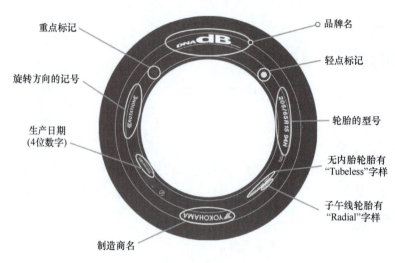

图 3-7 轮胎表面标记

$$扁平比 = \frac{断面高度}{断面宽度} \times 100\%$$

图 3-8 轮胎常见的参数解读

表 3-4 轮胎负荷能力表

| LI | 负荷能力/kg | LI | 负荷能力/kg |
| --- | --- | --- | --- |
| 76 | 400 | 86 | 530 |
| 77 | 412 | 87 | 545 |
| 78 | 425 | 88 | 560 |
| 79 | 437 | 89 | 580 |
| 80 | 450 | 90 | 600 |
| 81 | 462 | 91 | 615 |
| 82 | 475 | 92 | 630 |
| 83 | 487 | 93 | 650 |
| 84 | 500 | 94 | 670 |
| 85 | 515 | 95 | 690 |

表 3-5　轮胎速度等级表

| 速度等级对应表 | | |
|---|---|---|
| 速度级别 | 最高时速 | 适用范围 |
| L | 120km/h | |
| M | 130km/h | |
| N | 140km/h | |
| P | 150km/h | |
| Q | 160km/h | 紧凑级轿车 |
| R | 170km/h | |
| S | 180km/h | |
| T | 190km/h | |
| U | 200km/h | |
| H | 210km/h | 中高端轿车 |
| V | 240km/h | |
| W | 270km/h | 大型豪华轿车、超级跑车等 |
| Y | 300km/h | |
| ZR | 超过240km/h | |

图 3-9　轮胎磨损标记

### 三、轮胎裂缝或鼓包

在日常用车的过程中，轮胎会被异物扎到，或不小心撞到路肩，这些都会导致轮胎受损。轮胎受损的情况包括胎面裂缝、胎面鼓包、胎面橡胶缺失、胎侧磨损严重、轮胎多次被异物扎到等。尤其是鼓包，轮胎随时都会有爆裂的危险。只要发现轮胎出现这些受损情况，车主就要尽早到专业的轮胎店检查爱车的轮胎，及时更换。轮胎侧壁鼓包如图 3-10 所示。

图 3-10　轮胎侧壁鼓包

## 四、轮胎年限到期

即使车主平常开车很斯文、路况好、对轮胎的维护到位，轮胎使用时间长了，也是会逐渐老化的。轮胎的使用年限通常在 5 年左右，超过这个年限，轮胎就会开始老化，如图 3-11 所示。轮胎老化的主要表现就是表面硬化，继而出现龟裂纹。老化的轮胎会失去应有的弹性，继续使用会导致胎面变形，存在爆胎风险。

所以，就算老化的轮胎看上去并没有严重的磨损，车主也要提高警惕。最可靠的做法就是到专业轮胎店检查轮胎状况，以确定是否更换新轮胎。

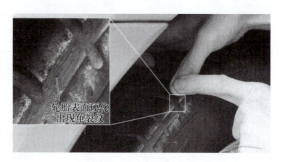

图 3-11 轮胎到达年限

## 五、如何让轮胎更耐用

遇上质量差的轮胎毕竟是小概率事件，假如轮胎受损，车主应该先检讨自己的用车方式。只要车主养成良好的用车养车习惯，就能大大延长轮胎的使用寿命。

1. 避免原地转转向盘

由于车感不佳，很多新手都喜欢原地转转向盘，这个坏习惯基本是从驾校里面带出来的（图 3-12）。原地转转向盘会令轮胎的磨损集中在同一个接触面上，造成轮胎局部严重磨损，缩短使用寿命。因此，车主应避免原地转转向盘，而应该在轮胎滚动时转转向盘，如果这样，地面给轮胎带来的才是全方位且均匀的正常磨损。

2. 避免撞击路肩和陷入坑洞

有些车主的停车方式比较霸气，他们喜欢让车骑上路肩停放。在车辆骑上路肩的过程中，轮胎会受到挤压，容易导致轮胎侧面的帘子线断裂，造成轮胎鼓包，如图 3-13 所示。

路面的坑洞同样要避开。当轮胎碾过坑洞时，轮胎同样会受到挤压。坑洞越大、车速越高，轮胎受到的挤压力度也越大，这样也会导致轮胎出现鼓包。

图 3-12 轮胎原地转转向盘

图 3-13 轮胎骑上路肩

3. 避免蹭胎壁

很多时候，蹭胎壁是在车辆靠边时无意中造成的，可能是车主车感不佳，也可能是车主开小差。轮胎侧面属于轮胎的薄弱部位，磨损严重也会造成轮胎鼓包，带来爆胎的隐患。因此，车主在靠边停车时，应该多留心车辆与路肩的距离，避免蹭胎壁，如图3-14所示。

4. 保持合适的胎压

合适的胎压能保证轮胎的接地面积均匀，减少不必要的磨损。因此，车主应该养成定期检测胎压的习惯，随时了解轮胎的胎压状况。检测胎压可以到专业的维修店，也可以购买胎压计自己检测，胎压标准可参照车辆的胎压标签。

图3-14 轮胎侧壁蹭到路肩

（1）轮胎气压过低 有的驾驶人因为害怕"爆胎"，往往在充气时没有达到标准气压，这种做法是非常错误的。因为轮胎气压过低，车轮的下沉量增大，径向变形量增大，胎面与地面摩擦增加，滚动阻力上升，胎体的内应力也随之上升，造成胎体温度急剧升高，胎面橡胶变软，老化速度加快，引起胎体局部脱层和胎面磨损加剧。在这种情况下，如果汽车在高速公路上高速行驶，就会使轮胎的上述反应加快，就很有可能发生爆胎。

（2）轮胎气压过高 为了提高汽车的载货能力，有的驾驶人在充气时喜欢超过轮胎的标准气压，殊不知这样做加快了轮胎的磨损速度，从而加大了爆胎的可能性。因为胎压过高，胎体帘线张力增大，使帘线的疲劳过程加快，特别是在过量充气又超载超速行驶时，更增加了帘线的内应力，胎温快速上升，橡胶老化速度加快，疲劳强度下降，这样会出现胎面中央磨损严重和胎侧花纹呈锯齿状磨损，帘布层折断等现象，从而引发爆胎。

（3）轮胎的温度过高 天气炎热，汽车在高温条件下行驶时由于外界气温高，轮胎散热较慢，并且气压也随之相应地增高而易引起轮胎爆破。车辆在行驶途中发生爆胎的原因很多，但是最主要的有三种：一是轮胎漏气，轮胎因铁钉或尖锐物刺扎致漏气进而引起爆胎；二是气压过高，因汽车高速行驶轮胎温度升高，气压随之升高，轮胎变形，胎体弹性降低，汽车受动负荷也增大，如遇冲击会爆胎；三是轮胎气压不足，当汽车超过120km/h，轮胎气压不足易致胎体谐振动引发谐振力，如轮胎不结实或已有伤就易爆胎。车辆缺气行驶时，随胎压下降，轮胎与地面摩擦成倍增加，胎温急剧升高，轮胎变软，强度急剧下降，如车辆高速行驶状态就可能爆胎；如车辆低速行驶也会对轮胎造成严重伤害，这种伤害潜伏期长隐蔽性大，危害更不忽视，还为高速行车埋下爆胎隐患，特别是在冬季或夏季等天气多变的季节。

5. 根据轮胎磨损状况互换四条轮胎

由于汽车前轴与后轴的载荷并不相同，为了让四条轮胎的磨损能够均等，延长使用寿命，建议车主每隔8000km或10000km互换一次四条轮胎的位置。车主也可以视轮胎磨损情况，决定是否调换四条轮胎的位置。轮胎换位方法如图3-15所示。

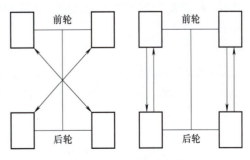

图3-15 轮胎换位方法

### 六、轮胎的对称花纹、不对称花纹、方向性花纹

对称花纹就是以胎面中心沟槽为基准，左右的花纹一样；非对称花纹则是轮胎胎面的花纹并不呈对称样式；方向性花纹则是对轮胎旋转方向有要求的花纹，如图 3-16 所示。

a) 对称花纹

b) 非对称花纹

c) 方向性花纹

图 3-16　轮胎花纹及滚动方向

### 【信息收集】

一、我们的学习任务是什么？

二、为了顺利完成本学习任务，请按下列要求完成下列信息的收集。
1. 维护车辆的车型：_____
2. 行驶里程：_____
3. 维护车辆轮胎的型号（含备胎）：_____
4. 维护车辆轮胎生产日期（含备胎）：_____
5. 查阅维修手册，轮胎标准气压值为：_____，从车上的_____能查到这辆车的标准气压为_____
6. 轮胎胎纹磨损极限为：_____ mm。
7. 备胎的最高速度是：_____ km/h。
8. 使用气动扳手可以戴手套吗？为什么？
_____
9. 为何要进行四轮换位？
_____
10. 轮胎的气压不正常会造成什么样的后果？
1) 气压偏低：_____
2) 气压偏高：_____
11. 轮胎检查项目有（　　　　）。
A. 气压检查　　　B. 胎面检查　　　C. 花纹检查　　　D. 期限检查
12. 轮胎花纹的作用是（　　）。
A. 增强排水性能　　　　　　　　　　B. 有利于降低胎噪
C. 可以控制轮胎与路面摩擦
13. 请连线下面轮胎标识中数字及字母的含义。

项目三 汽车底盘维护

| | |
|---|---|
| 225 | 胎身厚度 |
| 60 | 轮胎宽度 |
| R | 轮辋的尺寸 |
| 16 | 轮胎为子午胎 |
| 98 | 许用车速等级 |
| H | 负荷指数 |

14. 新的轮胎上有一个红点标记和一个黄点标记（图 3-17），你知道是什么意思吗？

15. 在车辆上安装轮胎需要注意（　　）。
A. 要擦干净车轮和轮毂及轮毂螺栓上的尘垢
B. 不能给车轮螺母和螺栓上油或涂脂
C. 不能使车轮螺母的拧紧力矩超过规定值
D. 在拧螺钉的时候要保持对角进行
E. 不要一个螺钉拧紧后拧下一个

图 3-17　轮胎标记

### 【制订计划】

请根据车主描述的现象和任务要求，确定所需的维护仪器、工具，并对小组成员进行合理分工，制订详细的检查和维护计划。

1. 请在下表中选择在检修中可能用到的工量具（在对应的选项中打√即可）。

| 工量具名称 | 选 | 择 |
|---|---|---|
| 汽车维修工具 150 件套 | □可能 | □不可能 |
| 胎纹深度尺 | □可能 | □不可能 |
| 气动扳手 | □可能 | □不可能 |
| 手套 | □可能 | □不可能 |
| 十字螺钉旋具 | □可能 | □不可能 |
| 一字螺钉旋具 | □可能 | □不可能 |
| 手电筒 | □可能 | □不可能 |
| 其他（请填写具体名称） | | |

2. 小组成员分工

| 序　号 | 组　　长 | 记 录 员 | 操 作 员 | 备　　注 |
|---|---|---|---|---|
| | | | | |
| | | | | |
| | | | | |

3. 轮胎检查和换位计划

1）轮胎检查方法：_____
_____
_____

2）轮胎换位操作步骤：_____
_____
_____

3）选用工具：_____

4）测量出哪些数据：_____

## 【实施计划】

请结合本小组制订的维护计划，对轮胎进行检查与换位，并完成下列内容的填写。

1. 检查车轮及轮胎外观

1）检查轮胎胎面和胎壁是否有裂纹、割痕或其他损坏？
检查结果：_____

2）检查轮胎面是否有金属颗粒、石子、玻璃或其他硬物嵌入？
检查结果：_____

3）检查轮辋和轮辐是否损坏、腐蚀和变形，平衡块是否脱落？
检查结果：_____

2. 检查车轮轴承是否摆动？转动是否顺畅？是否有异响？
检查结果：_____

3. 车轮磨损检查

1）用胎纹深度尺测量车轮胎纹深度并记录：左前轮_____ mm，右前轮_____ mm，左后轮_____ mm，右后轮_____ mm。

2）判断车轮是否有异常磨损，如胎冠磨损、胎肩磨损、块状磨损、羽状磨损、单侧磨损？
检查结果：_____

4. 检查轮胎气压及气密性

1）轮胎气压_____ kPa，调整后气压_____ kPa。

2）通过在气门嘴周围涂抹肥皂水检查是否漏气？
检查结果：_____

5. 轮胎换位操作

什么情况下需要进行四轮换位？
_____
_____

6. 安装车轮

1）用气动扳手进行预紧车轮，注意对角预紧。

2）按规定力矩紧固车轮,扭紧力矩为_____。

### 【检查与控制】

观察员根据操作员的工作过程评分,具体评分细则见表3-6。

表3-6 轮胎检查与换位考核评分表

操作时间:30min

| 项目 | 检查内容 | 评分项目 | 评分标准 | 分值 | 得分 |
|---|---|---|---|---|---|
| 车辆基本检查 | 安全文明 | | 造成人身、设备重大事故,或恶意顶撞考官、严重扰乱考场秩序,立即终止考试,此题计0分 | | |
| | 准备工作 | 松开驻车制动器 | 每项4分 | 8 | |
| | | 变速器置于空档 | | | |
| | 轮胎拆卸 | 轮胎拆卸 | 拆卸方法不正确每个车轮扣2分,未采用对角每个车轮扣3分 | 20 | |
| | 轮胎装配 | 轮胎装配 | 装配方法不正确每个车轮扣2分,未采用对角每个车轮扣3分 | 20 | |
| | | 按规定力矩拧紧轮胎螺母 | 未按规定力矩,每个螺母扣1分 | 16 | |
| 5S、安全 | 举升机使用 | 升起前支点确认 举升高度合适 升降时安全提示语言 | 每项2分 | 16 | |
| | 5S方面 | 工量具、零件摆放合理 工具零件落地 | 每项4分 | 8 | |
| | 工作安全 | 扭力扳手使用方法不合理 其他不安全操作 | 每项4分 | 8 | |
| 工作流程 | 操作流程规范性 | 按照工作标准流程完成以上各项目 | | 4 | |
| 总分 | | | | 100 | |

考评员:　　　　　　　　　记分员:　　　　　　　　　　　　年　月　日

### 【评价与反馈】

1. 自我评价

| 我做得好的地方 | 我还存在这些方面的问题 |
|---|---|
| □动作准确 | □动作不到位 |
| □工具使用规范 | □工具使用不规范 |
| □安装步骤熟悉 | □安装步骤不熟悉 |

(续)

| 我做得好的地方 | 我还存在这些方面的问题 |
|---|---|
| □零件摆放整齐 | □零件摆放不整齐 |
| □操作用时合理 | □操作用时过长 |
| □工作态度端正 | □工作态度不够端正 |

2. 小组评价

我们组做到了：□全员参与　□分工明确　□工作高效　□完成了工作任务

3. 教师评价

| 评价内容 | 评价指标 | 等次（星级评定） |
|---|---|---|
| 活动态度方面 | 1）态度是否积极，是否主动组织或参与活动<br>2）与小组同学合作是否良好<br>3）活动是否认真、善始善终<br>4）是否勇于克服困难 | |
| 知识技能方面 | 1）查阅资料技能<br>2）实地观察记录能力<br>3）调查研究能力<br>4）整理材料能力 | |

【知识巩固】

简答题

1. 简述图 3-18 中的轮胎异常磨损的原因。

a）胎冠磨损

b）胎肩磨损

c）块状磨损

d）羽状磨损

e）单侧磨损

图 3-18　轮胎异常磨损

2. 轮胎胎纹有什么类型？

3. 如果需要更换轮胎，同一轴线上的两个轮胎胎纹类型可以不同吗？为什么？

4. 更换轮胎后需要做轮胎平衡，为什么？

## 任务四
## 底盘螺栓紧固与悬架检查

### 【任务描述】

一辆轿车行驶了 4 万 km 以上，车主按维护周期到 4S 店进行维护，同时特别提出底盘有异响，尤其是经过坑洼路面时异响比较明显，要求进行底盘螺栓紧固与悬架检查。

### 【学习目标】

1. 能口述底盘各部件连接处的名称。
2. 能查阅维修手册找出底盘各部件连接螺栓螺母拧紧力矩。
3. 能独立完成底盘螺栓紧固与悬架检查。
4. 能与他人合作，进行有效沟通，能按 6S 管理规定进行作业。

### 【学习重点】

能独立完成底盘螺栓紧固与悬架检查。

### 【学习难点】

能口述悬架检查的要点。

### 【相关知识】

#### 一、转向系统的检查

由驾驶室操作人员配合来回转动转向盘。检查转向器固定情况（宜使用汽车悬架转向系统间隙检查仪）；检查转向机构各部件紧固、锁止和限位情况，检查在转向过程中有无干涉或摩擦痕迹现象，检查各机件有无损伤和横、直拉杆是否有松动情况。

1）转向系统检查是地沟内车辆底盘检验员在车内检验员（引车员）转动转向盘配合下，借助照明设备，使用专用锤子敲击和（必要时）钩动杆件目视检查。以下车辆底盘检查的其他项目方法类似。

2）转向系统检查时重点检查转向机及固定支架、轴、转向节、转向机及横直拉杆、球头销、开口销、转向摇臂、轴、螺母、转向主销、套、轴承、转向角限位。转向助力装置有无渗漏，转向节球形支撑部件的紧固、锁止、限位情况，横、直拉杆应无拼捍情况。在转动转向盘的情况下，转向过程中应无干涉或摩擦痕迹现象。

## 二、传动系统的检查

1）检查变速器及分动器支架连接是否可靠。
2）检查传动各部件连接是否可靠，传动轴、万向节安装是否正确及中间轴承及支架有无裂纹和松旷现象，检查有无漏油现象。

## 三、行驶系统的检查

1）检查钢板吊耳及销有无松旷，中心螺栓、U形螺栓是否紧固，检查有无车桥移位现象（必要时用钢卷尺测量左、右侧轴距差值）。
2）检查车架纵梁、横梁有无变形、损伤，铆钉、螺栓有无缺少或松动。
3）检查车桥与悬架之间的拉杆和导杆有无松旷和移位。检查减振器有无漏油。
4）检查说明。

① 变速器、分动器及其支架是传动系统核心部件，其连接、固定情况直接影响运行安全。传动系统检查时，用专用锤子钩动变速器及分动器支架，应无松动现象；变速器、差速器应无严重漏油现象（必要时用秒表记录在1min内漏出的油量）；传动轴、万向节、中间轴承凸缘连接应无松脱。安装应正确。目视检查，驱动桥外壳、中间轴承及支架应无裂纹及松旷等影响运行安全的情形。

② 行驶系统检查时，目视检查，车桥应无移位现象，纵梁和横梁应无裂纹和影响车辆正常行驶的变形，减振器应无漏油，螺栓、铆钉应齐全；货车和挂车钢板应无裂纹和断片，不存在增加钢板弹簧片数或改变钢板弹簧形式的情形。用专用锤子敲击、钩动，钢板吊耳及销、中心螺栓、U形螺栓应无松旷、松动等现象，车桥与悬架之间的各拉杆和导杆应无松旷和移位，螺栓和铆钉应无松动。

## 四、制动系统的检查

1）检查制动系统部件有无擅自改动。
2）检查制动主缸、轮缸、制动管路等有无漏气、漏油，制动软管有无老化。
3）检查制动系统管路与其他部件有无摩擦和固定松动现象。

## 五、电器电路的检查

检查电器导线是否布置整齐、捆扎成束、固定卡紧及电路有无破损现象；检查插头是否牢固并有绝缘套，在导线穿越洞时是否装设绝缘套管。

## 六、底盘其他部件的检查

1）检查发动机的固定是否可靠。
2）检查排气管、消声器是否完好，固定是否可靠；排气管口指向是否符合要求。
3）检查燃料箱、燃料管路是否固定可靠，燃料管路与其他部件有无碰擦及软管有无明显老化现象。
4）检查说明。

① 制动系统检查时应首先重点检查制动系统部件有无擅自改动现象，如在制动管路中

延伸出其他附属装置的控制器等。从了解的情况看，经常在山区行驶的货运车辆，一般附加有制动器降温装置，当汽车下长坡时，打开开关，让散热器里的降温水通过管道淋到制动鼓上，以防制动温度过高造成制动热衰退，影响制动效果。目前，国家没有相应的标准对此类装置的技术条件加以限定，许多车辆的降温管过长，离地高度小于前轴或后桥壳；这样，汽车在行驶中就容易被地面障碍物突然挂中拉脱，驾驶人在不知情的情况下使用降温装置极有可能造成行车事故。因此，对经常在山区道路行驶的货运车辆应重点检查是否具有此类改装情形。其次，目视检查，制动分泵、总泵、制动管路应无漏气、漏油现象；软管应无老化开裂、磨损等现象，制动管路固定可靠，与其他部件应无摩擦现象。

② 电器电路检查主要采用目视检查方式进行，必要时可用专用锤子钩动部分电器电路，以检查电器电路固定的可靠性及扩大检查范围。

③ 检查发动机固定情况时，应使用专用锤子敲击规定支架（在地沟内不可见或不易触及时除外）。

④ 目视检查，排气管、消声器应部件齐全、外表完好、固定可靠，排气管口不应指向车身右侧。

## 【信息收集】

一、我们的学习任务是什么？

二、为了顺利完成本学习任务，请按下列要求完成下列信息的收集。

1. 汽车底盘产生异响的原因有哪些？

_____

_____

2. 查阅维修手册，填写以下螺栓连接的拧紧力矩：
1）前悬架横梁螺栓_____ N·m。
2）前悬架横梁螺母_____ N·m。
3）稳定杆连杆至前减振器螺母_____ N·m，稳定杆连杆至稳定杆螺母_____ N·m。
4）前悬架横梁支架螺栓_____ N·m。
5）稳定杆至横梁卡箍螺栓_____ N·m。
6）前悬架前减振器至转向节螺母_____ N·m。
7）下控制臂球节夹紧螺母_____ N·m。
8）前下控制臂螺栓_____ N·m。
9）前下控制臂后部螺栓_____ N·m。
10）前减振器支座螺母_____ N·m。
11）前减振器总成支座至车身螺母_____ N·m。
12）后减振器下螺栓_____ N·m。
13）后桥螺栓_____ N·m。
14）转向横拉杆自锁螺母_____ N·m。

3. 指出图 3-19～图 3-22 中箭头所指的螺栓是什么连接部位螺栓：

项目三　汽车底盘维护

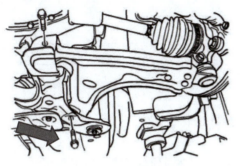
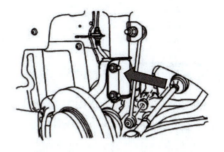

图 3-19　_____螺栓　　　　　图 3-20　_____螺栓

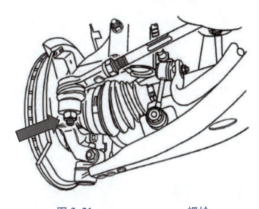
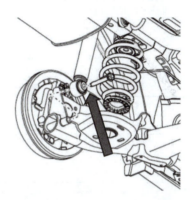

图 3-21　_____螺栓　　　　　图 3-22　_____螺栓

4. 如何判断转向横拉杆球头有无松动？

_____。

5. 如何判断控制臂是否松动？

_____。

6. 描述图 3-23 中使用了哪些防松方式？

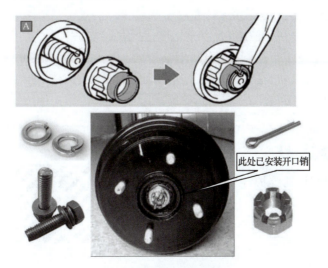

图 3-23　汽车常用螺栓防松方式

127

_____
_____
_____

### 【制订计划】

请根据车主描述的现象和任务要求，确定所需的维护仪器、工具，并对小组成员进行合理分工，制订详细的检查和维护计划。

1. 请在下表中选择在检修中可能用到的工量具（在对应的选项中打√即可）。

| 工量具名称 | 选 | 择 |
|---|---|---|
| 维修工具150件套 | □可能 | □不可能 |
| 前照灯 | □可能 | □不可能 |
| 手电筒 | □可能 | □不可能 |
| 尖嘴钳 | □可能 | □不可能 |
| 十字螺钉旋具 | □可能 | □不可能 |
| 一字螺钉旋具 | □可能 | □不可能 |
| 其他（请填写具体名称） | | |

2. 小组成员分工

| 序　号 | 组　长 | 记　录　员 | 操　作　员 | 备　注 |
|---|---|---|---|---|
| | | | | |
| | | | | |

3. 离合器检查和维护计划

1）底盘螺栓连接检查方法：_____
_____
_____

2）操作步骤：_____
_____
_____

3）选用工具：_____
_____

### 【实施计划】

请结合本小组制订的维护计划，对底盘螺栓进行紧固和悬架检查，并完成下列内容的填写。

1. 汽车底盘衬套检查（图3-24）

检查底盘衬套应_____，

否则应_____

## 2. 前、后减振器的检查

前、后减振器的检查主要是检查减振器表面是否_____和减振弹簧是否_____。

## 3. 转向横拉杆的检查

检查转向横拉杆是否_____，转向横拉杆球头是否_____。

## 4. 对底盘连接螺栓、螺母进行紧固

需要进行紧固的螺母、螺栓有：_____
_____
_____
_____

图 3-24 汽车底盘各连接处衬套

### 【检查与控制】

观察员根据操作员的工作过程评分，具体评分细则见表 3-7。

表 3-7 底盘螺栓紧固与悬架检查考核评分表

操作时间：30min

| 序号 | 考核项目 | 考核内容及要求（评分要点） | 配分 | 评分标准 | 得分 | 备注 |
|---|---|---|---|---|---|---|
| 1 | 检查前悬架 | 1）检查前减振器是否损坏<br>2）检查减振器是否漏油<br>3）检查螺旋弹簧是否损坏<br>4）检查稳定杆是否松动和损坏<br>5）检查转向横拉杆是否松动和摇摆<br>6）检查转向横拉杆是否弯曲和损坏<br>7）检查衬套是否老化、开裂和松动 | 35 | 1）检查方法不当，一处扣5分<br>2）漏检一处扣5分 | | |
| 2 | 检查后悬架 | 1）检查后减振器是否损坏<br>2）检查减振器是否漏油<br>3）检查螺旋弹簧是否损坏<br>4）检查衬套是否老化、开裂和松动 | 20 | 1）检查方法不当，一处扣5分<br>2）漏检一处扣5分 | | |
| 3 | 底盘螺母 | 1）紧固前悬架横梁螺栓<br>2）紧固前悬架横梁支架螺栓<br>3）紧固稳定杆至横梁卡箍螺栓<br>4）紧固前悬架前减振器至转向节螺栓<br>5）紧固前下控制臂螺栓<br>6）紧固前下控制臂后部螺栓<br>7）紧固前减振器总成支座至车身螺母<br>8）紧固后减振器下螺栓<br>9）紧固后桥螺栓 | 35 | 1）工具使用方法不正确，一次扣2分<br>2）漏紧固一处扣5分 | | |
| 4 | 安全保护 | 劳保穿戴齐全 | 5 | 劳保穿戴不全，扣5分 | | |
| | | 文明操作，工具摆放有序 | 5 | 乱摆乱放工量具，扣2分 | | |
| | 合　计 | | 100 | 总得分 | | |

考评员：　　　　　　　记分员：　　　　　　　　　　　　年　　月　　日

【评价与反馈】

1. 自我评价

| 我做得好的地方 | 我还存在这些方面的问题 |
|---|---|
| □动作准确 | □动作不到位 |
| □工具使用规范 | □工具使用不规范 |
| □安装步骤熟悉 | □安装步骤不熟悉 |
| □零件摆放整齐 | □零件摆放不整齐 |
| □操作用时合理 | □操作用时过长 |
| □工作态度端正 | □工作态度不够端正 |

2. 小组评价

我们组做到了：□全员参与　□分工明确　□工作高效　□完成了工作任务

3. 教师评价

| 评价内容 | 评价指标 | 等次（星级评定） |
|---|---|---|
| 活动态度方面 | 1）态度是否积极，是否主动组织或参与活动<br>2）与小组同学合作是否良好<br>3）活动是否认真、善始善终<br>4）是否勇于克服困难 | |
| 知识技能方面 | 1）查阅资料技能<br>2）实地观察记录能力<br>3）调查研究能力<br>4）整理材料能力 | |

【知识巩固】

一、判断题

1. 现代轿车"前悬架横梁"与"车身"的连接螺栓是非常重要的紧固螺栓。（　　）
2. 现代轿车"转向机壳"与"横梁"的紧固通过呆扳手进行。（　　）
3. 现代轿车发动机及变速器总成一般是从车辆上方拆下的。（　　）
4. 现代轿车"转向横拉杆端头锁止螺母"只做检查，不紧固。（　　）
5. 用扭力扳手检查螺栓或螺母连接状况时，不必按规定的扭力数进行紧固。（　　）
6. 经常高速转弯不会加快轮胎外缘的磨损。（　　）
7. 轮胎气压是否合适对车轮的转向能力没有影响。（　　）
8. 由于前轴的单轮前束与后轴的单轮前束之间没有关系，所以调整时可按照任意顺序进行。（　　）
9. 四个车轮的轮胎可以根据喜好随意选择搭配。（　　）
10. 装用新轮胎是，统一车轴上应配同一规格、结构、层级和花纹的轮胎。（　　）

11. 单纵臂式独立悬架也可以用在转向轴上。（    ）

12. 当车轮定位调整到位后，需要将被调整部件按照车辆维修手册上需求的力矩紧固。（    ）

13. 采用独立悬架的车辆可以提高行驶的操控性和稳定性，而且比非独立悬架有更多的调整点，便于车轮角度的调整。（    ）

## 二、填空题

1. 汽车底盘由_____、_____、_____和_____组成。

2. 汽车悬架有_____和_____两种。

3. 前轮前束的调整，是调整_____来实现的。

## 任务五
## 制动器的检查与维护

### 【任务描述】

李先生的车已经行驶了 4 万 km 以上，根据车辆使用的技术要求，需要对车辆进行 1 万 km 维护。今天就对车辆制动器进行检测维护，必要时进行校正、调整或更换。

### 【学习目标】

1. 能查阅维修手册，查找盘式制动盘和制动片的检测内容和部件规格。
2. 能查阅维修手册，查找制动盘厚度、轴向圆跳动量、刮痕深度和制动片厚度的检测方法。
3. 掌握轮缸式（鼓式）制动器的类型、各自组成及工作原理。
4. 掌握驻车制动器的类型、结构和工作原理。
5. 能独立完成制动器的检查。

### 【学习重点】

能独立完成制动器的拆装与检查。

### 【学习难点】

能口述制动器的维护方法及技术要求。

### 【相关知识】

#### 一、制动系统的功用

在最短的距离内减速或停车，并在停车后保持良好的驻车性能。

#### 二、制动系统的分类

汽车制动系统按其功能的不同分为行车制动、驻车制动和应急制动。
按传动方式可分为机械制动、液力制动、气压制动及组合制动。
按供能方式可分为人力制动、动力制动和助力制动。
按制动管路的布置方式分为单管路制动和双管路制动等。

#### 三、制动系统的组成

1. 制动系统分类

制动系统分为行车制动和驻车制动。

行车制动装置：驾驶人用脚操纵的装置，专供行车时使用。踩下制动踏板时起制动作用，放松踏板时解除制动。

2. 制动系统的组成

制动系统主要由制动器和制动传动机构组成。

驻车制动装置的作用：防止汽车停车后的滑溜。

当行车制动装置失效或汽车坡道起步时可临时使用驻车制动装置，又称为中央制动装置。

### 四、现代轿车制动系统的结构特点

1）车轮制动器盘式化或前盘后鼓化。
2）液压制动双管路化。
3）液压制动系统中采用真空助力器。
4）采用制动间隙自动补偿机构。
5）制动系统中采用制动力调节装置。
6）采用电子控制防抱死系统，即 ABS。
7）采用牵引力控制装置。

### 五、鼓式制动器

1）简单非平衡式车轮制动器的结构及工作原理图如图 3-25 所示。

2）蹄、鼓间隙的调整：车轮制动器在使用或维修过程中，应正确调整蹄鼓间隙，如图 3-26所示。

① 调整凸轮。
② 调整支撑销。
③ 从制动底板下边的调整孔拨动调整棘轮，改变蹄鼓间隙。

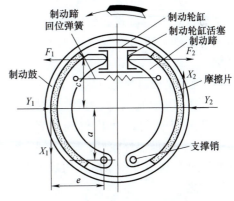

图 3-25 简单非平衡式车轮制动器的结构及工作原理图

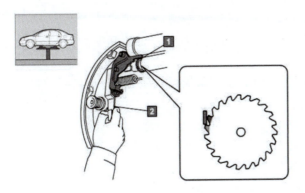 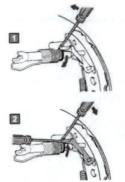 

图 3-26 鼓式制动器制动蹄间隙调整

3）鼓式制动器的优点。

① 在获得相同制动力矩的情况下，鼓式制动装置的制动鼓的直径可以比盘式制动的制动盘还要小许多。

② 制造成本低廉。

③ 因为鼓式制动器是封闭式结构，所以其防尘耐脏性较好。

④ 有自动刹紧的作用，使制动系统可以使用较低的油压。

### 六、盘式制动器

1）盘式制动器主要由制动盘、分泵、制动钳、摩擦片和油管等组成。

2）工作原理：在踩下制动踏板时，油液被压入轮缸中，活塞在液压作用下将两制动块压紧制动盘，产生摩擦力矩而达到降低车速的目的，如图3-27所示。

3）盘式制动器主要分为钳盘式制动器（定钳盘式、浮钳盘式）和全盘式制动器。按制动盘分类可以分为实心盘、通风盘、打孔通风盘、陶瓷制动盘。因为盘式和鼓式两种制动器的不同组成、原理，所以呈现出来的效果也有很大的区别。

4）盘式制动器的优点。

① 热稳定性较好，因为制动摩擦片的尺寸不长，其工作表面的面积仅为制动盘面积的12%~16%，故散热性较好，同时，因盘式制动器的制动盘、制动钳和摩擦片均暴露在空气中，更利于散热。

② 水稳定性较好。在离心力的作用下沾水后也易于甩掉，再加上片对盘的擦拭作用，因而，出水后只需经一两次制动即能恢复正常。

③ 制动力矩与汽车前进和后退行驶无关。

④ 在输出同样大小制动力矩的条件下，盘式制动器的质量和尺寸比鼓式要小。

⑤ 制动盘与摩擦片间的间隙小（0.05~0.15mm），这就缩短了油缸活塞的操作时间，并使制动驱动机构的力传动比有增大的可能。

⑥ 制动盘的热膨胀不会像制动鼓热膨胀那样引起制动踏板行程损失，这也使间隙自动调整装置的设计可以简化。

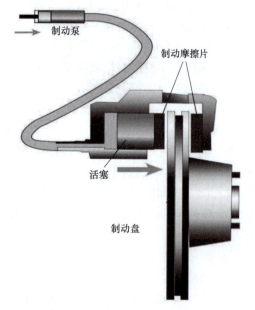

图3-27 盘式制动器的工作原理图

### 【信息收集】

一、我们的学习任务是什么？目的是什么？

项目三 汽车底盘维护

二、为了顺利完成本学习任务，请按下列要求完成下列信息的收集。

1. 维护车辆的车型：_____
2. 行驶里程：_____
3. 盘式制动器（图 3-28）有何优点？

1) _____
2) _____
3) _____
4) _____
5) _____
6) _____

图 3-28　盘式制动器

4. 盘式制动器有何缺点？

1) _____
2) _____

5. 如何检测制动盘的厚度（图 3-29）？

1) _____
2) _____
3) _____
4) _____

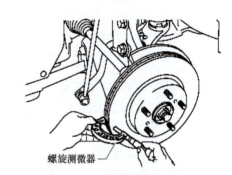

图 3-29　检测制动盘的厚度

6. 如何测量制动盘轴向圆跳动量（图 3-30）？

1) _____
2) _____
3) _____
4) _____
5) _____

7. 制动盘检测有哪些注意事项？

1) _____
2) _____

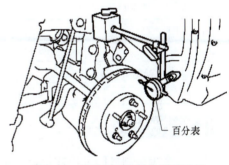

图 3-30　测量制动盘轴向圆跳动量

【制订计划】

请根据车主描述的现象和任务要求，确定所需的维护仪器、工具，并对小组成员进行合理分工，制订详细的检查和维护计划。

1. 请在下表中选择在检修中可能用到的工量具（在对应的选项中打√即可）。

| 工量具名称 | 选 | 择 |
| --- | --- | --- |
| 千分尺 | □可能 | □不可能 |
| 维修工具 150 件套 | □可能 | □不可能 |
| 尖嘴钳 | □可能 | □不可能 |
| 百分表 | □可能 | □不可能 |
| 十字螺钉旋具 | □可能 | □不可能 |

135

(续)

| 工量具名称 | 选 | 择 |
|---|---|---|
| 一字螺钉旋具 | □可能 | □不可能 |
| 手电筒 | □可能 | □不可能 |
| 其他（请填写具体名称） | | |

2. 小组成员分工

| 序　号 | 组　　长 | 记　录　员 | 操　作　员 | 备　　注 |
|---|---|---|---|---|
|  |  |  |  |  |
|  |  |  |  |  |
|  |  |  |  |  |

3. 制动器检查和维护计划

1）制动器检查方法：_____
_____
_____

2）操作步骤：_____
_____
_____

3）选用工具：_____
_____

4）测量出哪些数据：_____
_____

### 【实施计划】

请结合本小组制订的维护计划，对制动器进行检查与维护，并完成下列内容的填写。

1. 制动器的拆卸（鼓式）

1）放松驻车制动器。

2）取下制动器。

3）用_____取下固定销。

4）取下制动器总成（分解调整装置，回位弹簧）。

5）取下轮缸活塞。

6）注意事项：

① 蹄片要保持干净无_____。

② 将活塞妥善放置，不许碰伤。

③ 装配时，将驻车制动器调到最_____。

2. 鼓式制动器的维护

1）轮鼓检查。

① 检查轮毂有无裂纹、严重损伤，若有则更换。
② 检查轮毂内径磨损量不大于 2mm，若大于则更换，如图 3-31 所示。
2) 检查摩擦片（衬片）厚度极限值不小于 1mm，若大于则更换，并检查牢固性。
3) 检查摩擦片与轮毂接触面积不小于 70% 的面积，若小于应修刮。
4) 检查轮缸有无严重磨损，若有则更换；活塞密封圈（皮碗）有无损伤，若有则更换。
5) 检查底板有无变形，若有则校正或更换。
6) 鼓式制动器间隙调整（制动鼓与摩擦片间隙）。
① 按规定力矩拧紧轮毂。
② 将轮毂调紧至转不动后，退回 3~4 齿（即 3~4 响）。
③ 检验：转动轮毂应灵活并略带摩擦声（即甩手可转 1~2 圈）。
清洁制动鼓和制动蹄如图 3-32 所示。

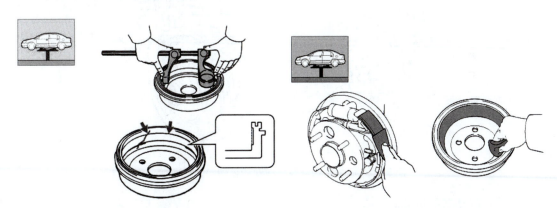

图 3-31　测量轮毂　　　　　　　　图 3-32　清洁制动鼓和制动蹄

3. 盘式制动器的维护
1) 制动盘检查。
① 制动盘有无严重沟槽、裂纹，若有则更换。
② 制动盘厚度不小于 2mm，若小于则更换。
2) 检查制动器摩擦片最小厚度不小于 2mm，若小于则更换，如图 3-33 所示。
3) 检查制动盘偏转度（摆差）不大于 0.15mm，若大于则更换。
4) 检查轮缸有无严重磨损，若有则更换；检查活塞密封圈（皮碗）有无损伤，若有则更换。
4. 盘式制动器的拆卸（图 3-34）和检查

| 项　目 | 作业记录情况 | | |
|---|---|---|---|
| 制动卡钳 | 检查结果： | 技术标准： | |
| 制动片磨损情况 | 检查结果： | 技术标准： | |
| 制动片厚度的测量 | 测量点 1 | 测量点 2 | 测量点 3 |
| 制动盘厚度的测量（图 3-35） | 测量点 1 | 测量点 2 | 测量点 3 |
| 制动盘轴向圆跳动量的测量 | | 技术标准： | |

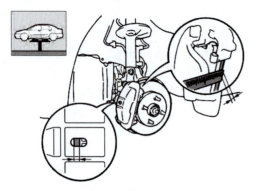

图 3-33 检查制动器摩擦片的厚度

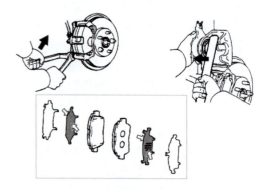

图 3-34 拆卸盘式制动器

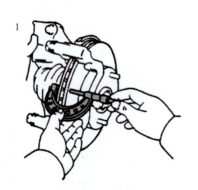

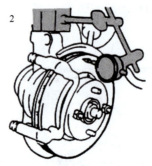

图 3-35 测量制动盘厚度和制动盘轴向圆跳动量

5. 鼓式制动器的拆卸和检查

| 项 目 | 作业记录情况 | | |
|---|---|---|---|
| 制动分泵 | 检查结果： | 技术标准： | |
| 制动蹄片磨损情况 | 检查结果： | 技术标准： | |
| 制动蹄片厚度的测量 | 测量点1 | 测量点2 | 测量点3 |
| 制动鼓内径的测量 | 测量点1 | 测量点2 | 测量点3 |
| 轮胎螺栓及轮胎螺母 | | 技术标准： | |

# 【检查与控制】

观察员根据操作员的工作过程评分，具体评分细则见表3-8。

表 3-8 盘式制动器检查与维护考核评分表

操作时间：30min

| 序号 | 项目 | 评分细则 | 记录 | 扣分 |
|---|---|---|---|---|
| 1 | 拆卸和安装车轮 (5分) | 拆下车轮后把轮胎螺栓拧回去，否则扣1分 | | |
| | | 用手拧紧轮胎螺母，否则扣1分 | | |
| | | 轮胎螺母需对角安装，否则扣3分 | | |

项目三 汽车底盘维护

(续)

| 序号 | 项目 | 评 分 细 则 | 记录 | 扣分 |
|---|---|---|---|---|
| 2 | 拆卸盘式制动器（15分） | 工具选择错误，每件扣1分 | | |
| | | 选好14号扳手，轻拍扳手拧松螺栓，否则扣1分 | | |
| | | 用力方向错误扣1分 | | |
| | | 与车身碰撞扣2分 | | |
| | | 拧松后将扳手放回原处，用手将螺栓拧下，否则扣1分 | | |
| | | 工具或零件摆放错误，每件扣1分 | | |
| | | 掀起制动轮缸并用钢丝钩固定，否则扣2分 | | |
| | | 用手拆卸摩擦片，否则扣1分 | | |
| | | 手不可接触摩擦片表面，否则扣1分 | | |
| | | 摩擦片或消声片掉落，每次扣5分 | | |
| | | 摩擦片表面向上并按顺序摆放，否则扣1分 | | |
| 3 | 清洁摩擦片（5分） | 用手拿起一块摩擦片，用砂纸打磨，否则扣1分 | | |
| | | 清洁过程中手不能接触到摩擦片表面，否则扣1分 | | |
| 4 | 检查制动器摩擦片的不均匀磨损（5分） | 将摩擦片拿起到眼睛平视高度并放水平，观察摩擦片内外两侧是否均匀，否则扣1分 | | |
| | | 检查过程中手不可接触摩擦片表面，否则扣1分 | | |
| 5 | 测量制动器摩擦片的厚度（内外都测量）（10分） | 用钢直尺测量，测量方法不对扣1分 | | |
| | | 测量内侧摩擦片的厚度并记录，读数错误扣2分 | | |
| | | 测量外侧摩擦片的厚度并记录，读数错误扣2分 | | |
| | | 报告测量数据，与标准值进行对比，并做出判断，否则扣5分 | | |
| 6 | 清洁制动盘（内外两侧）（5分） | 用干净的抹布清洁制动盘内外侧，边转动制动盘边清洁，否则扣1分 | | |
| | | 清洁过程中手不能接触制动盘表面，否则扣1分 | | |
| 7 | 检查制动盘磨损和损坏（10分） | 用手由内向外触摸制动盘的表面，检查是否有刻痕、不均匀磨损或异常磨损以及裂纹和其他损坏，否则扣5分 | | |
| | | 边转动制动盘边观察，否则扣2分 | | |
| 8 | 测量制动盘厚度（15分） | 选用0~25mm量程的千分尺测量，否则扣1分 | | |
| | | 旋开千分尺，再用干抹布清洁，否则扣1分 | | |
| | | 对千分尺进行校零，否则扣1分 | | |
| | | 测量距制动盘边缘10mm处的厚度，否则扣1分 | | |
| | | 测量三个点的厚度，三个点错开120°，否则扣5分 | | |
| | | 报告测量数据，与标准值进行比较做出判断，否则扣5分 | | |
| | | 测量好后需清洁千分尺，并将千分尺调到零位后放回原位，否则扣1分 | | |

（续）

| 序号 | 项目 | 评 分 细 则 | 记录 | 扣分 |
|---|---|---|---|---|
| 9 | 安装摩擦片（10分） | 从工具车上拿来一块摩擦片，装好后再拿另一块，否则扣1分 | | |
| | | 安装过程中手不能接触摩擦片表面，否则扣1分 | | |
| | | 安装不到位扣2分 | | |
| | | 安装过程中零件掉落或安装错误每次扣5分 | | |
| 10 | 检查制动卡钳的制动液泄漏（5分） | 一只手拿住制动钳，另一只手拆卸钢丝钩，并放回工具车上，否则扣1分 | | |
| | | 一只手拿出制动轮缸，另一只手检查制动卡钳处有没有制动液渗漏，否则扣5分 | | |
| | | 报告检查结果，否则扣2分 | | |
| 11 | 安装制动卡钳（10分） | 安装制动卡钳到原来位置，否则扣1分 | | |
| | | 先用手预紧螺栓，否则扣1分 | | |
| | | 选用14号扳手拧紧，操作错误扣1分 | | |
| | | 清洁工具，放回原位，否则扣1分 | | |
| 12 | 整理工位（5分） | 清洁、整理工位，否则扣5分 | | |
| 总分 | 100分 | | 得分 | |

考评员：　　　　　　　　记分员：　　　　　　　　　　　年　　月　　日

## 【评价与反馈】

### 1. 自我评价

| 我做得好的地方 | 我还存在这些方面的问题 |
|---|---|
| □动作准确 | □动作不到位 |
| □工具使用规范 | □工具使用不规范 |
| □安装步骤熟悉 | □安装步骤不熟悉 |
| □零件摆放整齐 | □零件摆放不整齐 |
| □操作用时合理 | □操作用时过长 |
| □工作态度端正 | □工作态度不够端正 |

### 2. 小组评价

我们组做到了：□全员参与　□分工明确　□工作高效　□完成了工作任务

### 3. 教师评价

| 评价内容 | 评价指标 | 等次（星级评定） |
|---|---|---|
| 活动态度方面 | 1）态度是否积极，是否主动组织或参与活动<br>2）与小组同学合作是否良好<br>3）活动是否认真、善始善终<br>4）是否勇于克服困难 | |

项目三 汽车底盘维护

（续）

| 评价内容 | 评价指标 | 等次（星级评定） |
| --- | --- | --- |
| 知识技能方面 | 1）查阅资料技能<br>2）实地观察记录能力<br>3）调查研究能力<br>4）整理材料能力 | |

## 【知识巩固】

### 一、判断题

1. 汽车前轮制动盘一般采用通风盘。（   ）
2. 盘式制动器散热效果好。（   ）
3. 制动盘最大轴向圆跳动量可允许5mm。（   ）
4. 检测制动盘厚度时，需均分选取多个点测量。（   ）
5. 测量制动盘轴向圆跳动量时，不需要固定制动盘。（   ）

### 二、选择题

1. 制动盘标准厚度是（   ）。
   A. 21mm    B. 22mm    C. 23mm    D. 24mm
2. 制动盘最小允许厚度是（   ）。
   A. 18mm    B. 19mm    C. 20mm    D. 21mm
3. 制动盘最大轴向圆跳动量是（   ）。
   A. 0.04mm    B. 0.05mm    C. 0.06mm    D. 0.07mm
4. 测量制动盘时螺母固定力矩是（   ）。
   A. 102N·m    B. 103N·m    C. 104N·m    D. 105N·m

### 三、简答题

踩下制动踏板，试转动车轮，是否转动？放松制动踏板，试转动车轮，是否转动？如果放松踏板车轮仍转不动，则制动器性能是否正常？为什么？

# 任务六
# 制动液的更换

### 【任务描述】

一辆轿车行驶了 4 万 km 以上，为了确保行驶的安全性，按照维修维护手册，需对汽车制动系统进行制动液的更换。

### 【学习目标】

1. 能熟练完成制动管路的检查。
2. 能熟练完成制动液的检测、更换及添加。
3. 能完成制动系统排气操作。
4. 能与他人合作，进行有效沟通，能按 6S 管理规定进行作业。

### 【学习重点】

能熟练完成制动液的检测、更换及添加。

### 【学习难点】

1. 能完成制动系统排气操作。
2. 能口述制动液检查的要点。

### 【相关知识】

#### 一、制动液的定义

汽车制动液又称为刹车油，是用于汽车液压制动系统中传递压力的液体。

#### 二、制动液的分类

汽车制动液一般分为醇型、矿油型和合成型三类。

1. 醇型制动液

醇型制动液的基本组成是蓖麻油 45%～55% 和醇 55%～45%（百分数指质量分数），产品润滑性好，原料易得，低温黏度大，工艺简单，但低温性能差，平衡回流沸点低，易产生气阻，与水互溶性差，使用过程中易氧化变质，不能保证安全行车。

2. 矿油型制动液

矿油型制动液是以精制的柴油馏分经深度脱蜡后的组分作为基础油，加入增黏剂、抗氧化剂、防锈剂、染色剂等调和而成。这类制动液的温度适应范围宽、低温性能好，对金属无腐蚀作用。但不能与水及合成制动液混溶，进入少量水后在高温下水汽化而产生气阻，影响制动效果，对天然橡胶有溶胀作用，必须使用耐油橡胶密封件。

3. 合成型制动液

合成型制动液是目前使用最多的制动液，可分为醇醚型、酯型和硅型三类。

（1）醇醚型制动液 醇醚型制动液由润滑剂、稀释剂和添加剂组成，常用的润滑剂有乙二醇、聚丙二醇、环氧乙烷加成物、环氧丙烷的聚合物等，常用的稀释剂有二甘醇醚、三甘醇醚、四甘醇醚等。常用的添加剂有抗氧剂、抗腐蚀剂、防锈剂、抗磨剂、pH值调整剂等。产品性能较为稳定，成本较低，用量最大。其缺点是平衡回流沸点不太高，吸湿性强，低温性能差，而且在湿热气候条件下使用时，制动器部件易锈蚀。

（2）酯型制动液 酯型制动液的基础液为羧酸酯与硼酸酯，加入量（质量分数）为总量的20%~50%，常用的稀释剂为聚乙二醇的单烷基醚等，常用的添加剂有抗氧化剂、抗腐蚀剂、pH值调整剂等。性能比前者有很大改善。

（3）硅型制动液 一般为聚烷撑醚硅酸酯，如聚烷撑乙二醇硅酸酯等，并加有橡胶抗溶胀剂和其他添加剂。这类制动液性能较好，但价格昂贵。

现在用的一般都是合成型的制动液，具体型号在车辆的使用手册上面，在车的制动液加注口上面或旁边也会有明显的标注。一定要按标注的型号购买和使用，不得随意提高或降低标准，因为涉及和活塞皮碗的性能匹配问题。制动液的型号就是以DOT3、DOT4、DOT5、DOT6等分类的。

### 三、制动液的要求

1. 应有较高的沸点

现代汽车在行驶中的制动比较频繁，制动鼓（盘）的温度不断升高，如使用沸点较低的制动液，常会在管路中产生气阻而导致制动失灵，因此制动液的蒸发性要低，不易在高温下汽化。

2. 适宜的高温黏度和良好的低温流动性

制动液在各种条件下都能及时传递压力，并同时使传动机构中的运动件得到一定的润滑。

3. 具有抗氧化、耐蚀和防锈的性能

制动液长期与金属相接触应不会因氧化而产生胶状物和腐蚀性物质，或因锈蚀而变色，甚至形成坑点。

4. 吸湿性低、溶水性好、沸点下降小

即使有水分进入制动液，要求能形成微粒而和制动液均匀混合，不产生分离和沉淀现象。

5. 对橡胶的适应性好

制动液对橡胶件不应有溶胀作用，否则会使其失去应有的密封作用，因此制动液对橡胶件要有良好的适应性。

6. 良好的化学安定性

制动液长期在高温作用下使用，因此要求制动液不产生热分解和沉淀，而使油品增黏，也不允许生成油泥沉积物。同时要求互溶性好，当与另一种制动液混合时，不能产生分层或沉淀，影响使用。

### 四、ABS 制动液的更换周期

制动液两年或行驶 4 万 km 需要进行更换，制动液具有吸水特性，长时间不更换会腐蚀制动系统，给行车带来隐患。实验证明，当制动液的吸湿率达到 3% 时，制动液的理化性能降低，即会恶化和变质，将使制动总泵、分泵、压力调节器和密封件等受到不同程度的损伤，也易产生气阻。制动液中混入过量水分，会直接降低制动液的沸点。当水进入制动液后，制动液的抗气阻能力大大下降，直接影响制动液的低温流动性。例如：在东北地区冬季，正常指标 -40℃ 的制动液，在 -20 ~ -30℃ 时已凝固不流动了，就会造成制动失灵。所以当制动液吸湿率达到 3% 时，必须更换制动液。

### 五、ABS 中空气的排放

ABS 更换油液后，必须进行空气的排放，如果 ABS 中有空气，会严重干扰制动压力的调节，而使 ABS 功能丧失。对液压调节器中的空气一般要用专用仪器按照特殊的规程将空气排出。

### 六、选用制动液应注意的事项

选用制动液时，首先看说明书或标签上的说明，是什么类型，有无质量标准和质量指标。若没有标注这些内容则不能使用，而只标有类型的应慎用。醇型制动液的工作温度范围相对较窄，对温度变化适应性差，换油周期短，高速、大功率、重负荷和制动频繁的汽车不能用，其他汽车选用时应注意地区和季节。有的合成型制动液温度范围在 -60 ~ 60℃ 之间，低温下黏度比较小，非常适合于严寒地区冬季使用。

如果汽车制动系统的橡胶零件是耐油的，应优先选用矿物油型，它不受地区、季节和车型的限制，润滑性好，无腐蚀作用，换油周期长；但制动系统橡胶零件若是不耐油的，则不能使用。

合成型制动液型号很多，颜色各异，选用时必须注意其质量指标中的温度范围，常温和低温下的黏度、透明度，有无沉淀和异味。不同类型的制动液由于成分不同，混合后可能发生反应，分层或沉淀，堵塞制动系统，以致失去作用，通常不允许混用。制动液都是由有机溶剂制成的，它易挥发易燃，灌装和保存时应远离火源，防止日晒雨淋，用后把瓶盖紧，防止吸水变质。

我国实施与国际通用标准接轨的国家强制产品标准 GB 12981—2012《机动车辆制动液》，原来的 JG 标准不再采用。按照 GB 12981—2012《机动车辆制动液》，将制动液分为 HZY3、HZY4、HZY5。分别对应国际上的 DOT3、DOT4、DOT5。制动液级别越高，安全保障性越好。一般情况下，微型、中低档汽车适宜选取符合 HZY3 标准的制动液，而中高档车建议选择 HZY4 标准的制动液。当然，微型、中低档汽车选择 HZY4 也没有任何问题，而且更好。HZY5 标准的制动液主要用于军工方面，一般在民用方面较少采用，适用于沙漠等苛刻条件。

### 七、如何更换制动液

每逢更换制动液，拆修制动管、制动软管、制动主缸或分缸，或感觉制动踏板过软且无

项目三　汽车底盘维护

泄漏之外,则管路中由于频繁使用已有空气,应及时进行排气,调试制动器。排气要从远离总泵的分泵开始。方法如下:将制动系统储液罐加足制动液至最高液面指示处,将一透明软管的一端与放气螺钉连接,另一端置于一透明容器内的制动液面以下,踩下制动踏板数次,并在踏板处于踩下位置时,将分泵上的放气螺钉旋松,放出混有气泡的制动液后,立即将放气螺钉旋紧。反复进行上述操作,直至从分泵流出的液体不再含有气泡为止。最后拧紧放气螺钉,装上放气螺钉的防尘帽,加制动液至储液罐规定位置,盖好储液罐盖即可。

## 【信息收集】

一、我们的学习任务是什么?

二、为了顺利完成本学习任务,请按下列要求完成下列信息的收集。
1. 维护车辆车型:_____
2. 行驶里程:_____
3. 维护车辆制动液型号:_____
4. 看图进行连线(图3-36)

　　①　　　　　　后轮制动蹄
　　②　　　　　　制动主缸
　　③　　　　　　制动盘
　　④　　　　　　前轮制动器
　　⑤　　　　　　制动软管
　　⑥　　　　　　制动踏板机构
　　⑦　　　　　　制动分泵

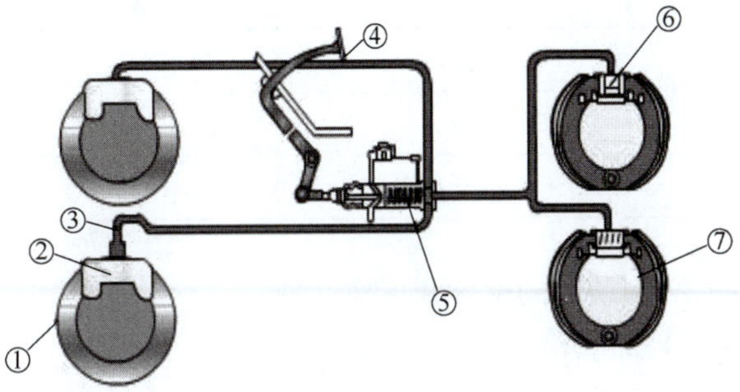

图3-36　制动系统的原理图

5. 制动液为什么需要定期更换?

6. 车主反映在踩制动踏板的时候感觉制动有些"软",制动距离变长,往往是什么原因?

7. 制动液更换时,四个车轮更换的顺序是:_____

8. 如何排放制动液?

9. 制动液有腐蚀性,如果洒落在车漆表面,该如何处理?

## 【制订计划】

请根据车主描述的现象和任务要求,确定所需的维护仪器、工具,并对小组成员进行合理分工,制订详细的检查和维护计划。

1. 请在下表中选择在检修中可能用到的工量具（在对应的选项中打√即可）。

| 工量具名称 | 选 | 择 |
|---|---|---|
| 储液罐 | □可能 | □不可能 |
| 套筒扳手 | □可能 | □不可能 |
| 尖嘴钳 | □可能 | □不可能 |
| 水分测试仪 | □可能 | □不可能 |
| 十字螺钉旋具 | □可能 | □不可能 |
| 一字螺钉旋具 | □可能 | □不可能 |
| 手电筒 | □可能 | □不可能 |
| 其他（请填写具体名称） | | |

2. 小组成员分工

| 序　号 | 组　　长 | 记　录　员 | 操　作　员 | 备　注 |
|---|---|---|---|---|
|  |  |  |  |  |
|  |  |  |  |  |

3. 制动液的检查和更换计划

1）油液检查方法：_____

_____

2）操作步骤：_____

_____

3）选用工具：_____

4）测量出哪些数据：_____

## 【实施计划】

请结合本小组制订的维护计划，对制动液进行检查，并完成下列内容的填写。

1. 检查制动液颜色及品质

1）检查制动液颜色，透明呈浅黄色，无混浊和沉淀。

检查结果：_____

2）检查制动液含水量（图3-37），只要被吸入水分达到_____%，就要更换新的制动液。

图 3-37　制动液含水量的检查

检查结果：_____

3）制动液泄漏的检查（图 3-38）：

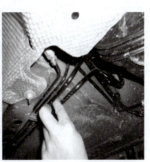

图 3-38　制动管路泄漏的检查

检查步骤：_____
_____
_____
_____
_____
_____
_____

2. 更换制动液准备工作

1）最好是三个人操作：一个人负责放油，另一个人负责_____，第三个人负责加新制动液（图 3-39）。也可以两个人操作：一个人负责_____，另一个人负责_____。

2）换制动液前可拔掉保险座上制动灯的熔丝，使制动灯在_____时不亮，延长灯泡寿命，换完了制动液记得装回去。

3）准备一根长度约_____ cm，内径在_____ mm 左右的透明软塑料管和一个有容量标记的_____。更换制动液时将软管一头插在分泵放油口，另一头插在塑料瓶中（图 3-40），避免_____和观察更换量。

图 3-39 添加新制动液

图 3-40 接制动液容器

4）准备新制动液 1~2 瓶，多余的可留做以后补充用，但下次更换制动液时最好不再使用旧制动液。正常的制动系统不会泄漏制动液，制动液液面只会随_____而下降。

5）准备_____ mm 呆扳手一个。

3. 更换制动液（图 3-41）

1）将制动液储液罐中的旧制动液抽出。

2）将车辆用_____举起，举起高度为_____ m。

3）车上的人踩制动踏板数次，直至制动踏板_____，然后踩住制动踏板。一人在车下，摘掉放油口上的橡胶防尘帽，将预备好的透明软管两端分别装在_____和_____，之后用扳手_____时针方向松开放油口螺钉，此时制动液会从_____喷出，待_____后拧紧放油口螺钉。

4）在排出制动液的同时，踏板高度会逐渐_____，在未拧紧放气螺塞之前，切不可将踏板抬起，以免_____。

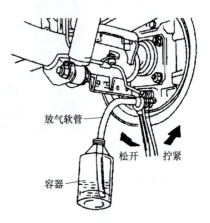

图 3-41 制动液的更换

5）每个轮缸应反复排放数次，直至制动液排出为新制动液，同时制动液中无气泡为止，按照_____的顺序逐个放气完毕。

6）然后将储液罐内加入足量的_____制动液。

7）为了尽量减小制动液吸收水分的可能性，一定要将存放制动液的容器盖严拧紧。

4. 更换制动液的注意事项

1）举升机要严格按照安全操作规程使用。

2）制动液有_____，不可与皮肤、油漆接触。

3）制动液具有_____，要存放在密闭容器中。

4）不同型号的制动液不能混用，以免_____，影响制动效果。

【检查与控制】

观察员根据操作员的工作过程评分，具体评分细则见表 3-9。

## 项目三　汽车底盘维护

**表 3-9　检查更换制动液考核评分表**

操作时间：30min

| 序号 | 基本步骤 | 作业流程 | 考核要点 | 配分 | 得分 |
|---|---|---|---|---|---|
| 1 | 准备工作<br>（20 分） | 工作服、手套 | 穿戴不规范扣 2 分/项 | 5 | |
| | | 准备工具 | 工具准备是否齐全 | 2 | |
| | | 举升机使用规范 | 举升机是否落锁及对车辆进行检查 | 8 | |
| | | 卸下车轮 | 车轮螺母拆卸顺序是否正确 | 3 | |
| | | | 车轮安放是否正确 | 2 | |
| 2 | 更换制动液<br>（40 分） | 拧下储液罐盖 | 拆卸前是否清洁 | 5 | |
| | | 拧松放油螺栓 | 是否按顺序操作 | 5 | |
| | | 连续踩制动踏板 | 座椅是否调整合适 | 5 | |
| | | 放尽旧制动液并拧紧螺栓 | 是否注意回收旧制动液及按规定拧紧 | 8 | |
| | | 加注新制动液 | 选用制动液的种类是否正确 | 5 | |
| | | | 加注时应无明显洒漏 | 7 | |
| | | | 加注量是否在规定刻度线以上 | 5 | |
| | 排系统空气<br>（30 分） | 拧松放气螺栓进行排系统空气 | 是否从最远车轮开始进行排气 | 5 | |
| | | | 是否直到拧紧后才松开踏板 | 8 | |
| | | | 是否随时关注储液罐液面刻度以上 | 7 | |
| | | 检查及补充制动液 | 液面是否在储液罐最小与最大刻度范围内 | 5 | |
| | | 检查制动踏板 | 是否对制动踏板进行制动检查 | 5 | |
| 3 | 6S 现场<br>（10 分） | 安装车轮及放下车辆 | 拧紧轮胎螺栓是否按顺序 | 4 | |
| | | 清洁场及收拾整理工具 | 扣 2 分/项 | 6 | |
| 4 | 合计 | | | 100 | |

考评员：　　　　　　　　　记分员：　　　　　　　　　　　　年　　月　　日

## 【评价与反馈】

### 1. 自我评价

| 我做得好的地方 | 我还存在这些方面的问题 |
|---|---|
| □动作准确 | □动作不到位 |
| □工具使用规范 | □工具使用不规范 |
| □安装步骤熟悉 | □安装步骤不熟悉 |
| □零件摆放整齐 | □零件摆放不整齐 |
| □操作用时合理 | □操作用时过长 |
| □工作态度端正 | □工作态度不够端正 |

2. 小组评价

我们组做到了：□全员参与　　□分工明确　　□工作高效　　□完成了工作任务

3. 教师评价

| 评价内容 | 评价指标 | 等次（星级评定） |
| --- | --- | --- |
| 活动态度方面 | 1）态度是否积极，是否主动组织或参与活动<br>2）与小组同学合作是否良好<br>3）活动是否认真、善始善终<br>4）是否勇于克服困难 | |
| 知识技能方面 | 1）查阅资料技能<br>2）实地观察记录能力<br>3）调查研究能力<br>4）整理材料能力 | |

## 【知识巩固】

### 选择题

1. 普通轿车使用的制动液型号为（　　）。

   A. DOT3　　　　　　　　B. DOT4　　　　　　　　C. 无要求

2. 汽车制动液长时间不更换有可能（　　）。

   A. 造成制动失灵　　　　B. 制动器磨损　　　　　C. 增强制动力

3. 汽车制动液的更换周期为（　　）。

   A. 两年或 4 万 km　　　B. 三个月　　　　　　　C. 不用换

4. 汽车制动液储液罐正常的液面高度为（　　）。

   A. 在下刻度线以下　　　B. 在上刻度线以上　　　C. 在上下两刻度线范围内

5. 当制动液不小心黏附在车身上时应采取的措施为（　　）。

   A. 不用清理挥发自然清干净

   B. 用布蘸上汽油及时清理

   C. 用水漂洗再用布清理

6. 在排空气过程中拧紧放油螺栓与放开踏板的先后顺序为（　　）。

   A. 先放开踏板再拧紧　　B. 先拧紧再放开踏板　　C. 无所谓，都行

7. 当制动液储液罐盖子长时间打开操作会造成（　　）。

   A. 制动液会挥发　　　　B. 吸收空气中的水分　　C. 空气进入管路

8. 制动系统正确排空气的顺序为（　　）。

   A. 从距主泵最远的车轮开始

   B. 从距主泵最近的车轮开始

   C. 都行

项目三 汽车底盘维护

## 任务七
## 转向系统的维护

### 【任务描述】

一辆宝骏轿车行驶了 60000km 以上，车主说转向助力液没有换过，希望 4S 店能进行转向系统维护，对转向助力液进行检查与更换。

### 【学习目标】

1. 能口述汽车液压转向的工作原理。
2. 能口述转向助力液进行的更换方法。
3. 能独立完成转向助力液进行的检查与更换。
4. 能与他人合作，进行有效沟通，能按 6S 管理规定进行作业。

### 【学习重点】

能独立完成转向助力液的检查与更换。

### 【学习难点】

能口述汽车液压转向的工作原理。

### 【相关知识】

#### 一、转向系统

（1）汽车转向系统的功能　汽车转向系统的功能就是按照驾驶人的意愿控制汽车的行驶方向。

（2）汽车转向系统的分类　汽车转向系统分为机械转向系统和动力转向系统两大类。机械转向：即没有助力，完全靠人力操作转向。动力转向：即借助辅助力来操作转向，助力方式可分为液压和电子两种。机械转向系统由转向操纵机构、转向器和转向传动机构三大部分组成。液压动力转向系统主要由动力转向装置、转向操纵机构和转向传动机构三部分组成。宝骏 630 采用的是液压动力转向系统。

（3）液压动力转向系统的组成　液压动力转向系统主要由转向机构部分、转向助力系统组成。其中转向机构部分主要由转向盘、转向机、转向拐臂、转向横直拉杆和转向节等组成。转向助力系统主要由动力源（转向助力泵）、操纵机构（安装在转向机内的方向控制阀、定心装置）、执行机构（安装在转向机内的液压缸）和辅助装置（包括储油罐管线）四部分组成。

## 二、转向系统的维护

1. 转向系统基本维护内容

1）定期检查转向液压油是否缺少，如缺少应及时补加；同时，为了防止液压油过脏或变质，建议每行驶 4 万 km 更换一次液压油。

2）在维护时，还需要检查转向泵传动带的松紧，看是否有断口，如有应及时更换，挠度应以手指按下 1cm 左右为宜。

3）定期检查液压系统的管接头是否有漏油现象，液压油管应尽量避开与其他部件的摩擦，以防止破损进气。

2. 转向盘自由行程的测量

转向盘自由行程定义及作用：转向盘在空转阶段的移动量称为转向盘自由行程。它是用来克服转向系统内部的摩擦，使各传动件运动的间隙完全消除。转向盘自由行程对于缓和路面冲击及避免驾驶人过度紧张是有利的，自由行程应为 0～30mm（各车型规定不同）。测量步骤如下：

1）车辆正常停在平直路面，将汽车前轮旋转至正前方位置。

2）起动发动机，使车辆笔直向前（配备动力转向系统的情况）。

3）用粉笔在转向盘外圆做好标记，将钢直尺上的任一整毫米数对准该标记点，记下该数据作为参考点 $a$。

4）轻轻转动转向盘，在车轮就要开始移动时，读出钢直尺测量转向盘上标记点的移动量 $b$，该移动量（$b-a$）就是转向盘的自由行程。如果转向盘自由行程过大，则需进一步确定原因，再进行调整。

3. 更换转向助力液的操作步骤（图 3-42）

1）旋下储液罐盖，使用吸管吸出储液罐内的助力液。

2）用鲤鱼钳将回油管卡箍取下，用手转动并拉出回油管，一般接有出油、回油两根油管，较细的油管是回油管或位置较高的是回油管。

3）在回油管接头上接上排油延长管，并将排油延长管放入废油容器内。

4）堵住储油罐的回油管接口，起动发动机并怠速运转。

5）同时将转向盘向左、向右反复转动到极限位置（在极限位置不要停留，防止损坏转向机），将旧转向助力液排出，同时加注新转向助力液，直到新转向助力液流出。

图 3-42　更换转向助力液

6）关闭点火开关接好回油管，将新转向助力液加到规定液面为止。

▌【信息收集】▶▶▶

一、我们的学习任务是什么？

二、为了顺利完成本学习任务，请按下列要求完成下列信息的收集。

1. 如图 3-43 所示，简述液压助力转向的工作原理。

_____
_____
_____
_____
_____
_____
_____
_____
_____

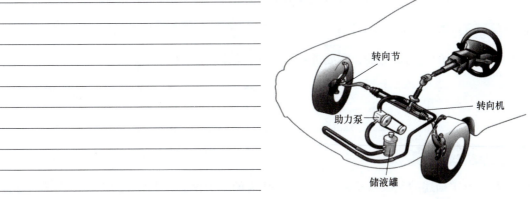

图 3-43　液压助力转向

2. 请根据图 3-44 将对应名称与数字连线：

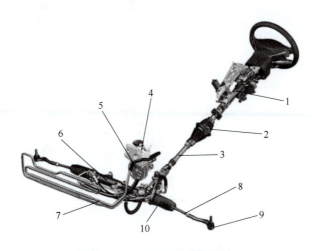

图 3-44　液压助力转向系统

| 储液罐 | 1 |
| 横拉杆 | 2 |
| 转向助力泵 | 3 |
| 转向传动轴 | 4 |
| 转向轴护罩 | 5 |
| 横拉杆球头 | 6 |
| 转向机护罩 | 7 |
| 转向机 | 8 |
| 回油管 | 9 |
| 转向柱 | 10 |

3. 查阅维修手册，宝骏 630 的转向助力液型号为_____，更换周期为_____。

4. 转向助力液的更换是将旧转向助力液抽出，再添加新液就可以了吗？
_____
_____

5. 更换完新的转向助力液，需要进行排空气，如何排空气？
_____
_____
_____

## 【制订计划】

请根据车主描述的现象和任务要求，确定所需的维护仪器、工具，并对小组成员进行合理分工，制订详细的检查和维护计划。

1. 请在下表中选择在检修中可能用到的工量具（在对应的选项中打√即可）。

| 工量具名称 | 选 择 | |
|---|---|---|
| 万用表 | □可能 | □不可能 |
| 钢直尺 | □可能 | □不可能 |
| 尖嘴钳 | □可能 | □不可能 |
| 扳手 | □可能 | □不可能 |
| 十字螺钉旋具 | □可能 | □不可能 |
| 一字螺钉旋具 | □可能 | □不可能 |
| 手电筒 | □可能 | □不可能 |
| 其他（请填写具体名称） | | |

2. 小组成员分工

| 序 号 | 组 长 | 记 录 员 | 操 作 员 | 备 注 |
|---|---|---|---|---|
| | | | | |
| | | | | |
| | | | | |

3. 转向系统检查和维护计划

1）油液检查方法：_____
_____
_____

2）更换操作步骤：_____
_____
_____

3）选用工具：_____

**【实施计划】**

请结合本小组制订的维护计划，对转向系统进行检查，并完成下列内容的填写。

1. 检查机械部分

（1）检查车轮　选用轮胎气压表工具，测量轮胎气压值为_____MPa，标准气压为 0.22MPa。根据气压表读数，判断轮胎压力_____（是，否）充足。

（2）检查前桥总成

① 检查转向拉杆球头销_____（是，否）卡滞，转向拉杆_____（是，否）变形，必要时更换转向拉杆。

② 检查转向轴万向节_____（是，否）润滑不良。

（3）检查转向盘的自由转动量　检查时，使汽车处于直线行驶的位置，轻轻转动转向盘，如图 3-45 所示，左右转动转向盘最大自由行程由中间位置向左或向右应不超过_____mm。

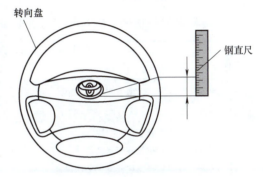

图 3-45　转向盘自由量的检查

2. 检查助力系统部分

（1）检查转向助力液液位

① 使用干净的布清洁转向助力液储液罐上的污物。

② 检查转向助力液液面的位置，加热后的转向助力液温度约为 66℃，检查转向助力液_____（是，否）在标记"MAX"（最高）和"MIN"（最低）范围内。

③ 冷却后的转向助力液温度约为 21℃，检查转向助力液位置_____（是，否）在"MIN"（最低）标记处。

④ 检查转向助力液液位_____（是，否）有明显下降现象，检查转向助力液中_____（是，否）有空气。

⑤ 检查系统中的空气_____（是，否）已排除。

⑥ 检查软管接头处和 O 形密封圈处_____（是，否）有渗油、漏油，若存在以上问题应修复。

（2）检查转向器　检查转向器外部_____（是，否）有转向助力液泄漏，判断_____（是，否）需要更换转向器。

（3）检查转向油泵（图 3-46）

① 检查传动带，在传动带连接中心位置，以 98N 的力按压传动带，测量传动带挠度为_____mm，

图 3-46　检查转向油泵

标准值：新传动带为 7.5~8.6mm，用过的传动带为 8.0~10.0mm。

② 检查油泵接口处_____（是，否）泄漏。

③ 检查转向油泵_____（是，否）泄漏，有泄漏时，应更换转向油泵。

④ 检查转向助力泵进油管_____（是，否）有老化现象。

3. 简述更换转向助力液操作步骤

1）_____

2）_____

3）_____

4）_____

5）_____

6）_____

【检查与控制】

观察员根据操作员的工作过程评分，具体评分细则见表3-10。

表 3-10 转向系统的维护考核评分表

操作时间：30min

| 序号 | 考核项目 | 考核内容及要求（评分要点） | 配分 | 评分标准 | 扣分 |
|---|---|---|---|---|---|
| 1 | 检查前准备 | 1）安装车轮挡块<br>2）拉紧驻车制动器<br>3）将变速杆置于空档位置<br>4）安装车外三件套 | 20 | 1）安装好车轮挡块（5分）<br>2）拉紧驻车制动器（5分）<br>3）将变速杆置于空档位置（5分）<br>4）安装车外三件套（5分） | |
| 2 | 转向系统的检查 | 1）检查轮胎气压<br>2）检查转向手感<br>3）检查转向盘的自由行程<br>4）检查转向助力液<br>5）检查转向油管<br>6）检查转向传动带张紧力<br>7）检查转向横拉杆是否变形<br>8）检查转向球头是否松动 | 40 | 1）检查错误扣2分<br>2）报错扣2分，检查错误扣2分<br>3）报错扣2分，检查错误扣2分<br>4）报错扣2分，检查错误扣2分<br>5）报错扣2分，检查错误扣2分<br>6）测量不正确扣2分，检查错误扣2分<br>7）报错扣2分，检查错误扣2分<br>8）报错扣2分，检查错误扣2分 | |
| 3 | 转向助力液的更换 | 更换转向助力液并排除空气 | 20 | 1）更换方法不当，一处扣5分<br>2）不会调整，不得分 | |
| 4 | 工具和量具的使用 | 1）正确使用各种工量具<br>2）不得损坏工量具 | 10 | 1）工量具使用方法不正确，一次扣2分<br>2）损坏工量具，不得分 | |
| 5 | 安全保护 | 劳保穿戴齐全 | 5 | 劳保穿戴不全，扣3分 | |
| | | 文明操作，工具摆放有序 | 5 | 乱摆乱放工量具，扣2分 | |
| | | 总 分 | 100 | 得 分 | |

考评员：　　　　　　　　　记分员：　　　　　　　　　年　　月　　日

项目三　汽车底盘维护

## 【评价与反馈】

1. 自我评价

| 我做得好的地方 | 我还存在这些方面的问题 |
| --- | --- |
| □动作准确 | □动作不到位 |
| □工具使用规范 | □工具使用不规范 |
| □安装步骤熟悉 | □安装步骤不熟悉 |
| □零件摆放整齐 | □零件摆放不整齐 |
| □操作用时合理 | □操作用时过长 |
| □工作态度端正 | □工作态度不够端正 |

2. 小组评价

我们组做到了：□全员参与　□分工明确　□工作高效　□完成了工作任务

3. 教师评价

| 评价内容 | 评价指标 | 等次（星级评定） |
| --- | --- | --- |
| 活动态度方面 | 1）态度是否积极，是否主动组织或参与活动<br>2）与小组同学合作是否良好<br>3）活动是否认真、善始善终<br>4）是否勇于克服困难 | |
| 知识技能方面 | 1）查阅资料技能<br>2）实地观察记录能力<br>3）调查研究能力<br>4）整理材料能力 | |

## 【知识巩固】

### 一、选择题

1. 大型货车转向盘的最大自由转动量从中间位置向左右各不得超过（　　）。
   A. 15°　　　　　　B. 20°　　　　　　C. 25°　　　　　　D. 30°

2. 汽车在行驶过程中，路面作用在车轮的力经过转向系统可大部分传递给转向盘，这种转向器称为（　　）。
   A. 可逆式　　　　B. 不可逆式　　　C. 极限可逆式　　D. 极限不可逆式

3. 在转向系统中，采用液力式转向时，由于液体的阻尼作用，吸收了路面的冲击负荷，故可采用正效率高的（　　）转向器。
   A. 极限不可逆式　B. 不可逆式　　　C. 极限可逆式　　D. 可逆程度大

4. 转向器扇形齿轮与转向器壳体中滚针轴承的间隙不得超过（　　）。
   A. 0.05mm　　　　B. 0.12mm　　　　C. 0.20mm　　　　D. 0.08mm

5. 将循环球式转向器的螺杆保持不动，并使钢球螺母不转动，然后轴向推拉螺母，用百分表检查间隙，不得超过（　　）。

  A. 0.05mm    B. 0.08mm    C. 0.10mm    D. 0.12mm

  6. 以下（　　）不属于转向传动机构。

  A. 转向摇臂    B. 转向节臂    C. 转向轮    D. 转向横拉杆

  7. 以下不属于循环球式转向器特点的是（　　）。

  A. 正传动效率高      B. 自动回正作用好

  C. 使用寿命长      D. 路面冲击力不易造成转向盘振动现象

  8. 汽车转向盘不稳的原因不可能是由（　　）造成的。

  A. 转向节主销与铜套磨损严重，配合间隙过大

  B. 转向机蜗杆轴承装配过紧

  C. 前束过大

  D. 横直拉杆球节磨损松动

  9. 以下（　　）是导致转向沉重的主要原因。

  A. 前束太大      B. 外倾角太大

  C. 主销后倾角太大      D. 转向半径不正确

  10. 影响转向器正效率的因素很多，在结构参数、质量要求一样的前提下，（　　）转向器的转向效率最高。

  A. 循环球式    B. 球面蜗杆式    C. 齿轮齿条式

  11. 齿轮齿条式动力转向系统中动力缸与控制阀间有（　　）油管相连。

  A. 一条    B. 两条    C. 三条    D. 四条

  12. 整体式的动力转动系统的油管数量一般为（　　）。

  A. 一条    B. 两条    C. 三条    D. 四条

  13. 齿轮齿条式动力转向系统中控制阀上共有（　　）油管。

  A. 一条    B. 两条    C. 三条    D. 四条

  14. 甲说检查动力转向系统油液，当发现油中有泡沫，可能是油路中有空气。乙说转动转向盘到尽头时油路中压力最大，则（　　）。

  A. 甲正确    B. 乙正确    C. 两人均正确    D. 两人均不正确

  15. 甲说常规动力转向系统采用发动机驱动的油泵作为动力，乙说电力/电子齿轮齿条式机构可以在发动机熄火后还能提供转向动力，则（　　）。

  A. 甲正确    B. 乙正确    C. 两人均正确    D. 两人均不正确

## 二、判断题

  1. 转向系统传动比一般是指转向盘的转角与安装在转向盘一侧的转向车轮偏转转角的比值。（　　）

  2. 转向器的角传动比越大，就越容易实现迅速转向，即灵敏性较高。（　　）

  3. 循环球式转向器中，钢球数量增加时，可提高承载能力，但降低传动效率。（　　）

  4. 齿轮齿条式转向器中，由于主动齿轮小，转矩传递性不好，转向会相对较重。（　　）

  5. 转向传动机构的功用是将转向器输出的力和运动传到转向桥两边的转向节，使两侧转向轮偏转。（　　）

6. 动力转向实际上是依靠发动机输出的动力来帮助转向的。（    ）

7. 常流式动力转向中，通过转向传动副使液压系统内的单向阀改变油路方向，实现不同的转向。（    ）

8. 常流式动力转向系统中，溢流阀的作用是把多余的油流回低压边，以控制最小供油量。（    ）

9. 液压动力转向系统是一个位置跟踪装置，也称为驱动系统。（    ）

10. 动力转向的随动机构中，活塞之所以以一定准确度跟随螺杆运动，是因为活塞与转向盘间存在机械反馈联系。（    ）

11. 转向时，油泵处出现噪声，可能是由于储液罐中油量不够所致。（    ）

12. 油液脏污可能会造成动力转向左、右转弯时轻重不同。（    ）

13. 油泵驱动传动带打滑会造成动力转向快速转向时沉重。（    ）

14. 转向传动机构是指转向盘至转向器间的所有连杆部件。（    ）

15. 为了使汽车正常转向，就要保持转向轮有正确的滚动和滑动。（    ）

16. 为了满足重型载货汽车和高速轿车转向更轻便和灵敏的要求，常采用动力转向并配合较小的传动比。（    ）

17. 对于高速轿车，要求有较高的转向灵敏度，故转向器传动比的变化规律应是中间大，两头小。（    ）

18. 转向器的蜗杆与滚轮的啮合间隙调整要适合，过大会影响转向力，过小会加速传动副磨损。（    ）

19. 动力转向系统中，安全阀既可限制最大压力，又可限制多余的油液。（    ）

20. 对转向器做调整或维修之前，先仔细检查前轮定位、减振器、轮胎气压等转向系统可能出问题的部位。（    ）

# 项目四

## 汽车电器维护

汽车电器主要由电源系统、起动系统、点火系统、照明系统、信号系统、仪表系统、辅助电气系统和电子控制系统等组成。其中蓄电池、汽车内外各种照明灯及其控制装置、各种电器仪表、电动刮水器、空调等,都是汽车维护中需要检查和维护的汽车电器。

本项目的学习任务分为:

学习任务一　蓄电池的维护

学习任务二　灯光信号的检查

学习任务三　组合仪表的检查与维护复位

学习任务四　风窗玻璃洗涤器、刮水器的检查

学习任务五　空调的检查与维护

项目四 汽车电器维护

## 任务一
## 蓄电池的维护

### 【任务描述】

一辆轿车使用了三年,车主说最近车辆起动困难,起动机声音无力,感觉是蓄电池没有电,希望4S店能进行蓄电池的检查和维护。

### 【学习目标】

1. 能口述蓄电池的作用。
2. 能口述蓄电池的检查要点。
3. 能独立完成蓄电池的检查、维护和更换工作。
4. 能与他人合作,进行有效沟通,能按6S管理规定进行作业。

### 【学习重点】

能独立完成蓄电池的检查、维护和更换工作。

### 【学习难点】

能口述蓄电池检查的要点。

### 【相关知识】

#### 一、蓄电池的概述

1. 蓄电池的基本定义

蓄电池是将化学能直接转化成电能的一种装置,是按可再充电设计的电池,通过可逆的化学反应实现再充电。汽车上所用的蓄电池通常是指铅酸蓄电池,它是电池中的一种,属于二次电池。

2. 蓄电池的工作原理

充电时利用外部的电能使内部活性物质再生,把电能储存为化学能,需要放电时再次把化学能转换为电能输出。

#### 二、铅酸蓄电池

1. 定义

铅酸蓄电池是蓄电池的一种,主要特点是采用稀硫酸作为电解液,用二氧化铅和绒状铅分别作为电池的正极和负极。

2. 分类

铅酸蓄电池一般分为开口型及阀控型两种。前者需要定期注酸维护，后者为免维护型蓄电池，产品型号与含义以 6QA-55AH 为例：

"6" 指的是电池由 6 个单体组成，因为每个单体是 2V，所以 6 个单体是 12V，所以 "6" 可以直接理解为这是一只 12V 的电池。

"QA" 中的 Q 意思是 "起动型"，A 的意思是 "干荷电池"。需要说明的是 "干荷电池" 的意思不是干电池，而是未售出时以干体电池的形态存放，售出时加入电解液后 20min 无须充电即可起动汽车。

"55AH" 指的是这只电池的容量，通俗说就是能装多少的电。

所以连在一起就是：这是一只 12V，用于汽车起动用的干荷电池，它的容量是 55A·h。铅酸蓄电池产品汉语拼音字母的含义见表 4-1。

表 4-1 铅酸蓄电池产品汉语拼音字母的含义

| 汉语拼音字母 | | 含　义 | 汉语拼音字母 | | 含　义 |
|---|---|---|---|---|---|
| 表示电池用途的字母 | Q | 起动用 | 表示电池特征的字母 | A | 干荷电池 |
| | G | 固定用 | | F | 防酸式 |
| | D | 电池车 | | FM | 阀控式 |
| | N | 内燃机车 | | W | 无须维护 |
| | T | 铁路客车 | | J | 胶体电解液 |
| | M | 摩托车用 | | D | 带液式 |
| | KS | 矿灯酸性 | | H | 湿荷式 |
| | TK | 坦克 | | B | 半密封式 |
| | S | 闪光灯 | | Y | 液密式 |

### 三、阀控型全密封铅酸蓄电池的常见故障、问题及原因

1. 过放电

（1）现象　2V 蓄电池电压低于 1.8V（通常只有 0~1.5V），12V 蓄电池电压低于 10V，6V 电池电压低于 5V。

（2）原因

① 浮充电压长期低于说明书要求的范围，蓄电池长年亏电。

② 长期停止充电。

③ 循环使用的电池每次补充电不足。

④ 按一定的电流放电，放到终止电压后仍继续放电，放电后又不及时充电或充电不足。

⑤ 电池储存期过长。

2. 过充电

（1）现象

① 蓄电池外壳各单格均鼓胀，明显变形（蓄电池使用时的轻微鼓胀、变形属正常现象）。

② 蓄电池容量变小（电液趋于干枯）。

③ 严重者端极柱基部渗酸。

项目四 汽车电器维护

④ 一组蓄电池中电压参差不齐。

（2）原因

① 浮充电压超过说明书规定值。

② 环境温度高于45℃，但浮充电压未按要求进行缩减（以25℃为标准，环境温度每升1℃，电压降低3mV）。

③ 充电机失控或误调充电机，造成充电电流超过规定值，且时间较长。

3. 短路

（1）现象

① 一组蓄电池中，其他蓄电池电压均正常，只一格蓄电池电压少于2V（如12V电池为10~10.8V，6V电池电压为4~4.3V，2V电池电压为0V）。

② 单格蓄电池经均衡充电，电压仍达不到额定电压2V（如12V蓄电池达不到12V以上，6V蓄电池仍达不到6V以上，2V蓄电池仍达不到2V以上）且短路的一个单格发热严重。

（2）原因

① 隔板破损或穿透。

② 有铅粒落入电池内部。

4. 蓄电池渗漏电液

1）池壳或池盖明显因撞击摔打而破裂。运输或搬运、安装或其他意外造成的撞击。

2）蓄电池的极柱阀帽渗漏大电流长期充电造成外壳变形，渗漏极柱严重扭曲，撞击造成极柱渗漏。

3）电池壳与盖封合处漏酸热封或黏合壳盖不牢固。

## 四、蓄电池判定标准

1. 相对密度判定标准（表4-2）

表4-2 相对密度判定标准

| 电解液相对密度及状况 | 电池容量比 | 不良原因 | 处理 |
| --- | --- | --- | --- |
| 1.30以上 | — | 初加液错误 | 调整相对密度 |
| | | 补液错误 | 调整相对密度 |
| 1.26~1.28 | 约100% | 良好 | — |
| 1.25~1.23 | 约75% | 充电不足 | 补充电 |
| | | 初加液错误或漏夜 | 充电后再调整相对密度 |
| | | 单格相对密度低为短路 | 电池需更换 |
| 1.22~1.20（约50%） 1.19~1.17（约25%） 小于1.16（接近0） | | 过放电（极板严重硫化） | 电池需更换 |
| | | 初加液错误 | 充电后再调整相对密度 |
| | | 电池完全无电（充电不足） | 补充电 |
| | | 单格相对密度低为短路 | 蓄电池需更换 |
| 液面在最低液面线下 | — | 极板生白（补水不足或不及时） | 补液充电，严重更换 |
| 电解液颜色浑浊 | — | 过充电 | 蓄电池需更换 |
| | | 加入不纯物 | 蓄电池需更换 |

## 2. 电压判定标准（表4-3）

表4-3　电压判定标准

| 电池端电压/V | 不良原因 | 处　理 |
| --- | --- | --- |
| 12.50 以上 | 正常 | — |
| 12.50～11.00 | 充电不足 | 补充电 |
| 11.00～10.00 | 充电不足 | 补充电 |
| 11.00～10.00 | 短路 | 电池需更换 |
| 10.00 以下 | 充电不足 | 补充电 |
| 10.00 以下 | 短路或逆接 | 电池需更换 |

## 3. 放电测试标准（表4-4）

表4-4　放电测试标准

| 放电指示 | 不良原因 | 处　理 |
| --- | --- | --- |
| 绿色区 | 正常 | — |
| 黄色区 | 充电不足 | 补充电 |
| 红色区 | 充电不足或短路 | 补充电后再试验 |

## 【信息收集】

一、我们的学习任务是什么？


二、为了顺利完成本学习任务，请按下列要求完成下列信息的收集。

1. 所维护车辆蓄电池类型：_____
2. 车辆行驶里程和使用时间：_____
3. 蓄电池的用途

1）起动发动机时供电给_____。

2）发动机停转或发电机电压过低时供电给_____。

3）在发电机电压高于蓄电池电压时，蓄电池作为发电机的负载，将发电机发出的一部分电能转变成_____。

4. 蓄电池的类型

蓄电池的分类有各种不同的方法，根据是否需要维护可分为普通铅酸蓄电池和免维护蓄电池两种。

_____蓄电池

_____蓄电池

5. 蓄电池的组成

如图 4-1 所示,可维护蓄电池由 7 个部分组成:1_____、2_____、3_____、4_____、5_____、6_____、7_____,它一般由_____个单格电池串联而成,每个单格额定电压为_____,所以一块蓄电池的额定电压应为 12V。

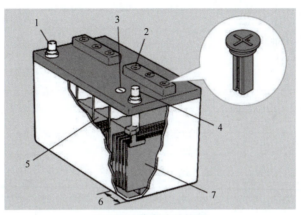

图 4-1　蓄电池结构图

6. 请对比两种蓄电池的实物,写出免维护蓄电池与可维护蓄电池在结构中的不同之处:_____

7. 检查蓄电池的注意事项

1)要定期检查蓄电池的_____,如发现电解液不足要及时_____。

2)蓄电池的极柱应涂上_____,防止极柱腐蚀生成氧化铜。

3)要经常检查电极接线柱与接线头连接是否可靠,加液盖是否拧紧,_____有无堵塞。

4)电解液为_____和_____按一定比例配置而成。

8. 充电机的使用方法:_____。

9. 电解液相对密度的测量方法:_____。

【制订计划】

请根据车主描述的现象和任务要求,确定所需的维护仪器、工具,并对小组成员进行合理分工,制订详细的检查和维护计划。

1. 请在下表中选择在检修中可能用到的工量具(在对应的选项中打√即可)。

| 工量具名称 | 选 | 择 |
|---|---|---|
| 万用表 | □可能 | □不可能 |
| 测试灯 | □可能 | □不可能 |
| 比重仪 | □可能 | □不可能 |
| 手套 | □可能 | □不可能 |
| 十字螺钉旋具 | □可能 | □不可能 |
| 一字螺钉旋具 | □可能 | □不可能 |
| 手电筒 | □可能 | □不可能 |
| 其他(请填写具体名称) | | |

2. 小组成员分工

| 序　号 | 组　　长 | 记　录　员 | 操　作　员 | 备　注 |
| --- | --- | --- | --- | --- |
|  |  |  |  |  |
|  |  |  |  |  |

3. 蓄电池的检查和维护计划

1）蓄电池液检查方法：_____

_____

2）操作步骤：_____

_____

3）选用工具：_____

_____

4）测量出哪些数据：_____

### 【实施计划】

请结合本小组制订的维护计划，对蓄电池进行检查与维护，并完成下列内容的填写。

1. 蓄电池液面高度的检查

检查蓄电池液面的高度，如果低于"MIN"的标记，则应_____

2. 蓄电池外观的检查

检查蓄电池外壳是否有鼓包、裂纹和渗漏。检查结果：_____

检查蓄电池接线柱端子是否腐蚀和松动。如有白色氧化物可以用_____清除，并涂抹_____防止再次氧化。

3. 检查蓄电池电解液相对密度

电解液为纯硫酸和蒸馏水按一定比例配制而成，其标准比重为_____，使用液体比重计检查电解液比重（图 4-2），所有单元格的相对密度是否在规定范围。检查结果为（图 4-3）：_____。

图 4-2　光学电解液比重计

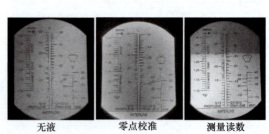

图 4-3　比重计检测结果

## 项目四　汽车电器维护

**4. 蓄电池充电**

蓄电池充电方法如下：＿＿＿＿＿＿＿＿＿＿＿＿＿＿＿＿＿＿＿＿＿＿＿＿＿＿＿＿

＿＿＿＿＿＿＿＿＿＿＿＿＿＿＿＿＿＿＿＿＿＿＿＿＿＿＿＿＿＿＿＿＿＿＿＿＿＿＿＿

### 【检查与控制】

观察员根据操作员的工作过程评分，具体评分细则见表4-5。

**表4-5　蓄电池检查与维护考核评分表**

操作时间：30min

| 任务项目 | | 作业要领及技术标准 | 评分标准 | 扣分 | 备注 |
| --- | --- | --- | --- | --- | --- |
| 蓄电池的检查与维护 | 电解液液位的检查 | 1）安装车轮挡块，档位置于空档或P位，实施驻车制动<br>2）安装三件套<br>3）打开发动机舱盖，安装前格栅布和左右翼子板布<br>4）使用手电筒照射蓄电池侧面检查蓄电池每一单元格的电解液液位，必要时用手轻轻晃动蓄电池配合检查。电解液液位应在上下刻度范围内，过低应加注蒸馏水，过高应抽至标准范围 | 20<br>（每要点5分） | | |
| | 蓄电池外壳的检查 | 检查蓄电池外壳四周是否有裂纹、渗漏，如有则需更换蓄电池 | 10 | | |
| | 蓄电池接线柱的检查 | 1）检查蓄电池接线柱端子是否有污垢、腐蚀，如有则用温水冲洗，并涂抹少量润滑脂防止极柱腐蚀<br>2）检查导线连接是否松动，如松需加以紧固 | 10 | | |
| | 电解液加注口盖的检查 | 1）检查加注口盖是否损坏<br>2）检查加注口盖安装是否可靠<br>3）检查通风孔是否堵塞 | 10 | | |
| | 检测蓄电池电解液相对密度 | 1）取出比重计，进行清洁<br>2）进行比重计校零<br>3）旋下蓄电池加注口盖<br>4）用吸管取出少量电解液，滴在比重计前端棱镜上，轻轻合上塑料盖板<br>5）对光观测电解液相对密度并记录<br>6）清洗吸管及比重计，擦干放回<br>7）旋上蓄电池加注口盖 | 30 | | |
| | 蓄电池充电 | 1）测量蓄电池电压<br>2）充电前充电器先夹蓄电池正极，后夹负极；充电完成后，先取下负极，后取下正极 | 20 | | |
| 检查维护结论 | | 得　　　分 | | | |

考评员：　　　　　　　　　记分员：　　　　　　　　　年　　月　　日

## 【评价与反馈】

### 1. 自我评价

| 我做得好的地方 | 我还存在这些方面的问题 |
| --- | --- |
| □动作准确 | □动作不到位 |
| □工具使用规范 | □工具使用不规范 |
| □安装步骤熟悉 | □安装步骤不熟悉 |
| □零件摆放整齐 | □零件摆放不整齐 |
| □操作用时合理 | □操作用时过长 |
| □工作态度端正 | □工作态度不够端正 |

### 2. 小组评价

我们组做到了：□全员参与　□分工明确　□工作高效　□完成了工作任务

### 3. 教师评价

| 评价内容 | 评价指标 | 等次（星级评定） |
| --- | --- | --- |
| 活动态度方面 | 1）态度是否积极，是否主动组织或参与活动<br>2）与小组同学合作是否良好<br>3）活动是否认真、善始善终<br>4）是否勇于克服困难 | |
| 知识技能方面 | 1）查阅资料技能<br>2）实地观察记录能力<br>3）调查研究能力<br>4）整理材料能力 | |

## 【知识巩固】

### 一、判断题

1. 蓄电池的循环寿命与放电深度成反比。（　　）

2. 在蓄电池后期维护中，应根据实际情况调整浮充电流：适当提升浮充电压值，以防止后期随着电池内阻的增加，浮充电流趋于零。（　　）

3. 安全阀的作用是单向压力控制，漏气不漏液。（　　）

4. 不同厂家的电池，只要电池的断路电压和容量一样，可以一起串联使用。（　　）

5. 铅酸蓄电池使用时，环境最佳温度为25℃，环境温度升高会缩短蓄电池的使用寿命，环境温度每升高10℃，蓄电池使用寿命缩短一半。（　　）

6. 蓄电池的均充电压和浮充电压一样，受到使用环境温度的影响，随着环境温度的升高，均充电压应该适当降低。（　　）

## 二、选择题（不定项）

1. 阀控型铅酸蓄电池和开口型铅酸蓄电池相比优点（　　）。
   A. 不需加水  B. 无酸雾溢出
   C. 安装既可立放，也可卧放  D. 无须专用工作室

2. 阀控型铅酸蓄电池主要由（　　）部件组成。
   A. 正负极板  B. 排气阀  C. 电池壳体
   D. 电解液  E. 玻纤隔板

3. 蓄电池在使用过程中，一旦电池失水过多就会造成电解液浓度增加，这样单体电池的断路电压会（　　）。
   A. 升高  B. 降低
   C. 开始升高，然后下降  D. 不受影响

4. 蓄电池的断路电压是指（　　）。
   A. 浮充状态下的正负极端电压
   B. 均充状态下的正负极端电压
   C. 电池在充满并搁置24h后脱载状态下的端电压
   D. 在放电终止状态下的端电压

5. 蓄电池使用不当可能会造成电池壳体膨胀，造成此现象的一般原因有（　　）。
   A. 过充电  B. 排气阀失控  C. 环境温度过高  D. 热失控

6. 蓄电池日常维护时，应注意（　　）。
   A. 检查开关电源参数有无漂移
   B. 测电池的浮充电压及电池温度
   C. 检查连接螺栓的松紧情况
   D. 打扫极柱和连接条上的尘土
   E. 检查电池外观有无异常等

## 三、简答题

为什么一再强调蓄电池使用过程中一定要及时补充电？亏电会给电池带来什么影响？

## 任务二
## 灯光信号的检查

### 【任务描述】

一辆轿车使用了三年,车主说最近车辆前照灯近光照射高度不一致,容易让对向车道的驾驶人认为自己开了前照灯远光,希望 4S 店能进行车灯的检查和调整。

### 【学习目标】

1. 能口述车辆灯光信号的作用。
2. 能口述灯光信号的检查调整要点。
3. 能配合完成灯光信号的检查和调整工作。
4. 能与他人合作,进行有效沟通,能按 6S 管理规定进行作业。

### 【学习重点】

能配合完成灯光信号的检查和调整工作。

### 【学习难点】

能口述灯光信号的检查调整要点。

### 【相关知识】

#### 一、车外照明及信号灯

1. 示宽灯、仪表板灯、尾灯、牌照灯

将灯光组合开关向上旋动一档,示宽灯(图 4-4)、仪表板灯、尾灯和牌照灯应亮起。

功用:在能见度低的情况下,打开这些灯将起到警示的作用,同时还能方便驾驶人看清仪表板。

2. 前照灯(图 4-5)

将灯光组合开关向上旋动两档,近光灯及仪表板上近光灯指示灯应亮起;然后下压灯光组合开关,远光灯仪表板上远光灯指示灯应亮起。如果在近光灯打开的情况下,上拉灯光组合开关,此时前照灯闪光器应工作(远近光切换),仪表板上指示灯也应点亮。

功用:在夜间行车提高能见度。远近光切换可起到提示或警示的作用。对于前照灯的使用,有严格的要求,驾驶人应按照交通法规规范操作,以避免事故,如夜间会车时,应切换成近光等。

项目四　汽车电器维护

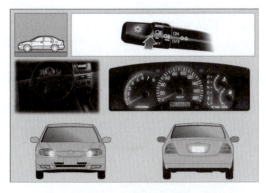

图 4-4　示宽灯示意图

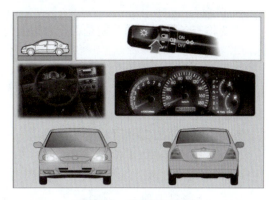

图 4-5　前照灯示意图

3. 前后雾灯

在示宽灯打开的情况下，将灯光组合开关内侧的雾灯旋钮向前旋转一档，则前雾灯及仪表板上前雾灯指示灯亮起；在前雾灯亮起的前提下，按下仪表板左侧的后雾灯开关，则后雾灯及仪表板上后雾灯指示灯亮起。

功用：在雨雾天气，打开此灯光，起到提高能见度和警示的作用。

4. 倒车灯

将手动变速器置于倒档或自动变速器置于 R 位，倒车灯应亮起。

功用：在倒车时，提高车后的能见度。

5. 左右转向灯、危险警告灯

将灯光组合开关下拉，则左转向灯及仪表板上左转向灯指示灯亮起，如图 4-6 所示；将灯光组合开关上推，则右转向灯及仪表板上右转向灯亮起；将仪表板中央的危险警告灯按钮（红色三角形）按下，则危险警告灯亮起（所有转向灯亮起），仪表板指示灯也应点亮。

功用：在转向前打开转向灯，主要起向行人或过往车辆提示驾驶人转向意图的作用；打开危险警告灯，主要起向行人或过往车辆提示有危险或紧急情况的作用。

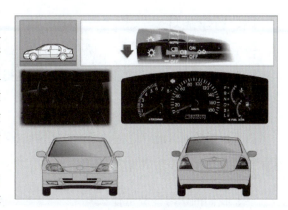

图 4-6　转向灯示意图

6. 制动灯

踩制动踏板时，制动灯及高位制动灯应亮起。

功用：在制动时，该灯亮起，将对后方车辆起到警示的作用，避免追尾事故的发生。

二、阅读灯

1. 功能

阅读灯位于前排或后排乘员或驾驶人侧上方，主要是提高车内明亮度，来方便乘员或驾驶人。按下相应的按键可打开或关闭阅读灯。

171

2. 检查

主要检查各按钮控制功能是否正常以及灯泡是否因损坏而不亮。

### 三、车厢灯

1. 功能

车厢灯位于前排或车厢中部的厢顶部，主要也是提高车内明亮度，来方便乘员或驾驶人。需要点亮车厢灯时，可将开关滑移。

车厢灯开关具有以下位置：

ON——全时间内，保持灯在发亮的状态。

OFF——将灯熄掉。

DOOR——任何一扇车门打开时，此灯发亮。所有的车门都关闭后，此灯熄灭。

当开关在"DOOR"位置时，只要打开任何一扇车门，灯就会点亮。当所有的车门关闭之后，灯在熄灭之前都将点亮并保持约30s。但是，在下列场合，灯将立刻熄灭：

1）当点火开关在"ON"位置时所有的车门被关闭。

2）用无线遥控发送器关闭所有的车门并锁定。

2. 检查

主要检查各按钮控制功能是否正常以及灯泡是否损坏不亮。对于门控灯的检查可把开关打到"DOOR"位置，点火开关打到"ON"位置，打开车门时车厢灯应亮，关闭所有车门时车厢灯应熄灭。门控灯开关位于车门与车身结合部位。

### 四、行李舱灯

1. 功能

行李舱灯位于行李舱内部的一侧，主要是提高行李舱的明亮度，方便驾驶人在晚间或光线不足的情况下存取物品。

2. 检查

打开行李舱时，此灯应亮，通过按压按钮进行检查。按下时，应熄灭；不按时，应点亮。

## 【信息收集】

一、我们的学习任务是什么？

二、为了顺利完成本学习任务，请按下列要求完成下列信息的收集。

1. 灯光的检查为何需要两人配合完成？

2. 如何实现车内外配合的默契？

3. 前照灯远光和超车闪光开关有什么区别？

项目四　汽车电器维护

4. 汽车前照灯高度可不可以调节？驾驶人在哪里调？

5. 汽车前照灯高度不一致，如何进行调整？

## 【制订计划】

请根据车主描述的现象和任务要求，确定所需的维护仪器、工具，并对小组成员进行合理分工，制订详细的检查和维护计划。

1. 请在下表中选择在检修中可能用到的工量具（在对应的选项中打√即可）。

| 工量具名称 | 选 | 择 |
|---|---|---|
| 万用表 | □可能 | □不可能 |
| 测试灯 | □可能 | □不可能 |
| 车外三件套 | □可能 | □不可能 |
| 车内三件套 | □可能 | □不可能 |
| 十字螺钉旋具 | □可能 | □不可能 |
| 一字螺钉旋具 | □可能 | □不可能 |
| 手电筒 | □可能 | □不可能 |
| 其他（请填写具体名称） | | |

2. 小组成员分工

| 序　号 | 组　　长 | 记　录　员 | 操　作　员 | 备　注 |
|---|---|---|---|---|
|  |  |  |  |  |
|  |  |  |  |  |
|  |  |  |  |  |

3. 灯光检查和维护计划

1）车灯检查方法：

2）操作步骤：

3）选用工具：

## 【实施计划】

请结合本小组制订的维护计划，对灯光进行检查与调整，并完成下列内容的填写。

173

1. 灯光检查操作步骤

1）安装车轮挡块和排烟道。

2）车内防护的安装_____

3）拉起驻车制动，降驾驶人侧车窗玻璃，拉发动机舱盖释放杆。

4）打开发动机舱盖，车外防护的安装_____

5）进行预检，检查机油液位、_____液位、_____液位、清洗液液位。

6）收翼子板布和前格栅布，并关闭发动机舱盖。

7）起动发动机（起动前应检查档位，手动变速器应在空档，自动变速器应在P位或N位）。

8）检查示宽灯、仪表板灯、尾灯和牌照灯。

9）检查前照灯（远近光、变光）。

10）检查前后雾灯。

11）检查左右转向和危险警告灯。

12）检查倒车灯，挂档时对于手动变速器的汽车切记踩住_____并踩到底，自动变速器的汽车切记踩住_____。

13）检查制动灯（应在打开示宽灯的情况下检查）。

14）进行前照灯高度调整。

15）熄火并使点火开关打到"ON"位置，升起车窗玻璃。

16）拆除车内防护、车轮挡块和烟道。

17）对车内外做好5S。

2. 双人进行灯光检查时，手势配合要领

1）前示宽灯：立正，双臂向两边平张，手掌向内侧，如图4-7所示。

2）近光灯：立正，双臂向前伸直，手掌向下。

3）远光灯：_____，手指向后。

4）前雾灯：立正，双臂平行向前伸直，双手握起，拇指向下。

5）前右转向灯：立正，左手向左伸直，手掌向下，四指和母指闪烁指示动作。

6）前左转向灯：_____

7）前安全警告灯：立正，双臂向两边平张，手掌向下，四指和拇指做闪烁指示动作。

图4-7 示宽灯手势

8）后示宽灯：_____

9）后雾灯：立正，双臂平行向前伸直，双手握起，拇指向下。

10）左后转向灯：立正，左手向左伸直，手掌向下，四指和拇指闪烁指示动作。

11）右后转向灯：_____

12）后安全灯：立正，双臂向两边平张，手掌向下，四指和拇指做闪烁指示动作。

13）后制动灯：立正，双手平行向前，手掌向下。

14）后倒车灯：立正，双臂平行向前升起，手掌向后。

15）倒车报警装置和牌照灯检查倒车雷达及牌照灯工作是否正常，正常举起右手做"OK"动作。

3. 前照灯高度调节（图4-8）

用螺钉旋具调节前照灯高度旋钮，_____

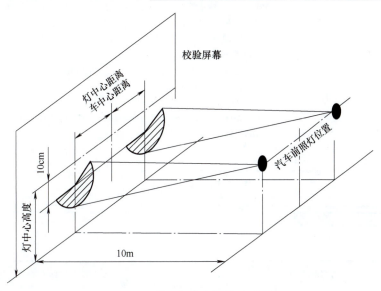

图4-8　前照灯高度调节尺寸图

### 【检查与控制】

观察员根据操作员的工作过程评分，具体评分细则见表4-6。

表4-6　汽车前照灯灯光检查与调整考核评分表

操作时间：30min

| 序号 | 考核项目 | 配分 | 评分标准（每项累计扣分不超过配分） | 扣分 |
| --- | --- | --- | --- | --- |
| 1 | 安全文明 | 5 | 造成人身、设备重大事故，或恶意顶撞考官、严重扰乱考场秩序，立即终止考试，此题计0分 | |
| 2 | 工量具的选择及正确使用 | 10 | 1）不能正确选择工量具，每次扣5分<br>2）不能正确使用工量具，每次扣5分 | |
| 3 | 灯光检查 | 30 | 1）检查示宽灯、仪表板灯、尾灯和牌照灯，5分<br>2）检查前照灯（远近光、变光），5分<br>3）检查前后雾灯，5分<br>4）检查左右转向和危险警告灯，5分<br>5）检查倒车灯，5分<br>6）检查制动灯，5分 | |
| | 光束照射位置的检查 | 25 | 1）不做轮胎气压的检查，扣5分<br>2）白纸放置位置不正确，扣5分<br>3）没有在白纸上画出相应的标线，每处扣5分<br>4）不能正确判断光束照射位置，扣5分<br>5）操作步骤及方法不正确，每次扣5分 | |
| | 光束的调整 | 10 | 1）光束照射位置调整不符合要求，扣5分<br>2）调整方法不正确，扣5分 | |

（续）

| 序号 | 考核项目 | 配分 | 评分标准（每项累计扣分不超过配分） | 扣分 |
|---|---|---|---|---|
| 4 | 安全文明生产 | 20 | 1）不穿工作服扣2分，不穿工作鞋扣2分，不戴工作帽扣1分<br>2）不安装车漆表面防护布（罩）扣2分，不安装车内座椅套、转向盘套、变速杆套、地板衬垫，每项扣1分<br>3）工量具与零件混放，或摆放凌乱，每次每处扣1分<br>4）发动车辆不接尾气排放管，每次扣2分<br>5）不放置三角木，扣2分<br>6）工量具或零件随意摆放在地上，每次扣2分<br>7）垃圾未分类回收，每次扣2分<br>8）竣工后未清理工量具，每件扣2分<br>9）竣工后未清理操作过程中手接触过的车漆表面，每处扣2分<br>10）竣工后未清理考核场地，扣2分 | |
| 5 | 合　　计 | 100 | 得　　　分 | |

考评员：　　　　　　　记分员：　　　　　　　　年　　月　　日

## 【评价与反馈】

### 1. 自我评价

| 我做得好的地方 | 我还存在这些方面的问题 |
|---|---|
| □动作准确 | □动作不到位 |
| □工具使用规范 | □工具使用不规范 |
| □安装步骤熟悉 | □安装步骤不熟悉 |
| □零件摆放整齐 | □零件摆放不整齐 |
| □操作用时合理 | □操作用时过长 |
| □工作态度端正 | □工作态度不够端正 |

### 2. 小组评价

我们组做到了：□全员参与　　□分工明确　　□工作高效　　□完成了工作任务

### 3. 教师评价

| 评价内容 | 评价指标 | 等次（星级评定） |
|---|---|---|
| 活动态度方面 | 1）态度是否积极，是否主动组织或参与活动<br>2）与小组同学合作是否良好<br>3）活动是否认真、善始善终<br>4）是否勇于克服困难 | |
| 知识技能方面 | 1）查阅资料技能<br>2）实地观察记录能力<br>3）调查研究能力<br>4）整理材料能力 | |

项目四 汽车电器维护

## 【知识巩固】

### 一、填空题

1. 汽车前照灯一般由_____、_____和_____三部分组成。
2. 汽车灯光系统按照用途分为_____和_____两大类。
3. 汽车转向灯兼有_____功能和_____功能。

### 二、选择题

1. 汽车电喇叭,可按外形分为螺旋形、(　　)和盆形。
   A. 长形　　　B. 筒形　　　C. 短形　　　D. 球形
2. 控制转向灯闪光频率的是(　　)。
   A. 转向灯开关　　B. 点火开关　　C. 蓄电池　　D. 闪光器
3. 前照灯的近光灯丝位于(　　)。
   A. 焦点上方　　B. 焦点处　　C. 焦点下方　　D. 焦点前
4. 下列关于汽车照明系统的叙述不正确的是(　　)。
   A. 前照灯的光源是灯泡
   B. 充气灯泡采用钨丝作为灯丝,灯泡内充以氩和氮的混合惰性气体
   C. 反射镜可使光线向较宽的路面散射
   D. 配光镜也称为散光玻璃,由透明玻璃压制而成,是透镜和棱镜的组合体
5. 转向信号灯的最佳闪光频率应为(　　)。
   A. 40~60次/min　　　　　　B. 70~90次/min
   C. 100~120次/min　　　　　D. 20~40次/min
6. 制动灯要求其灯光在夜间能明显指示(　　)。
   A. 30m以外　　B. 60m以外　　C. 100m以外　　D. 50m以外
7. 倒车灯的灯光颜色为(　　)色。
   A. 红　　　　B. 黄　　　　C. 白　　　　D. 橙
8. 下列(　　)可能引起驾驶人车门打开时门控灯不亮。
   A. 车门开关短路搭铁　　　　B. 灯泡车门开关的导线短路搭铁
   C. 发动机ECU熔丝短路　　　D. 车门开关有故障
9. 有关某车单侧前照灯近光不亮故障检修不正确的是(　　)。
   A. 检查灯光开关前照灯位是否接触良好　B. 检查相应熔丝是否损坏
   C. 用万用表检测供电及搭铁电路是否良好　D. 观察该侧灯泡灯丝是否烧断
10. 制动灯的灯光颜色应为(　　)色。
    A. 红　　　　B. 黄　　　　C. 白　　　　D. 橙
11. 汽车制动灯的灯罩颜色为(　　)。
    A. 红色　　　B. 白色　　　C. 橙色
12. 汽车尾灯和制动灯为双尾灯泡,其中,功率较大的灯丝为(　　)。
    A. 制动灯　　B. 尾灯　　　C. 不能确定

13. 有的车型转向灯带故障报警功能,当其中一只转向灯灯泡发生断路故障时,该侧转向灯指示灯就(　　),发出信号,提醒驾驶人及时更换灯泡。
　　A. 不闪烁　　　　　　B. 快速闪烁　　　　C. 慢速闪烁
14. 作为超车信号的灯光为(　　)。
　　A. 左侧转向信号灯　　B. 危险信号灯　　　C. 前照灯远光

### 三、判断题

1. 卤钨灯泡是在惰性气体中渗入卤族元素,使其防炫目。(　　)

2. 汽车会车时应采用远光灯,无对面来车时采用近光灯。(　　)

3. 前照灯应使驾驶人能看清车前100m或更远距离以外路面上的任何障碍物。(　　)

4. 在调整光束位置时,对具有双丝灯的前照灯,应该以调整近光光束为主。(　　)

5. 汽车上除照明灯外,还有用以指示其他车辆或行人的灯光信号标志,这些灯称为信号灯。(　　)

6. 牌照灯属于信号及标志用的灯具。(　　)

7. 前照灯闪光检查时,不论灯光总开关是否打开,只要向上拉起开关至顶位,前照灯远光就会点亮。(　　)

8. 一般情况下,雾灯不受灯光总开关控制,只要接通雾灯开关,该灯就会点亮。(　　)

9. 后尾灯功率大于制动灯功率。(　　)

10. 有些汽车设置了高位制动灯,主要的目的是踩制动时,后部灯光更加绚丽、美观。(　　)

11. 汽车防雾灯发光颜色一般为黄色。(　　)

项目四 汽车电器维护

## 任务三
## 组合仪表的检查与维护复位

🔍【任务描述】

一辆轿车正常使用了一年,车主说最近仪表灯亮了,但是车子正常开没有问题,过一段时间 SERVICE 也亮了,听朋友说是需要维护了,于是来 4S 店进行维护,请您对维护前的车辆消除故障灯和维护复位。

⚙️【学习目标】

1. 能口述车辆仪表指示灯的含义。
2. 能口述诊断仪进行故障诊断的步骤。
3. 能独立完成组合仪表的检查与维护复位工作。
4. 能与他人合作,进行有效沟通,能按 6S 管理规定进行作业。

🎯【学习重点】

能操作完成诊断仪进行故障诊断。

📋【学习难点】

能对车辆进行维护复位。

🔗【相关知识】

为了使汽车驾驶人及时获取汽车各系统工作状态的信息,在汽车驾驶人易于观察的转向盘前方台板上都装有仪表、报警指示灯及电子装置。

为了警示汽车、发动机或某一系统处于不良或特殊状态,引起汽车驾驶人的注意,保证汽车可靠工作和安全行驶,防止事故发生,在仪表板上还有多种报警装置。常见的有发动机温度警告灯、ABS 警告灯、安全带警告灯、转向信号指示灯、机油压力警告灯、充电警告灯、远光信号指示灯、车门未关闭警告灯和故障警告灯等。

### 一、车速里程表

车速里程表(图 4-9)实际上由两个表组成,一个是车速表,另一个是里程表。

传统的车速表是机械式的。典型的机械式里程表连接一根软轴,软轴内有一根钢丝缆。软轴的另一端连接到变速器某一个齿轮上。齿轮旋转带动钢丝缆旋转,钢丝缆带动里程表罩圈内一块磁铁旋转。罩圈与指针连接并通过游丝将指针置于零位。磁铁旋转速度的快慢引起磁力线大小的变化,平衡被打破指针因此被带动。这种车速里程表简单实用,被广泛用于大小型汽车上。不过，随着电子技术的发展，现在很多轿车仪表已经使用了电子车速表，常见的一种是从变速器上的速度传感器获取信号，通过脉冲频率的变化使指针偏转或者显示数字。

里程表是一种数字式仪表，它通过计数器鼓轮的传动齿轮与车速表传动轴上的蜗杆啮合，使计数器鼓轮转动。其特点是上一级鼓轮转一整圈，下一级鼓轮转1/10圈。同车速表一样，目前里程表也有电子式里程表，它从速度传感器获取里程信号。电子式里程表累积的里程数字储存在非易失性存储器内，在无电状态下数据也能保存。

图4-9　汽车里程表

## 二、转速表

转速表一般设置在仪表板内，与车速里程表对称地放置在一起。转速表是按照磁性原理工作的，它接收点火线圈中一次电流中断时产生的脉冲信号，并将此信号转换为可显示的转速值。发动机转速越快，点火线圈产生的脉冲次数越多，表上显示的转速值就越大。

现在轿车一般都是电子式转速表，有指针式和液晶数字显示式。表内有数字集成电路，它将点火线圈输送过来的电压脉冲经过计算后驱动指针移动或数字显示。另外还有一种转速表是从发电机取出脉冲信号送到转速表电路解释后显示转速值。不过因受发电机传动带打滑等因素影响，数值不太精确。

## 三、机油压力表

机油压力表的传感器是一种压阻式传感器。用螺纹固联在发动机机油管路上。由机油压力推动接触片在电阻上移动，使阻值变化，从而影响通过仪表搭铁的电流量，驱动指针摆动。由于机油压力有一定的压力范围，为了清晰明了，目前有许多汽车的机油压力表用警告灯表示（图4-10）。如果发动机运转时它仍然亮着，就表示发动机润滑系统可能不正常了。

## 四、冷却液温度表

冷却液温度表的传感器是一种热敏电阻式传感器。用螺纹固定在发动机冷却液管路上。热敏电阻决定了流经冷却液温度表线圈绕组的电流大小。从而驱动表头指针摆动。以前汽车发动机的冷却液都是用自来水来充当。现在很多汽车发动机冷却系统都用专门的冷却液。冷却液温度警告灯

图4-10　机油压力警告灯

（图4-11）指示点火开关位于 ON 档时的发动机冷却液温度。当冷却液温度正常时，起动发动机后，该警告灯熄灭。

### 五、燃油表

燃油表内有两个线圈，分别在 F 与 E 一侧，传感器是一个由浮子高度控制的可变电阻。阻值变化决定两个线圈的磁力线强弱，也就决定了指针的偏转方向。如果燃油箱内燃油量接近空时，该警告灯（图4-12）亮起，应尽快添加燃油。

### 六、警告灯

1. 发动机故障警告灯（图4-13）

如果点火开关置于"ON"档时发动机故障警告灯亮，并在发动机起动后几秒内熄灭。

如果点火开关置于"ON"时发动机故障警告灯不亮或者在行驶过程中警告灯亮，说明系统存在故障。

2. 制动器警告灯（图4-14）

如果制动器警告灯点亮，说明制动系统存在下列情况：

1）制动器的摩擦片严重磨损。
2）制动液液面过低。
3）驻车制动器已经拉紧（驻车制动开关闭合）。
4）在一般情况下，若红色制动器警告灯点亮，ABS 警告灯会同时亮起，因为在常规制动系统有故障的情况下，ABS 也无法发挥应有的作用。

3. ABS 警告灯（图4-15）

对于装备 ABS 的汽车，将点火开关转至"ON"位时，仪表盘上的 ABS 警告灯点亮 3~6s，这是 ABS 的自检过程，属于正常现象。自检过程一结束，如果 ABS 正常，该警告灯就会熄灭。如果自检后 ABS 警告灯持续点亮，说明 ABS ECU 检测到有不利于 ABS 制动系统正常运行的故障（如当车速超过 20km/h 时，车轮转速传感器信号不正常），或 EBD（电子制动力分配系统）已经关闭。在这种情况下如果继续行驶，由于制动系统的功能已经受到影响，电子制动力分配系统不再调节后轮的制动力，制动时后轮可能提前抱死或出现甩尾现象，因而有发生事故的危险，应该进行检修。

在车辆行驶中，ABS 警告灯闪烁或长亮表示故障的程度不同，闪烁表示故障已经被 ECU 确认并且储存；长亮表示 ABS 的功能丧失。如果在行车中发觉汽车的制动性能不正常，但是 ABS 警告灯不亮，说明故障出在制动系统的机械部分和液压部件上，而不在 ECU。

4. 安全气囊警告灯（图4-16）

安全气囊系统（SRS）警告灯有三种显示方法，一是 SRS 字样，二是 AIR BAG 字样

图4-11 冷却液温度警告灯

图4-12 燃油警告灯

图4-13 发动机故障警告灯

图4-14 制动器警告灯

图4-15 ABS 警告灯

（1992年8月以前生产的丰田汽车），三是SRS保护乘员图形。

SRS警告灯的主要功用是指示SRS是否处于正常状态，同时具有故障自诊断功能。将点火开关置于"ON"档时，所有警告灯都会亮起。如系统无故障，SRS警告灯在亮起几秒钟后就自动熄灭。如果SRS警告灯在点火开关至"ON"档时或起动发动机时不亮，或者亮起后不熄灭，则说明系统有故障，应进行维修。

由于SRS平时不使用，一旦使用之后就报废，所以该系统不像汽车上的其他系统那样在使用过程中表现出故障现象，必须依靠自诊断功能找出故障原因，因此SRS的警告灯和故障码就成为最重要的故障信息来源和诊断依据。

图4-16　SRS警告灯

5. 安全带警告灯

安全带警告灯如图4-17所示，如果点火开关置于"ON"档，没有佩戴驾驶人侧安全带，或者点火开关在"ON"档时分离驾驶人侧安全带，安全带警告灯根据车速来描述亮或闪烁，直到配好安全带，没有佩戴安全带当低于6km/h的速度，灯亮；当高于9km/h的速度，警告灯闪烁；当高于20km/h的速度，警告灯闪烁，并且蜂鸣器持续响起。

图4-17　安全带警告灯

## 七、其他指示灯

随着汽车工业的发展，汽车的配置越来越丰富，电子设备更完善，指示灯也越来越多。图4-18所示为常见的仪表指示灯，一般颜色为红色表示危险，黄色表示重要，蓝色或者绿色表示为功能性提醒。

图4-18　常见的仪表指示灯

## 八、诊断仪的使用

1）汽车故障诊断仪分为通用诊断仪和专用诊断仪。

2）通用诊断仪的主要功能：故障码读取和清除、动态数据显示、传感器和部分执行器的功能测试与调整、某些特殊参数的设定、维修资料及故障诊断提示、波形图分析等。

3）通用诊断仪的种类有博世（原金德）KT600（图 4-19）、KT670，修车王、元征 X431、朗仁、金奔腾、车博士等。

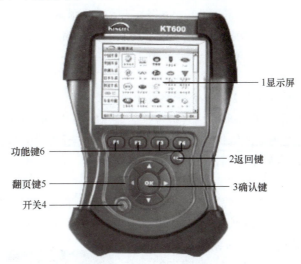

图 4-19　金德 KT600 诊断仪

4）诊断仪的使用方法和步骤。

① 接入步骤：

a. 找到车辆诊断座的位置及形状。

b. 根据诊断座选择合适的插头。

c. 关闭点火开关，将诊断仪连接到诊断座上，如图 4-20 所示。

d. 打开点火开关，打开诊断仪开关，进入诊断程序，如图 4-21 所示。

图 4-20　诊断仪接入诊断座

图 4-21　进入诊断程序

② 退出步骤：

a. 依次退出诊断程序。

b. 先关闭诊断仪开关，再关闭点火开关。

c. 从诊断座上拔出诊断插头。

## 九、维护灯复位

维护周期提示灯用来提醒驾驶人，按照汽车生产厂商规定的维护周期进行汽车的维护。一般通过汽车仪表显示屏上的"SERVICE"标志来提示，分为以下三种状态：

1）维护即将到期。打开点火开关时，仪表显示维护提示信息。无文本信息显示功能的轿车，组合仪表会显示"扳手"符号和"km"，显示的公里数相当于距离下次规定维护可行驶的距离。数秒钟后显示器切换显示内容，显示时钟符号和距下次规定维护的天数。有文本信息显示功能的车辆，其组合仪表显示字符"Service in ——km or ——days（距离下次维护——公里或——天）"。

2）维护到期。打开点火开关时，系统将发出声音提示信号，显示器显示"扳手"符号数秒钟。有文本信息显示功能的车辆，其组合仪表显示字符"Service now（立即维护）"。

3）维护超期。超过规定的维护期限时，仪表显示负的超期行驶里程。有文本信息显示功能的车辆，其组合仪表显示字符"Service in —— km or——days（距离下次维护——公里或——天）"。

很多车主在看到小扳手图标后知道车子要进行维护了，但是维护完的车子不进行维护灯复位是不行的。不同车型的维护灯复位方法不同，如大众高尔夫的设置方法：关闭点火开关，按压里程表侧"set"按钮。按住按钮打开点火开关，维护周期显示区进入清零模式（图4-22）。松开按钮，然后在20s内按转速表左下角按钮，显示屏稍后即恢复为常规显示模式。

大众迈腾汽车的维护周期复位具体操作方式为：通过依次选择 Setting—Service—Reset—OK 子菜单按钮完成或按住 0.0/SET 按钮并配合操作点火开关完成。

图4-22　大众高尔夫维护复位

部分雪佛兰车型维护复位方法：打开点火开关，在5s内慢踩加速踏板再松开来回3次，关闭点火开关。当起动发动机时，如果"CHANGE ENGINE OIL"指示灯又恢复亮灯，说明它没有重新设定好，请重复该操作。

## 【信息收集】

一、我们的学习任务是什么？

二、为了顺利完成本学习任务，请按下列要求完成下列信息的收集。

1. 结合维修手册，进入车辆，插入钥匙打开ON档，仪表有什么灯亮起？

2. 什么灯在起动后熄灭？

项目四　汽车电器维护

3. 什么灯依然亮着？是否正常？

4. 组合仪表中的指示灯有哪些颜色？怎么区分重要程度？

5. 罗列实训用车组合仪表上的警告灯有哪些？作用是什么？

6. 如何连接诊断仪和车子？

7. 如何消除历史故障码和进行故障码诊断？

8. 维护完成后要不要进行维护灯复位？如果遇到没有维修手册的车辆，该如何进行维护复位？

## 【制订计划】

请根据车主描述的现象和任务要求，确定所需的维护仪器、工具，并对小组成员进行合理分工，制订详细的检查和维护计划。

1. 请在下表中选择在检修中可能用到的工量具（在对应的选项中打√即可）。

| 工量具名称 | 选 | 择 |
|---|---|---|
| 诊断仪 | □可能 | □不可能 |
| 测试灯 | □可能 | □不可能 |
| 车外三件套 | □可能 | □不可能 |
| 车内三件套 | □可能 | □不可能 |
| 十字螺钉旋具 | □可能 | □不可能 |
| 一字螺钉旋具 | □可能 | □不可能 |
| 手电筒 | □可能 | □不可能 |
| 其他（请填写具体名称） | | |

2. 小组成员分工

| 序　号 | 组　长 | 记　录　员 | 操　作　员 | 备　注 |
|---|---|---|---|---|
| | | | | |
| | | | | |
| | | | | |

185

3. 组合仪表检查和维护复位计划

1) 组合仪表检查方法：_____
_____
_____

2) 维护复位操作步骤：_____
_____
_____

3) 选用工具：_____
_____
_____

## 【实施计划】

请结合本小组制订的维护计划，对汽车仪表检查与维护复位操作，并完成下列内容的填写。

1. 安装车内四件套：_____
2. 插入钥匙，将点火开关旋转至"ON"位置，观察仪表什么灯长亮？_____ _____是否正常？_____
3. 起动发动机，观察组合仪表什么灯长亮？_____ _____是否正常？_____
4. 用诊断仪对车辆进行诊断

1) 根据诊断座选择合适的插头。

2) 关闭点火开关，将诊断仪连接到诊断座上，如图4-23所示。

3) 打开点火开关，打开诊断仪开关，进入诊断程序，如图4-24所示。

4) 选择_____进入故障码读取，先清除历史故障码，再次进行读取故障码，如图4-25所示。

图4-23　诊断仪转换插头

图4-24　进入诊断程序

图4-25　读取故障码

# 【检查与控制】

观察员根据操作员的工作过程评分,具体评分细则见表4-7。

表4-7 组合仪表的检查与维护复位考核评分表

操作时间:30min

| 序号 | 考核项目 | 考核内容及要求(评分要点) | 配分 | 评 分 标 准 | 扣分 |
|---|---|---|---|---|---|
| 1 | 检查前准备 | 1)安装车轮挡块<br>2)拉紧驻车制动器<br>3)将变速杆置于空档位置<br>4)安装车内四件套 | 20 | 1)安装好车轮挡块(5分)<br>2)拉紧驻车制动器(5分)<br>3)将变速杆置于空档位置(5分)<br>4)安装车内四件套(5分) | |
| 2 | 组合仪表的检查 | 1)插入钥匙,将点火开关旋至"ON"档<br>2)报告组合仪表上的警告灯:SRS警告灯、ABS警告灯是否正常<br>3)起动发动机<br>4)报告组合仪表上的指示灯:发动机故障警告灯、机油压力警告灯、充电指示灯是否正常<br>5)打开前照灯、转向灯、危险警告灯、雾灯,观察组合仪表指示灯是否正常<br>6)拉起和放下驻车制动操纵杆,观察指示灯是否正常 | 30 | 1)报错扣2分,检查错误扣2分<br>2)报错扣2分,检查错误扣2分<br>3)报错扣2分,检查错误扣2分<br>4)报错扣2分,检查错误扣2分<br>5)报错扣2分,检查错误扣2分<br>6)报错扣2分,检查错误扣2分 | |
| 3 | 诊断仪进行故障诊断 | 1)关闭点火开关,将诊断仪连接到诊断座上<br>2)打开点火开关,打开诊断仪开关,进入诊断程序<br>3)读取故障码<br>4)清除故障码<br>5)再次读取故障码 | 25 | 报错一次扣5分,不会诊断不得分 | |
| 4 | 维护复位 | 根据车型采取正确方法进行维护灯复位 | 5 | 不会复位不得分 | |
| 5 | 工具的使用 | 正确使用和收拾诊断仪 | 10 | 1)诊断仪使用和收拾方法不正确,一次扣2分<br>2)损坏不得分 | |
| 6 | 安全保护 | 劳保穿戴齐全<br>文明操作,工具摆放有序 | 5<br>5 | 劳保穿戴不全,扣3分<br>乱摆乱放工量具,扣2分 | |
| 总分 | 100 | 得分 | | | |

考评员: 记分员: 年 月 日

## 【评价与反馈】

1. 自我评价

| 我做得好的地方 | 我还存在这些方面的问题 |
|---|---|
| □动作准确 | □动作不到位 |
| □工具使用规范 | □工具使用不规范 |
| □安装步骤熟悉 | □安装步骤不熟悉 |
| □零件摆放整齐 | □零件摆放不整齐 |
| □操作用时合理 | □操作用时过长 |
| □工作态度端正 | □工作态度不够端正 |

2. 小组评价

我们组做到了：□全员参与　□分工明确　□工作高效　□完成了工作任务

3. 教师评价

| 评 价 内 容 | 评 价 指 标 | 等次（星级评定） |
|---|---|---|
| 活动态度方面 | 1）态度是否积极，是否主动组织或参与活动<br>2）与小组同学合作是否良好<br>3）活动是否认真、善始善终<br>4）是否勇于克服困难 | |
| 知识技能方面 | 1）查阅资料技能<br>2）实地观察记录能力<br>3）调查研究能力<br>4）整理材料能力 | |

## 【知识巩固】

### 一、判断题

1. 车门状态指示灯，显示车门是否完全关闭的指示灯，车门打开或未能关闭时，相应的指示灯亮起，提示车主车门未关好，车门关闭后熄灭。（　　）

2. 驻车指示灯，驻车制动器拉起时，此灯不亮。驻车制动手柄被放下时，该指示灯自动灯亮。（　　）

3. 蓄电池指示灯，显示蓄电池工作状态的指示灯。接通开关后亮起，发动机起动后熄灭。如果不亮或长亮不灭应立即检查发电机及电路。（　　）

4. 制动盘指示灯，显示制动盘片磨损情况的指示灯。正常情况下此灯熄灭，点亮时提示车主应及时更换故障或磨损过度的制动片，修复后熄灭。（　　）

5. 机油指示灯，显示机油压力的指示灯。本灯亮起时表示润滑系统失去压力，可能有渗漏，此时不需立即停车关闭发动机进行检查。（　　）

6. 冷却液温度警告灯，显示发动机冷却液温度过高的警告灯，此灯点亮报警时，应即

时停车并关闭发动机，用冷水降温至正常温度后再继续行驶。（    ）

7. SRS警告灯，显示SRS工作状态的警告灯，接通开关后点亮，约3~4s后熄灭，表示系统正常，不亮或长亮表示系统存在故障。（    ）

8. ABS警告灯，接通开关后点亮，约3~4s后熄灭，表示系统正常。不亮或长亮则表示系统故障，此时可以继续高速行驶，随时紧急制动。（    ）

9. 发动机自检灯，发动机工作状态的指示灯，接通开关后点亮，约3~4s后熄灭，发动机正常。不亮或长亮表示发动机故障，不需及时进行检修。（    ）

## 二、简答题

1. 汽车诊断仪有什么功能？

2. 为什么要先清除故障码后再读故障码？

## 任务四
## 风窗玻璃洗涤器、刮水器的检查

### 【任务描述】

一辆行驶里程 4 万 km 以上的车主来做车辆维护时说，下雨时，刮水器刮拭不干净，影响行车安全，希望 4S 店能进行风窗玻璃洗涤器和刮水器的检查。

### 【学习目标】

1. 能口述风窗玻璃洗涤器和刮水器的检查方法。
2. 能独立完成风窗玻璃洗涤器和刮水器检查的调整。
3. 能完成刮水片的更换。
4. 能与他人合作，进行有效沟通，能按 6S 管理规定进行作业。

### 【学习重点】

能独立完成风窗玻璃洗涤器和刮水器检查的调整。

### 【学习难点】

能口述风窗玻璃洗涤器和刮水器的检查方法。

### 【相关知识】

风窗玻璃洗涤器、刮水器检查主要包括刮水器开关的检查、刮水器工作情况的检查、玻璃清洗液罐液面高度的检查、喷水器喷射压力及角度的检查、刮水片的更换等。

#### 一、玻璃清洗液储液罐液面高度的检查

玻璃清洗液的盖子一般呈蓝色，打开盖子后观察玻璃清洗液液位，绝大部分没有最低刻度线，仅有最高刻度"MAX"标记，只要确保储液罐中有玻璃清洗液即可，如图 4-26 和图 4-27 所示。

玻璃清洗液不可用水代替，因其有以下作用：

（1）清洗性能　车窗净是由多种表面活性剂及添加剂复配而成。表面活性剂通常具有润湿、渗透和增溶等功能，从而起到清洗去污的作用。

（2）防冻性能　有酒精、乙二醇的存在，能显著降低液体的冰点，从而起到防冻的作用，能很快溶解冰霜。

（3）防雾性能　玻璃表面会形成一层单分子保护层。这层保护膜能防止形成雾滴，保证风窗玻璃清澈透明，视野清晰。

 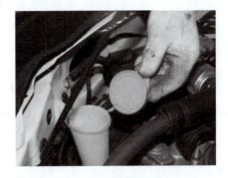

图4-26 玻璃清洗液储液罐的标志　　　　图4-27 检查玻璃清洗液的液位

（4）抗静电性能　用车窗净清洗后，吸附在玻璃表面的物质，能消除玻璃表面的电荷，具有抗静电性能。

（5）润滑性能　车窗净中含有乙二醇，黏度较大，可以起润滑作用，减少刮水器与玻璃之间的摩擦，防止产生划痕。

（6）耐蚀性　车窗净中含有多种缓蚀剂，对各种金属没有任何腐蚀作用，汽车面漆、橡胶绝对安全。

## 二、刮水器开关的检查

为了清除风窗玻璃上的细小污物或在下雨天保持良好的视野，在汽车上都配有刮水器。为了防止划破风窗玻璃和损坏刮水器胶条，在使用刮水器前，要喷射玻璃水或确保风窗玻璃表面浸湿（如雨天），即风窗玻璃在干燥的状态下，不得使用刮水器。

为了适用不同的天气状况，刮水器有不同的档位可供选用。具体操作如图4-28所示，使用前应将钥匙打到"ON"的状态。

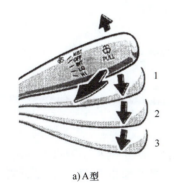

a) A型　　　　　　　　　　b) B型

图4-28 刮水器的操作

1档：INT是间歇档，刮水器低速间歇式工作，对于一些型号的刮水器其间歇时间可以调节，如图4-28中B型，当刮水器杆在间歇位置上时（位置1），"INT TIME"环可用来调节刮扫的时间间隔。将环向上转，增加刮扫时间间隔，将环向下转，减少时间间隔。

2档：LO是低速档，刮水器低速连续工作。

3档：HI是高速档，刮水器高速连续工作。

把控制杆向上推，则是 MIST 除雾档，刮水器点动工作一次。把控制杆向操作者方向拨，喷水器会工作，水会喷射到风窗玻璃上，刮水器会动作两次。

### 三、刮拭情况的检查

检查刮水器在各档位下的刮水效果，不得有条纹式水痕或刮拭不彻底的现象。检查当刮水器开关关闭时，刮水器是否停止在其停止位置。

### 四、洗涤器的检查与调整

检查洗涤器喷射功能是否正常，喷射压力是否正常；如果车辆配有风窗玻璃喷洗联动刮水器功能，还需检查刮水器是否协同工作。注意：蓄电池的电量难以保持足够的喷射力，因此，在检查喷洗器时，需要起动发动机。

检查玻璃水的喷射位置是否在刮水器的工作区域内，大致在刮水器的刮水范围中间，必要时需要进行调整，方法如下：在喷嘴内插入一根与喷洗器喷孔相匹配的钢丝，以便调整喷洒方向，如图 4-29 所示。

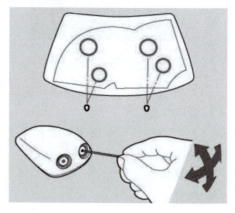

图 4-29　洗涤器喷射位置及调整

### 五、刮水片的更换

刮水片最好是 6 个月检查 1 次，一年更换 1 次刮水片，刮水片劣化的原因如下：
1）雨水及空气中的沙、泥、灰尘等异物导致刮水片刀口的磨损。
2）雨水及清洗液浸泡（含酸或碱等成分）对胶条的腐蚀。
3）汽车废气的油分使刮水片刮拭中产生抖动及噪声污染。
4）冬季寒冷低温使胶条变硬、变脆。
5）夏季高温，阳光照射导致橡胶硬化、开裂、剥落、粉化和氧化。
6）摇臂压力使胶条长期受压变形导致刮拭不干净。
7）无数次的往返循环工作，对胶条的正常磨损及疲劳。

如何更换刮水器：
1）将刮水器臂抬起，拆下旧的刮水器。
2）用泡沫或纸板垫在玻璃上将摇臂轻轻放下归位，防止刮水器臂将玻璃击碎或划伤。
3）根据车上摇臂的类型，从零件包中选择与其相适应的配件，安装时听到"咔嚓"声，以确保其已经安装在刮水器上。
4）刮水器的安装请参照包装背面所提供的安装说明，并确保其已经牢固地装在刮水器摇臂上。
5）在条件许可的情况下，在刮水器装车前将玻璃面清洁，去除车蜡、油污和灰尘等异物。
6）如果新装上的刮水器刮拭不净，使用干净抹布将刮水器橡胶刀口清洁一下。

项目四 汽车电器维护

> 【信息收集】

一、我们的学习任务是什么？

二、为了顺利完成本学习任务，请按下列要求完成下列信息的收集。
1. 维护车辆的车型：_____
2. 行驶里程：_____
3. 检查玻璃清洗液液位及添加（图4-30），如玻璃清洗液不足，能使用自来水代替吗？为什么？

_____

_____

根据图4-31所示，简述刮水器开关的使用：起动发动机，将刮水器控制开关向_____拨动，观察喷射位置应_____，依次转动刮水器开关选择间歇档、低速档、高速档，观察_____和刮拭情况，如有噪声或刮拭不干净，建议更换刮水片。

图4-30 检查并添加玻璃清洗液

图4-31 刮水器开关

4. 洗涤器和刮水器检查（图4-32）的技术标准有哪些？
1）洗涤器喷射功能是否正常，喷射压力是否正常。
2）_____

_____

3）_____

_____

4）是否有条纹式水痕或刮拭不彻底、噪声现象。

图4-32 洗涤器和刮水器的检查

5. 如何延长刮水器的使用寿命？

_____

_____

## 【制订计划】

请根据车主描述的现象和任务要求，确定所需的维护仪器、工具，并对小组成员进行合理分工，制订详细的检查和维护计划。

1. 请在下表中选择在检修中可能用到的工量具（在对应的选项中打√即可）。

| 工量具名称 | 选 | 择 |
|---|---|---|
| 漏斗 | □可能 | □不可能 |
| 冰点仪 | □可能 | □不可能 |
| 尖嘴钳 | □可能 | □不可能 |
| 扳手 | □可能 | □不可能 |
| 十字螺钉旋具 | □可能 | □不可能 |
| 一字螺钉旋具 | □可能 | □不可能 |
| 手电筒 | □可能 | □不可能 |
| 其他（请填写具体名称） | | |

2. 小组成员分工

| 序　号 | 组　长 | 记　录　员 | 操　作　员 | 备　注 |
|---|---|---|---|---|
| | | | | |
| | | | | |

3. 风窗玻璃洗涤器、刮水器检查和维护计划

1) 风窗玻璃洗涤器、刮水器检查方法：_____
_____

2) 更换刮水器操作步骤：_____
_____

3) 选用工具：_____
_____

## 【实施计划】

请结合本小组制订的维护计划，对洗涤器和刮水器进行检查与调整，并完成下列内容的填写。

1. 玻璃清洗液液面高度的检查

观察玻璃清洗液罐内液面的高度：□过高、□过低，如果过低，应添加至：□MAX、□MIN 的标记处。

2. 检查玻璃洗涤器喷射情况

喷射位置检查：□中间、□过高、□过低

喷射压力：□压力正常、□压力不足

3. 玻璃洗涤器喷嘴的调整

如出现喷射角度不合适或喷嘴堵塞，可采用_____进行调整。

4. 操作轿车电动刮水器开关动作

| 档位 | 刮水器速度 | 是否正常 | 档位 | 刮水器速度 | 是否正常 |
|---|---|---|---|---|---|
| OFF | | | HI | | |
| INT | | | LO | | |

5. 刮水器工作是否正常？□正常  □不正常

6. 刮水片的更换（图4-33）

取下刮水片，用_____垫在玻璃上将摇臂轻轻放下归位，防止刮水器臂将玻璃击碎或划伤。选择刮水片时，较长的刮水片安装在_____。较短的刮水片安装在_____。安装时听到_____声，以确保其已经安装在刮水器臂上。

图4-33 刮水片的更换

### 【检查与控制】

观察员根据操作员的工作过程评分，具体评分细则见表4-8。

表4-8 风窗玻璃洗涤器、刮水器检查考核评分表

操作时间：10min

| 序号 | 考核项目 | 考核内容及要求（评分要点） | 配分 | 评分标准 | 扣分 |
|---|---|---|---|---|---|
| 1 | 检查前准备 | 1) 安装车轮挡块<br>2) 拉紧驻车制动器<br>3) 将变速杆置于P/N位位置<br>4) 安装车外三件套<br>5) 安装车内三件套<br>6) 检查玻璃清洗液液位 | 30 | 1) 安装好车轮挡块（5分）<br>2) 拉紧驻车制动器（5分）<br>3) 将变速杆置于P/N位位置（5分）<br>4) 安装车外三件套（5分）<br>5) 安装车内三件套（5分）<br>6) 读出玻璃清洗液液位是否正常（5分） | |
| 2 | 刮水器开关及洗涤器的检查 | 1) 起动发动机<br>2) 检查洗涤器工作状况（检查水压、喷射位置）<br>3) 检查刮水器除雾档及刮水器刮拭状况<br>4) 检查刮水器间歇档及刮水器刮拭状况<br>5) 检查刮水器低速档及刮水器刮拭状况<br>6) 检查刮水器高速档及刮水器刮拭状况 | 35 | 1) 不起动扣5分<br>2) 报错扣3分，检查错误扣3分<br>3) 报错扣3分，检查错误扣3分<br>4) 报错扣3分，检查错误扣3分<br>5) 报错扣3分，检查错误扣3分<br>6) 报错扣3分，检查错误扣3分 | |
| 3 | 洗涤器的调整 | 用细钢丝调整洗涤器喷水角度和位置 | 20 | 1) 检查调整方法不当，一处扣5分<br>2) 调整喷水点至风窗玻璃中央<br>3) 不会调整，不得分 | |

(续)

| 序号 | 考核项目 | 考核内容及要求（评分要点） | 配分 | 评 分 标 准 | 扣分 |
|---|---|---|---|---|---|
| 4 | 更换刮水片 | 更换刮水片时注意保护风窗玻璃 | 5 | 1）操作不正确，一次扣2分<br>2）不会更换，不得分 | |
| 5 | 安全保护 | 劳保穿戴齐全 | 5 | 劳保穿戴不全，扣5分 | |
| | | 文明操作，工具摆放有序 | 5 | 乱摆乱放工具，一次扣2分 | |
| 总分 | 100 | 得分 | | | |

考评员：　　　　　　　　　　记分员：　　　　　　　　　　　　　年　　月　　日

## 【评价与反馈】

### 1. 自我评价

| 我做得好的地方 | 我还存在这些方面的问题 |
|---|---|
| □动作准确 | □动作不到位 |
| □工具使用规范 | □工具使用不规范 |
| □安装步骤熟悉 | □安装步骤不熟悉 |
| □零件摆放整齐 | □零件摆放不整齐 |
| □操作用时合理 | □操作用时过长 |
| □工作态度端正 | □工作态度不够端正 |

### 2. 小组评价

我们组做到了：□全员参与　　□分工明确　　□工作高效　　□完成了工作任务

### 3. 教师评价

| 评 价 内 容 | 评 价 指 标 | 等次（星级评定） |
|---|---|---|
| 活动态度方面 | 1）态度是否积极，是否主动组织或参与活动<br>2）与小组同学合作是否良好<br>3）活动是否认真、善始善终<br>4）是否勇于克服困难 | |
| 知识技能方面 | 1）查阅资料技能<br>2）实地观察记录能力<br>3）调查研究能力<br>4）整理材料能力 | |

## 【知识巩固】

### 一、选择题

1. 关于拆卸刮水片的注意事项，下列说法正确的有（　　）。

1）拆卸刮水片时，为了避免损坏前风窗玻璃，可在刮水器臂的底端包上一块布并将其轻放在前风窗玻璃上。

2）拆下刮水片后，若运行刮水器或刮水器臂可能会损坏风窗玻璃或发动机舱盖。
   A. 只有1）正确   B. 只有2）正确   C. 1）和2）均正确
2. 检查刮水器的顺序为（　　）。
   A. 低速—高速—间歇—除雾   B. 除雾—间歇—低速—高速
   C. 间歇—除雾—低速—高速   D. 间歇—低速—高速—除雾
3. 刮水器电动机是一个（　　）开关的电机。
   A. 闸刀   B. 延时   C. 复位   D. 自动
4. 喷清洗液（　　）刮水器刮水。
   A. 先于   B. 同时   C. 慢于   D. 异步
5. 汽车在大雨中行驶，刮水器应当工作在（　　）。
   A. 间歇档   B. 快速档   C. 电动档   D. 停止档
6. 电动洗涤器连续工作时间不能超过（　　）。
   A. 6s   B. 8s   C. 15s
7. （　　）会导致电动刮水器速度转换不正常。
   A. 低速或调整档电刷磨损
   B. 转子电枢断线
   C. 自动复位器动作不灵活
8. 有间歇档的洗涤器和刮水器，刮洗时间约为（　　）s，间歇时间约为（　　）s。
   A. 1~2，2~3   B. 2~4，4~6   C. 3~5，8~10   D. 10~20

## 二、判断题

1. 即使洗涤器无清洗液电动泵也开动。（　　）
2. 就算自动停位器铜环滑片外形不同，但刮水器电动机控制方式相同。（　　）
3. 刮水器电机蜗杆蜗轮用于减速。（　　）
4. 后风窗玻璃上刮水器通常只设一个速度档位。（　　）
5. 汽车刮水器的自动停位机构确保了刮水器工作结束时将刮水器停在合适位置。（　　）
6. 晴天刮除风窗玻璃上灰尘时，应先接通刮水器，再接通洗涤器。（　　）
7. 具有自动复位的刮水器系统，关刮水器时，刮水片应落在风窗玻璃下部不挡视线的位置。（　　）

## 任务五
## 空调的检查与维护

### 【任务描述】

一位李先生购买的轿车行驶了 5 万 km，现在李先生把车开到 4S 店进行维护，李先生反映空调吹出来的风有异味，维修人员根据用户手册的维护计划，需要对汽车空调进行检查与维护。

### 【学习目标】

1. 能口述空调的原理和维护的重要性。
2. 能口述空调的检查要点。
3. 能独立完成空调的检查和空调滤芯的更换。
4. 能与他人合作，进行有效沟通，能按 6S 管理规定进行作业。

### 【学习重点】

能独立完成空调的检查和空调滤芯的更换。

### 【学习难点】

能口述空调的原理和空调的检查要点。

### 【相关知识】

#### 一、汽车空调的工作原理

汽车空调压缩机往往安装在发动机上，并用传动带驱动，冷凝器安装在汽车散热器的前方，而蒸发器在车里面，工作时从蒸发器出来的低压气态制冷剂流经压缩机变成高压高温气体，经过冷凝器散热管降温冷却变成高压低温的液体，再经过储液干燥器除湿与缓冲，然后以较稳定的压力和流量流向膨胀阀，经节流和降压最后流向蒸发器。制冷剂一遇低压环境即蒸发，吸收大量热能。车厢内的空气不断流经蒸发器，车厢内温度也就因此降低。液态制冷剂流经蒸发器后再次变成低压气体，又重新被吸入压缩机进行下一次的循环工作。在整个系统中，膨胀阀是控制制冷剂进入蒸发器的机关，制冷剂进入蒸发器太多就不易蒸发而太少冷气又会不够，因此膨胀阀是调节中枢。

尽管汽车空调系统的原理与其他空调系统大致是相同的，但汽车空调是移动式车载的空调装置，它与固定式空调系统相比，动转条件更恶劣，随汽车行驶的颠振，空调系统的制冷剂比固定式更容易泄漏，空调系统的维修与维护也比固定式频繁，空调装置中送风系统在吸入新风时常常会将尘土吸入，堵塞过滤网及蒸发器，在清洗过程中又往往会把制冷剂排放到大气中。造成臭氧层消耗，破坏了环境。

## 二、汽车空调的组成

汽车空调一般主要由压缩机、电控离合器、冷凝器、蒸发器、膨胀阀、储液干燥器、管道、冷凝风扇、真空电磁阀、怠速器和控制系统等组成（图4-34）。汽车空调分为高压管路和低压管路。高压侧包括压缩机输出侧、高压管路、冷凝器、储液干燥器和液体管路，低压侧包括蒸发器、积累器、回气管路、压缩机输入侧和压缩机机油池。

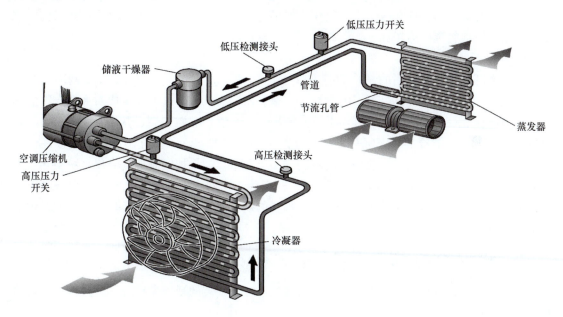

图4-34　空调系统原理图

1. 储液干燥器

实际上是一个储存制冷剂及吸收制冷剂水分、杂质的装置。一方面，它相当于汽车的油箱，为泄漏制冷剂多出的空间补充制冷剂。另一方面，它又像空气滤清器那样，过滤掉制冷剂中掺杂的杂质。储液干燥器中还装有一定的硅胶物质，起到吸收水分的作用。

2. 冷凝器和蒸发器

它们虽然叫法不一样，但结构类似。它们都是在一排弯绕的管道上布满散热用的金属薄片，以此实现外界空气与管道内物质热交换的装置。冷凝器的冷凝指的是其管道内的制冷剂散热从气态凝成液态。其原理与发动机的散热器相近（区别只在于散热器的水一直是液态而已），所以它经常被安装在车头，与散热器一起，共同享受来自前方的习习凉风。总之冷凝器是哪里凉快哪里去，以便其散热冷凝。蒸发器与冷凝器正好相反，它是制冷剂由液态变成气态（即蒸发）吸收热量的场所。

3. 管道

由于要注入一定压力的制冷剂，所以必须采用金属管道。特别是从压缩机到冷凝器到制冷剂瓶到膨胀阀这段，由于属于系统的高压段，所以比其他管道有更高的耐高压要求。

### 4. 压缩机

压缩机是空调制冷系统的心脏，它是一种使制冷剂在系统内循环的动力源。压缩机的作用是使制冷剂完成从气态到液态的转变过程，达到制冷剂散热凝露的目的。同时在整个空调系统，压缩机还是管路内介质运转的压力源，没有它，系统不仅不制冷而且还失去了运行的动力。

### 5. 磁性离合器

当装在蒸发器出风口的传感器感知出风的温度不够低时，它就会通过电路使压缩机的磁性离合器闭合，这样压缩机随发动机运转，实现制冷。而当出风温度低于设定的温度，它则控制磁性离合器切离，这样压缩机不工作。如果这一控制失灵，那么压缩机将不断工作，使蒸发器结冰造成管道压力超标，最终破坏系统甚至造成损坏。

### 6. 制冷剂

目前大部分小汽车上用的制冷剂有 R12 制冷剂和 R134a 制冷剂两种。R12 制冷剂是一种普通制冷剂，含有会破坏臭氧层的物质——氟利昂，而且在明火下会生成对人体有害的物质；而 R134a 是一种新型环保制冷剂，具有无毒、无色、不燃不爆、热稳定性好等性质，更重要的是 R134a 制冷剂不损害臭氧层。这两种制冷剂的化学结构互不相同，所以在汽车上是不通用的。而且它们配套使用的制冷剂也不可互溶。如果加错制冷剂会使系统损坏，如对胶管的腐蚀等。R134a 之所以用来替代 R12，是因为其热力性质与 R12 相似，是一种不含氯的氟利昂，其臭氧破坏系统为零，所以，现在的新车基本都已使用 R134a，即人们常说的环保制冷剂。

## 三、检查制冷剂的方法

检查制冷剂的数量有两种方法，一种是通过系统中安装的视液窗检查，另一种是通过检测系统压力检查。

通过视液窗检查制冷剂量时，发动机转速为 1500r/min，鼓风机速度控制开关处于"高"位，空调开关"开"，温度选择器为"最凉"；完全打开所有车门。

从视液窗中看到的制冷剂情况主要有五种，如图 4-35 所示。

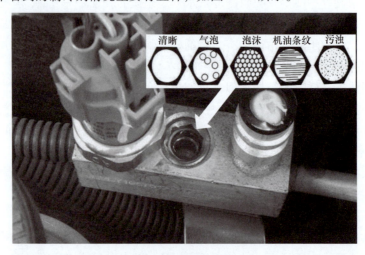

图 4-35　检查制冷剂

（1）清晰、无气泡　清晰、无气泡，说明制冷剂适量。若开、关空调机的瞬间制冷剂起泡沫，随后就变清，也同样说明制冷剂适量。如果开、关空调机从视液窗内看不到变化，而且出风口不冷，压缩机进出口之间没有温差，则说明制冷剂已漏光。若出风口不够冷，而且关闭压缩机后无气泡，无流动，则说明制冷剂过多。

（2）偶尔出现气泡　若偶尔出现气泡，并且伴有膨胀阀结霜，则说明系统中有水分。若无膨胀阀结霜现象，则可能是制冷剂少量缺少或有空气进入。

（3）有泡沫出现　若有泡沫不断出现，则说明制冷剂不足。如果泡沫很多，也可能是因为有空气存在。

（4）出现机油条纹　若视液窗的玻璃上有条纹状的油渍，则说明冷冻油量过多。

（5）出现污浊　若视液窗上留下的油渍是黑色的或有其他杂物，则说明系统内的冷冻油已变质。

### 四、空调送风系统

空调送风系统（图4-36）是指经过冷却或加热的空气通过特定的风道送到驾驶室内相应的位置。送风系统主要由鼓风机、风道、风门和出风口等组成。

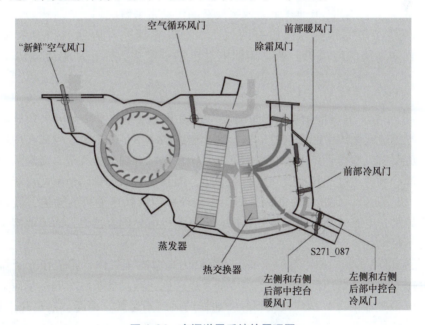

图4-36　空调送风系统的原理图

空调控制器一般与空调面板制成一体，控制电机调节和控制系统中的各个风门，使之按需要移动到各种位置，引入内部或外部的空气通过不同的风道，实现各种送风模式。

### 五、汽车空调常规使用与维护

1）正确使用汽车空调操控按钮。汽车空调控制面板上标识一般采用英文缩写，使用时要清楚各按钮的含义方法，以免因为操作不当导致制冷效果不好。

2）要避免空调频繁启动、关闭，尽量避免因频繁启动、关闭而引起的机械故障。

3）由于工作环境复杂，相对于家用空调，汽车空调更需要经常进行检查、维护：每季度需进行检查和维护的有管路、接头、制冷剂数量、冷凝器、蒸发器、热力膨胀阀和压缩机等，每三季度需进行检查和维护的有储液干燥器和鼓风机等。

### 六、常见空调系统的问题

常见的空调系统问题大概可分为四大类，分别是：噪声、制冷不足、出风方向不对及异味。

1. 噪声

噪声泛指一些使用空调、机件相对运动而产生的异声。

1）压缩机器材声。当使用冷气时，正常情况下压缩机只有在其电磁离合器接合或分离的瞬间发出"咔"的一声，在运转期间应极安静。如果运转时有"隆、隆"的声响，则代表压缩机可能因管路中缺乏冷冻油而已经磨耗了。这种情况下大都只能重换新压缩机了。

2）传动带噪声。通常是带动压缩机的传动带紧度不足而在压缩机接合负荷之后打滑产生尖锐的嘶叫声。这种问题可通过上紧或更换新的传动带来解决。

3）风扇噪声。这里所指的风扇有两处：一指散热器前方协助制冷剂冷却的辅助风扇，另一指输送冷气的鼓风机。若它们的电动机轴承磨损，在转动中会随转速升高而加大噪声。

2. 制冷不足

1）制冷剂不够。制冷剂是吸收热量的媒介，如果管路中的制冷剂因久未充填、管路渗漏和混入空气等造成系统中制冷剂量不够，就会造成制冷不足的现象。可以在使用冷气时由储液罐上的透明窗口检查管路内的制冷剂量，假如在窗口看到很多气泡，就表示制冷剂量不够。此外，制冷剂若过度充填也会导致制冷不足，而且还会增加管路泄漏的可能。

2）压缩机不运转。制冷剂在管路中的工作循环必须依赖压缩机的输送，假如压缩机因制冷剂压力异常、电路故障、温度传感器损坏或压缩机电磁离合器烧毁而不能接合运转，那么制冷就会不足。

3）冷凝器散热不佳。制冷剂经压缩机压缩后为高温高压气体，需依赖冷凝器的冷却和膨胀阀的降压方能成为低压低温的液态制冷剂，最后到达蒸发器吸收车厢热量而蒸发。倘若冷凝器（位于散热器前方）散热效果不好，如辅助风扇不运转、冷凝器散热片尘垢堵塞等，便会使制冷剂液化不良，降低制冷能力。

4）制冷剂管路阻塞。这种情形最常发生在储液罐或膨胀阀上，处理方式有清洗管路并重抽真空灌制冷剂和更换新品。

5）出风量太小。很多制冷不足的问题是由于空气滤网堵住而导致出风口吹出的风量太小才让驾驶人感到制冷不够的。现在越来越多的高级进口车装置活性炭微滤网，它的确能阻绝车外的尘埃和臭味，但这种配备在高污染地区很快就堵住了。此外，有很多驾驶人使用冷气总是喜欢把冷度调至最冷，风速转至最大，等到太冷或风声太吵就把风量转小，而很少再将冷度调温的，如此便仅以风量来控制温度。这会造成出口极冷而车厢不冷的情形，且易导致出风口吹出霜雾蒸发器结冰的现象。

6）混入暖气。由于现代汽车的空调系统均结合了冷气与暖气，假如在需要冷气的情况下又因冷暖调和板故障而混入过多的暖气时就会造成制冷不足。这种情形可从两个现象判断得知：一是在冷车时的冷气较热车时为冷；二是发动机舱内的制冷剂低压管（通常管径较粗且覆有隔热材料）极冷，但冷气却不冷。

3. 出风方向不对

最常见的情形就是单边出风、爬坡时不出风、除雾不良等。通常是因风向阀门卡住或真空储存器（用以存放发动机真空，以驱动风向阀门）管路泄漏所导致的。这类问题所费材料不多颇耗时间。

4. 异味

汽车空调异味常因空调滤芯脏污或蒸发器滋生细菌导致。经常在下雨时或一段时间未使用冷气后，打开风扇便有一种异味，这种情形最好试着将温度调至最热运转几分钟。如果无效，就应到修理厂检查是否有冷气排水，更换空调滤芯或清洗蒸发器。养成良好习惯很重要，停车前应提前关闭空调制冷，开启外循环，用热风将蒸发器上的水分吹干，防止细菌的滋生。

【信息收集】

一、我们的学习任务是什么？

二、为了顺利完成本学习任务，请按下列要求完成下列信息的收集。

1. 汽车空调由哪些系统组成？各系统有哪些作用？请在车上找到空调的各系统。

1）制冷系统的作用是＿＿＿＿＿＿＿＿＿＿＿＿＿＿＿＿＿＿＿。汽车空调制冷系统主要由制冷循环和电气控制两大部分组成。制冷循环由＿＿＿＿＿、＿＿＿＿＿、＿＿＿＿＿、＿＿＿＿＿和＿＿＿＿＿等总成组成，各总成通过管路相连形成一个密封的系统。

2）采暖系统的作用是＿＿＿＿＿＿＿＿＿＿＿＿＿＿＿＿＿＿＿＿＿＿＿＿

采暖系统由＿＿＿＿＿、＿＿＿＿＿和操纵机构等总成组成。汽车采暖系统通常是以＿＿＿＿＿作为热源进行采暖的。

3）送风系统的作用是＿＿＿＿＿＿＿＿＿＿＿＿＿＿＿＿＿＿＿＿＿＿＿＿

4）空气净化系统的作用是＿＿＿＿＿＿＿＿＿＿＿＿＿＿＿＿＿＿＿＿＿＿。车内空气有两种循环控制方式，分别是＿＿＿＿＿方式和＿＿＿＿＿方式。

2. 空调滤芯在什么位置？＿＿＿＿＿＿。多久更换一次？＿＿＿＿＿＿＿＿＿＿

3. 写出图4-37中包含的功能

1）＿＿＿＿＿＿＿＿＿＿

2）＿＿＿＿＿＿＿＿＿＿

3）＿＿＿＿＿＿＿＿＿＿

4）＿＿＿＿＿＿＿＿＿＿

5）＿＿＿＿＿＿＿＿＿＿

6）＿＿＿＿＿＿＿＿＿＿

图 4-37　空调开关

## 【制订计划】

请根据车主描述的现象和任务要求，确定所需的维护仪器、工具，并对小组成员进行合理分工，制订详细的检查和维护计划。

1. 请在下表中选择在检修中可能用到的工量具（在对应的选项中打√即可）。

| 工量具名称 | 选 | 择 |
|---|---|---|
| 万用表 | □可能 | □不可能 |
| 温度计 | □可能 | □不可能 |
| 手套 | □可能 | □不可能 |
| 扳手 | □可能 | □不可能 |
| 十字螺钉旋具 | □可能 | □不可能 |
| 一字螺钉旋具 | □可能 | □不可能 |
| 手电筒 | □可能 | □不可能 |
| 其他（请填写具体名称） | | |

2. 小组成员分工

| 序　号 | 组　长 | 记　录　员 | 操　作　员 | 备　注 |
|---|---|---|---|---|
| | | | | |
| | | | | |

3. 汽车空调检查和维护计划

1) 制冷剂检查方法：_____

2) 更换空调滤芯步骤：_____

3）选用工具：_____

_____

4）测量出哪些数据：_____

_____

### 【实施计划】

请结合本小组制订的维护计划，对空调进行检查与调整，并完成下列内容的填写。

1. 将驾驶室杂物箱拆下（图 4-38），露出空调滤清器盖总成，取出并清洁或更换_____，安放空调滤芯时应注意_____。

a）拆下杂物箱

b）把滤芯放回空调滤清器盖内

图 4-38　更换空调滤芯

2. 汽车空调的控制面板使用与操作检查

（1）手动空调（在车上找到并检查操作）（图 4-39）

送风模式旋钮　　　□正常　□否
内外循环控制开关　□正常　□否
鼓风机控制开关　　□正常　□否
后风窗除霜控制　　□正常　□否
温度调节旋钮　　　□正常　□否
空调启动开关　　　□正常　□否
制冷效果　　　　　□正常　□否

图 4-39　手动空调

（2）自动空调（在车上找到并检查操作）（图 4-40 和图 4-41）

送风模式按钮　　　□正常　□否
内外循环控制开关　□正常　□否
鼓风机控制开关　　□正常　□否
后风窗除雾控制　　□正常　□否
温度调节旋钮　　　□正常　□否
空调系统打开开关　□正常　□否
左右分区调节开关　□正常　□否

图 4-40　自动空调

自动调节按钮　　　　□正常　　□否
压缩机启动开关　　　　□正常　　□否
制冷效果　　　　　　　□正常　　□否

3. 空调系统基本检查

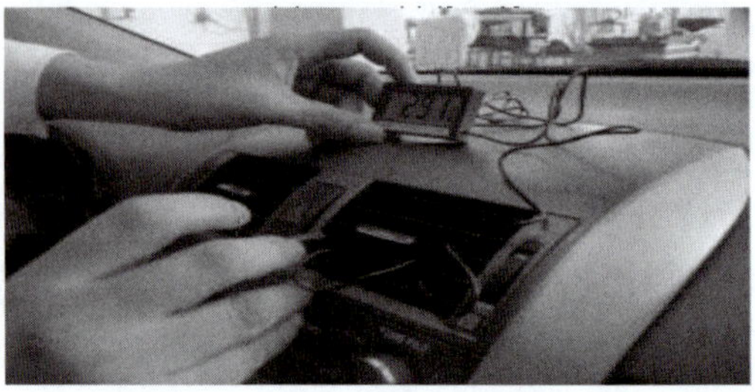

1）空调怠速提升的检查。起动发动机，开空调前的发动机怠速为_____ r/min，开空调后的发动机怠速为_____ r/min，发动机怠速_____（有/否）提高。

2）系统检查。检查空调系统正常工作时，有无异响和异味？

检查结果：_____（正常/不正常）。

图4-41　用温度计检查制冷效果

3）检查低压回路的结霜情况，表面结霜为正常。

检查结果：_____（正常/不正常）。

4）检查冷凝器散热风扇是否正常工作？

检查结果：_____

5）检查压缩机电磁离合器跳合时间是否正常？

检查结果：_____

6）观察蒸发器淌水情况，一般情况下空调运行8min左右，水从蒸发器接水盘淌出为正常。注：与空气的湿度有关。

检查结果：_____（正常/不正常）。

7）检查储液干燥器视液窗情况，正常情况下观察孔应有少量气泡流过。

检查结果：_____（正常/不正常）。

8）手摸制冷系统的高低压管路，接触高压管路感觉烫手，接触低压管路感觉冰凉为正常。

检查结果：_____（正常/不正常）。

9）手摸冷凝器，感觉温热为正常，且冷凝器从下至上有温差。

检查结果：_____

10）手摸储液干燥器，感觉温热，且进口处与出口处无明显温差为正常。

检查结果：_____

11）手摸膨胀阀，前后有明显温差为正常。

检查结果：_____

12）检查驱动带和压缩机的固定情况。

检查结果：_____

13）检查电气电路的连接情况（断路、脱落、电线破损等）。

检查结果：_____

14）检查发动机冷却液温度是否过热。

检查结果：_____

## 【检查与控制】

观察员根据操作员的工作过程评分,具体评分细则见表4-9。

表4-9 汽车空调检查与维护考核评分表

操作时间:10min

| 序号 | 考核项目 | 配分 | 考核内容及要求(评分要点) | 评 分 标 准 | 扣分 |
|---|---|---|---|---|---|
| 1 | 检查前准备 | 20 | 1)安装车轮挡块<br>2)接尾气管<br>3)拉紧驻车制动器<br>4)将变速杆置于P/N位置<br>5)安装车外三件套<br>6)安装车内三件套<br>7)检查机油、制动液、冷却液和动力转向液 | 1)安装好车轮挡块(2分)<br>2)接尾气管(2分)<br>3)拉紧驻车制动器(2分)<br>4)将变速杆置于P/N位置(2分)<br>5)安装车外三件套(5分)<br>6)安装车内三件套(5分)<br>7)读出液位是否正常,每漏一项扣2分 | |
| 2 | 检查空调滤芯 | 15 | 1)拆卸杂物箱<br>2)更换空调滤芯<br>3)安装杂物箱 | 每项5分 | |
| 3 | 检查空调工作情况 | 35 | 1)起动发动机<br>2)检查空调制冷工作状况<br>3)检查空调风速工作状况<br>4)检查空调吹脸工作状况<br>5)检查空调吹脚工作状况<br>6)检查空调除雾工作状况<br>7)检查空调制热工作状况<br>8)检查空调内外换气工作状况<br>9)检查后风窗玻璃除雾状况 | 1)不起动扣2分<br>2)报错扣2分,检查错扣2分<br>3)报错扣2分,检查错扣2分<br>4)报错扣2分,检查错扣2分<br>5)报错扣2分,检查错扣2分<br>6)报错扣2分,检查错扣2分<br>7)报错扣2分,检查错扣2分<br>8)报错扣2分,检查错扣2分<br>9)报错扣2分,检查错扣2分 | |
| 4 | 检查冷凝器 | 10 | 1)检查有无脏污<br>2)冷却风扇是否正常运转 | 报错扣5分,检查错误扣5分 | |
| 5 | 检查制冷剂 | 5 | 检查储液干燥器视液窗情况 | 报错扣2分,检查错误扣3分 | |
| 6 | 检查高低压管路 | 5 | 手摸制冷系统的高低压管路 | 报错扣2分,检查错误扣3分 | |
| 7 | 安全保护 | 5<br>5 | 劳保穿戴齐全<br>文明操作,工具摆放有序 | 劳保穿戴不全,扣5分<br>乱摆乱放工具,一次扣2分 | |
| 8 | 合计 | 100 | 得分 | | |

考评员:　　　　　　　　记分员:　　　　　　　　　　　　　年　　月　　日

## 【评价与反馈】

1. 自我评价

| 我做得好的地方 | 我还存在这些方面的问题 |
| --- | --- |
| □动作准确 | □动作不到位 |
| □工具使用规范 | □工具使用不规范 |
| □安装步骤熟悉 | □安装步骤不熟悉 |
| □零件摆放整齐 | □零件摆放不整齐 |
| □操作用时合理 | □操作用时过长 |
| □工作态度端正 | □工作态度不够端正 |

2. 小组评价

我们组做到了：□全员参与　□分工明确　□工作高效　□完成了工作任务

3. 教师评价

| 评价内容 | 评价指标 | 等次（星级评定） |
| --- | --- | --- |
| 活动态度方面 | 1）态度是否积极，是否主动组织或参与活动<br>2）与小组同学合作是否良好<br>3）活动是否认真、善始善终<br>4）是否勇于克服困难 | |
| 知识技能方面 | 1）查阅资料技能<br>2）实地观察记录能力<br>3）调查研究能力<br>4）整理材料能力 | |

## 【知识巩固】

### 一、选择题

1. 空调压缩机液面太低，则系统出现（　　）的现象。
   A. 冷气不足　　　　B. 间断制冷　　　　C. 不制冷　　　　D. 噪声大
2. 空调系统外面空气管道打开，会造成（　　）。
   A. 无冷气产生　　　B. 系统太冷　　　　C. 间断制冷　　　D. 冷空气量不足
3. 制冷系统中有水汽，会引起（　　）发出噪声。
   A. 压缩机　　　　　B. 蒸发器　　　　　C. 冷凝器　　　　D. 膨胀阀
4. 冷凝器周围空气不够会造成（　　）。
   A. 无冷气产生　　　B. 冷空气不足　　　C. 系统太冷　　　D. 间断制冷
5. 观察制冷系统玻璃处有气泡及雾状情况，低压表读数过低，膨胀阀发出噪声，说明（　　）。
   A. 制冷剂不足　　　B. 制冷剂过量　　　C. 压缩机损坏　　D. 膨胀阀损坏

6. 冷却液管堵塞，会造成（　　）。
A. 不供暖　　　　B. 冷气不足　　　C. 不制冷　　　　D. 系统太冷
7. 打开空调开关时，鼓风机（　　）。
A. 不运转　　　　B. 低速运转　　　C. 高速运转　　　D. 不定时运转
8. 热水开关关不死会造成（　　）。
A. 制冷剂泄漏　　B. 冷却水泄漏　　C. 冷却油泄漏　　D. 以上均有可能
9. 下列现象不会造成除霜热风不足的是（　　）。
A. 除霜风门调整不当　B. 出风口堵塞　　C. 供暖不足　　　D. 压缩机损坏

## 二、简答题

1. 冬天寒冷时，前风窗玻璃起霜，如何快速安全地对前风窗玻璃除霜？为什么要这样做？

2. 如何输入车外新鲜空气，但不需制冷？

3. 如何防止空调产生异味？

4. 当空气湿度较大，且车内外温差较大时，汽车前风窗玻璃起雾，如何快速除雾？为什么要这样做？

# 项目五

## 汽车4万km维护（综合训练）

汽车的4万km维护，涵盖了汽车维护中常见的维护任务，以检查、调整转向节、转向摇臂、制动蹄片、悬架等经过一定时间的使用容易磨损或变形的安全部件为主，并拆检轮胎进行四轮换位，检查调整发动机工作状况和排气污染控制装置等维护作业。通过本项目的综合训练，学生应能掌握汽车4万km的维护流程和方法，能双人配合正确使用工量具完成拆卸、测量、检查和装配等维护作业。

本项目的学习任务分为：
学习任务一　举升位置一的检查与维护
学习任务二　举升位置二的检查与维护
学习任务三　举升位置三的检查与维护
学习任务四　举升位置四的检查与维护
学习任务五　举升位置五、六的检查与维护

项目五 汽车 4 万 km 维护（综合训练）

## 任务一
## 举升位置一的检查与维护

### 【任务描述】

一位从没开过长途的车主想开自己的爱车进行一次远途，但又担心车子会有安全隐患在路上抛锚，经朋友推荐来到 4S 店询问技术人员后，希望他们能对车辆进行全面的维护检查，以消除安全隐患。

### 【学习目标】

1. 能正确使用车辆防护套件对车辆进行防护，能口述车辆维护的重要性。
2. 能独立完成汽车机油液位的检查方法。
3. 能正确使用灯光组合开关及判断其车灯好坏。
4. 能与他人合作，进行有效沟通，能按 6S 管理规定进行作业。

### 【学习重点】

灯光组合开关的使用及车灯好坏的判断。

### 【学习难点】

灯光组合开关的使用及车灯好坏的判断。

### 【相关知识】

举升位置一的检查项目主要包括标记燃油量和车辆损毁部位及类型，检查发动机冷却、润滑、制动、玻璃清洗液液位，检查冷却液冰点，进行散热器盖和冷却系统压力测试，检查蓄电池、喇叭、灯光、仪表、刮水器、洗涤器，检测发动机故障码，检查制动感觉、转向柱调整、安全带回收、备胎气压，检查发动机舱盖锁、行李舱盖锁、左后车门锁，检查变速杆及档位指示灯等。

### 一、作业前防护准备

1）车外防护三件套的名称是指左右翼子板布、前格栅布。
2）车内防护五件套的名称是指座椅套、转向盘套、变速杆套、驻车制动操纵杆套和地板垫。
3）车轮挡块的作用是防止车辆由于误操作而产生移动造成的危害。

### 二、车辆识别号码

车辆识别号码简称为 VIN，是一组由 17 个英文和数字组成，用于汽车上的一组独一无二的号码,可以识别汽车的生产商、发动机、底盘序号及其他性能等资料,一般在前风窗玻璃左下角可以找到。为避免与数字的1、0混淆,英文字母"I""O""Q"均不会被使用。

### 三、发动机冷却液的检查

汽车用冷却液含有防冻剂,也称为防冻液,是乙二醇和其他添加剂以及水的混合物。在汽车上,一般使用的是将浓缩防冻液与水进行合理配比后的混合液,能有效防止结冰。乙二醇冷却液有微毒,触碰时应及时用水清洗;若误吞,可能导致中毒甚至死亡。

发动机冷却液检查是为了确保有足够的冷却液以保证发动机能够正常运转,其中冰点应符合要求;液位应在高位 MAX 和低位 MIN 范围内;若冷却液不足,则应更换或立即补充相同品牌的冷却液,防止发动机运转时不能冷却,造成严重后果。

### 四、机油的检查

1. 机油量的检查

将汽车停在平地面,发动机在静态的情况下测量机油液位应在机油尺的上限 MAX 和下限 MIN 范围内,如图 5-1 所示,不能超过上限也不能低于下限。

注意:第一次拉出来应先将机油尺抹干净机油,再插回重新拉出检查,并将倾斜机油尺观察液位高度才是准确的液面位置。

图 5-1 机油液位的检查

2. 机油品质的检查

用手蘸少量机油,轻搓感觉有沙质感,说明机油质量太差。或取一片洁净的白纸,取少量机油滴在白纸上吸干后观察,若在用的机油中间黑点里有较多的硬沥青质及炭粒等,表明机油有较多杂质,说明机油已变质,应及时更换。

### 五、制动液液位的检查

汽车制动液又称为刹车油,是用于汽车液压制动系统中传递压力的液体介质。目前常用的制动液的型号有 DOT4 和 DOT5 两种。

正常的制动液液位应在制动储液罐的上下刻度线中间,即在储液罐的最高位 MAX 和最低位 MIN 标线范围内,如图 5-2 所示。常见制动液的颜色呈淡黄色,易吸收空气的水分而变质,所以厂家指导的更换期限一般为两年或 4 万 km;若补充制动液时,要选择添加同一种型号的制动液,以免制动液混合使用而损坏皮碗,同时注意防止制动液滴落在车身上损坏漆面。

### 六、刮水器、洗涤器的检查

为了清除风窗玻璃上的细小污物或在下雨天保持良好的视野，在汽车上一般配有刮水器。在使用或检查刮水器前，要打开刮水器洗涤器喷射玻璃水或确保风窗玻璃表面浸湿（如雨天），即风窗玻璃在干燥的状态下，不能使用刮水器，防止划破风窗玻璃和损坏刮水器胶条。

（1）档位检查　钥匙应打到"ON"的状态，操作刮水器组合开关，如图5-3所示。

图5-2　制动液液位的检查

图5-3　刮水器组合开关

1档：INT是刮水器的间歇档，刮水器间歇低速式工作。
2档：LO是刮水器的低速档，刮水器连续低速工作。
3档：HI是刮水器的高速档，刮水器连续高速工作。
若把控制杆上推至MIST除雾档，刮水器则点动工作一次，控制杆随即归位到OFF位置。

（2）喷水质量检查　检查玻璃水的喷射位置是否在刮水器的工作区域内时，应把控制杆往自己的方向拉拨不放，则刮水器电机喷水，喷水区域应该在刮水器的刮水范围中间，否则需要进行调整，调整方法是：在喷嘴内插入一根与洗涤器喷孔相匹配的钢丝，根据需要调整喷洒方向。

### 七、位置检查所需数据参考

1）冷却液冰点在-35℃以下。
2）蓄电池电压应大于12V。
3）备胎气压应大于400kPa。

【信息收集】

一、我们的学习任务是什么？

二、为了顺利完成本学习任务，请按下列要求完成下列信息的收集。

1. 维护车辆的型号：_____
2. 行驶里程：_____
3. 车外三件套的名称是：_____、_____、_____
4. 车内五件套主要有：_____、_____、_____、_____、
_____
5. 车轮挡块的作用是_____
6. 机油标准液位在上下刻度线_____位置，主要目测其色泽和黏度。
7. 制动液液位的标准位置应在上下刻度线中间，即是否在_____和低位
_____之间。制动液液体呈淡黄色，更换期限一般为_____年或4万km。
8. 汽车常见外部车灯包括有_____、_____、牌照灯、_____、
_____、示位灯、示宽灯、驻车灯和警告灯等。外部灯具光色一般采用_____、橙
黄色和红色；执行特殊任务的车辆，如消防车、警车、救护车、抢修车，则采用具有优先通
过权的_____、黄色或蓝色闪光警告灯。机动车应按时参加安全检测和综合检测，确保
外部灯具齐全有效。
9. 冷却系统主要由_____、冷却风扇、_____、节温器、_____、各类
水管、发动机机体和气缸盖中的水套及其他附加装置等组成，如图5-4所示，写出对应的
名称。

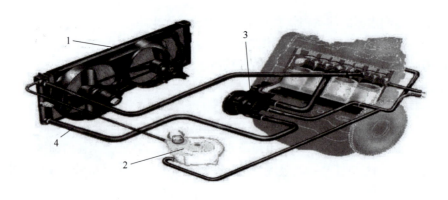

图5-4 冷却系统的组成

1_____ 2_____ 3_____ 4_____

### 【制订计划】

请根据车主描述的现象和任务要求，确定所需的维护仪器、工具，并对小组成员进行合
理分工，制订详细的检查和维护计划。

1. 请在下表中选择在维护中可能用到的工量具（在对应的选项中打√即可）。

| 工量具名称 | 选 | 择 |
|---|---|---|
| 万用表 | □可能 | □不可能 |
| 测试灯 | □可能 | □不可能 |

项目五 汽车 4 万 km 维护（综合训练）

（续）

| 工量具名称 | 选 | 择 |
|---|---|---|
| 尖嘴钳 | □可能 | □不可能 |
| 扳手 | □可能 | □不可能 |
| 十字螺钉旋具 | □可能 | □不可能 |
| 一字螺钉旋具 | □可能 | □不可能 |
| 手电筒 | □可能 | □不可能 |
| 抹布和手套 | □可能 | □不可能 |
| 冰点仪 | □可能 | □不可能 |
| 车内三件套 | □可能 | □不可能 |
| 车外三件套 | □可能 | □不可能 |
| 车轮挡块 | □可能 | □不可能 |
| 其他（请填写具体名称） | | |

2. 小组成员分工

| 序　号 | 组　长 | 记 录 员 | 操 作 员 | 备　注 |
|---|---|---|---|---|
| | | | | |
| | | | | |

3. 检查和维护计划

1）检查项目：_____
_____
_____

2）项目作业的顺序：_____
_____

3）油液检查方法：_____

【实施计划】

请结合本小组制订的维护计划，对举升位置一的检查，并完成下列内容的填写。

1）操作前围绕车辆四周_____，确认操作的车辆是否_____并标注在维修工单内，如图 5-5 所示。

2）如图 5-6 所示，把副驾驶门柱上的_____或风窗玻璃左下角的_____记录下来并填写到维修工单上。

图 5-5　检查车辆外观

图 5-6　记录 VIN

3）如图 5-7 所示，放置_____防止误操作造成车辆移动，发生安全事故。安放时前后轮都可以，只要不影响车辆的举升和能保证车辆不会移动就可以。

图 5-7　放置车轮挡块

4）如图 5-8 所示，调整好尾气管的位置，从吊钩处取下尾气管，用双手将尾气管插入到车辆的_____中。尾气管的头部有夹箍，插入时需用力插到底，拿放时要小心，以防止手划伤。

图 5-8　安装尾气管

5）打开车门，插入钥匙，如图 5-9 所示，拉起_____至高位，并将变速杆置于_____位置，以确认安全。在将钥匙插入点火开关时，要注意钥匙与孔对准，不要将钥匙插到转向盘边上，划伤其表面。

图 5-9　检查档位及驻车制动器

6）如图5-10所示，将_____铺设在转向盘下的地板上，要求有字面朝上双手平铺。双手捏住座椅套的边角，从座椅头部开始把座椅套从上到下的顺序装进，然后用座椅套的末端将座椅完全保护起来。

图5-10　安装车内防护套

7）打开发动机舱盖，拉起发动机舱盖释放杆，机舱盖弹开后，然后拨开机舱盖锁拉手，将机盖掀起来，用_____把机舱盖支撑起来，如图5-11所示。

图5-11　打开发动机舱盖

8）安装左右_____布和前格栅布，如图5-12所示。

图5-12　安装车外防护套

9）检查机油液位时，应先将擦干净的_____再次插入机油导管中。再拔出检查机油是否在_____范围内。如图5-13所示，确认机油液位正常，如果不足则加到正常刻度。

图5-13　检查机油液位

10）检查冷却液液位，如图 5-14 所示，标准位置应在_____范围内，汽车冷却液一般呈_____。发动机冷却液检查是为了确保有足够的冷却液，以保证发动机能够正常运转。如果冷却液不足，则应立即补充，防止发动机运转时不能冷却，造成严重后果。

图 5-14　检查冷却液液位

11）测量发动机冷却液冰点，用校零水对冰点仪进行_____操作，如图 5-15 所示，用滴管从冷却液储液罐吸取少量冷却液，取 1~2 滴冷却液用来检查其冰点，把其余冷却液倒回冷却液储液罐。

图 5-15　检查冷却液冰点

12）检查冷却液管路及接口方法是，如图 5-16 所示，用_____各冷却液管路及接口位置有无泄漏点。检查各冷却液管路的安装情况是否到位，各水管有_____或其他损坏。

图 5-16　冷却液管路泄漏的检查

13）检查制动液液位，如图 5-17 所示，标准位置应在上下刻度线范围内，即是否在_____和_____标志范围内。制动液液体呈淡黄色。

14）检查制动管及接头时应仔细用双手触摸检查各_____位置有无泄漏点。如果发现有泄漏的情况,可以先用棉纱布把泄漏点表面清理干净,然后过一段时间再来检查确认是否有泄漏。检查各制动管的安装情况是否到位,各制动管有无扭结、磨损和腐蚀,或其他损坏。

15)检查发动机传动带的方法是,目视检查传动带有_____或其他损坏;用力按压传动带,检查传动带安装是否正常,检查_____张紧是否可靠,如图5-17所示。

16)检查前风窗玻璃清洗液液位时,先打开前风窗玻璃_____盖,用手电筒照射检查,根据液体的反光情况判断液位高低,如液位偏低就要立即补充,可以一次性补满。

17)检查蓄电池_____是否可靠,有无污染及损坏情况;检查蓄电池的正负极连接端子有无腐蚀和松动;如图5-18所示,用_____检查蓄电池电压是否在正常范围内,一般在_____V范围内都属正常。

图5-17 传动带的检查

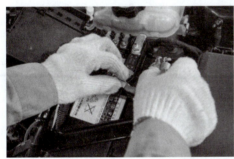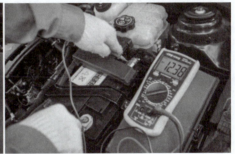

图5-18 蓄电池的检查

### 【检查与控制】

观察员根据操作员的工作过程评分,具体评分细则见表5-1。

表5-1 举升位置一考核评分表

操作时间:30min

| 序号 | 作业对象及内容 | 评分原则 | 分值 | 得分 |
|---|---|---|---|---|
| 1 | 工具、材料准备 | 备齐所需工具、材料,错选或漏选1件扣1分 | 5 | |
| 2 | 在维修工单内标记VIN、标记燃油量及车辆损毁部位 | 未填写或VIN填写错误扣1分 | 8 | |
| 3 | 拉紧驻车制动器,安装车轮挡块 | 施工作业前完成此项目,否则扣1分 | 5 | |

（续）

| 序号 | 作业对象及内容 | 评分原则 | 分值 | 得分 |
|---|---|---|---|---|
| 4 | 安装座椅套、转向盘套和地板垫 | 入车内作业前完成此项目，否则扣1分 | 5 | |
| 5 | 安装翼子板布和前格栅布 | 挂好挂钩或磁铁，有掉落或明显不对称扣1分 | 5 | |
| 6 | 检查机油液位的高度 | 确认机油液位至少高于标准刻度1/2以上并记录适时检查值，否则扣1分 | 7 | |
| 7 | 检查发动机冷却液液位及冰点 | 检查冷却液液位是否正常，储液罐有无损坏、有无泄漏，否则扣1分，未记录冰点扣1分 | 8 | |
| 8 | 检查冷却液管及接口有无泄漏 | 补偿管、散热器进水管、散热器出水管、节气门进水管、节气门出水管、空调进水管、空调出水管，以上管路及接头均无泄漏、无裂纹、无损坏，安装牢靠（漏项扣1分，超三项不给分） | 5 | |
| 9 | 检查冷却液管的安装情况及有无裂纹、凸起、硬化、磨损或其他损坏 | | 5 | |
| 10 | 检查制动液液位高度 | 根据里程，确认制动液液位处于最低与最高刻度之间，并记录，否则扣1分 | 6 | |
| 11 | 检查制动管及接头有无泄漏 | 制动总泵、储液罐、管路及接头、ABS泵总成及接头、管路及接头均无泄漏或其他损坏，连接处安装可靠（漏项扣1分，超三项不给分） | 5 | |
| 12 | 检查制动管的安装情况及有无扭结、磨损、腐蚀或其他损坏 | | 5 | |
| 13 | 检查燃油管及接头有无泄漏 | 供油管、脉动衰减器及接头、燃油导轨及接头均无泄漏，检查不到位扣1分 | 5 | |
| 14 | 检查燃油管的安装情况及有无裂纹、凸起、硬化、磨损或其他损坏 | 各油管卡夹安装可靠，相关油管无裂纹或其他损坏，否则扣1分 | 6 | |
| 15 | 检查发动机传动带有无变形、裂纹、或其他损坏 | 传动带本身无变形、无裂纹、无脱层、无过度磨损及明显异常损坏（每项扣1分，超三项全扣），按压传动带张力正常 | 5 | |
| 16 | 检查发动机传动带的安装情况及传动带张力（按压） | | 5 | |
| 17 | 检查前风窗玻璃清洗液液位 | 清洗液液位正常，未记录扣1分 | 5 | |
| 18 | 检查蓄电池端子有无腐蚀、松动 | 目测蓄电池外观无污染、无损坏、安装牢靠，检查不到位扣1分 | 5 | |
| 19 | 安全作业，文明生产 | 违反安全操作扣10分，工具、设备场地没有清洁扣3分 | | |
| 20 | | 总　　分 | 100 | |

考评员：　　　　　　　　记分员：　　　　　　　　　　　　年　　月　　日

项目五　汽车 4 万 km 维护（综合训练）

## 【评价与反馈】

1. 自我评价

| 我做得好的地方 | 我还存在这些方面的问题 |
|---|---|
| □动作准确 | □动作不到位 |
| □工具使用规范 | □工具使用不规范 |
| □安装步骤熟悉 | □安装步骤不熟悉 |
| □零件摆放整齐 | □零件摆放不整齐 |
| □操作用时合理 | □操作用时过长 |
| □工作态度端正 | □工作态度不够端正 |

2. 小组评价

我们组做到了：□全员参与　□分工明确　□工作高效　□完成了工作任务

3. 教师评价

| 评价内容 | 评价指标 | 等次（星级评定） |
|---|---|---|
| 活动态度方面 | 1）态度是否积极，是否主动组织或参与活动<br>2）与小组同学合作是否良好<br>3）活动是否认真、善始善终<br>4）是否勇于克服困难 | |
| 知识技能方面 | 1）查阅资料技能<br>2）实地观察记录能力<br>3）调查研究能力<br>4）整理材料能力 | |

## 【知识巩固】

### 选择题

1. 汽车起动时所需的电流由（　　）负责供给。
　A. 蓄电池　　　　　B. 发电机　　　　　C. 点火线圈　　　　D. 火花塞
2. 汽车驻车制动器是通常制动（　　）。
　A. 前轮　　　　　　B. 传动轴　　　　　C. 后轮　　　　　　D. 前后轮
3. 拆装发动机火花塞应用（　　）。
　A. 火花塞套筒　　　B. 套筒　　　　　　C. 呆扳手　　　　　D. 梅花扳手
4. 纸质型空气滤清器的检查主要有（　　）工作。
　A. 清洁　　　　　　B. 检查　　　　　　C. 安装　　　　　　D. 以上都是
5. 轮胎气压过低对轮胎的磨损状况是（　　）。
　A. 轮胎单侧胎磨损严重　　　　　　　　B. 轮胎胎冠中间磨损严重
　C. 轮胎两侧胎肩同时磨损严重　　　　　D. 无影响

221

6. 关于轮胎规格 195/60 R14 86 H 中各数字或字母含义，叙述正确的是（    ）。
   A. 195 表示轮胎的断面高度为 195mm　　B. 60 表示轮胎断面的高宽比
   C. H 代表轮胎直径　　　　　　　　　　D. 60 代表轮胎高度
7. 下列对轮胎维护的说法，不正确的是（    ）。
   A. 给轮胎充气时应使轮胎压力适当高点，以达到省油的目的
   B. 轮胎胎面的花纹深度小于或等于 1.6mm 时需要更换轮胎
   C. 如果轮胎出现磨损不均匀，肯定是轮胎的压力不足或过高造成的
   D. 轮胎换位时如果前胎和后胎的设计尺寸相同时，可将两侧前轮胎与后轮胎同时对调
8. 对于举升机的使用，下列说法正确的有（    ）。
   A. 轮胎稍离地，即要检查车辆支撑是否合适
   B. 举升装有空气悬架的车辆与普通车辆一样
   C. 举升车辆后，切勿打开车门
   D. 举升车辆前，应先将重物从车上取出
9. 下面有关因车辆使用环境可适当缩短维护周期的叙述中，正确的有（    ）。
   A. 长期短途行车，或在气温低于 0℃ 以下使用
   B. 在多尘、泥泞、颠簸的路面行驶
   C. 长期在良好道路以较高速度稳定行驶
   D. 长时间怠速或长距离低速运行的车辆，如警车、出租车或短途送货车
10. 在断开蓄电池负极之前，需要做的准备工作有（    ）。
    A. 记录故障码　　　　　　　　　　　　B. 记录收音机的电台频道及储存位置
    C. 记录座椅位置　　　　　　　　　　　D. 记录时钟和空调设置
11. 如果长时间不更换自动变速器油，则可能产生（    ）。
    A. 换档时机改变　　　　　　　　　　　B. 汽车燃油经济性变差
    C. 变速器发出异常噪声　　　　　　　　D. 换档平顺性变差
12. 下列属于冷却液作用的是（    ）。
    A. 提高冰点　　B. 提高沸点　　C. 防锈　　D. 降低冰点
13. 下列气体对人体有害的是（    ）。
    A. CO　　B. HC　　C. 氧气　　D. 二氧化碳
14. 关于拆卸刮水片的注意事项，下列说法正确的有（    ）。
1）拆卸刮水片时，为了避免损坏前风窗玻璃，可在刮水器臂的顶端包上一块布将其轻放在前风窗玻璃上。
2）拆下刮水片后，若运行刮水器或刮水器臂可能会损坏前风窗玻璃或发动机舱盖。
    A. 只有 1）正确　　　　　　　　　　　B. 只有 2）正确
    C. 1）和 2）均正确　　　　　　　　　 D. 都不正确

项目五 汽车4万km维护（综合训练）

## 任务二
## 举升位置二的检查与维护

### 【任务描述】

李先生想过年回一趟老家，于是在放假前做一次维护，主要是更换机油和底盘检查，以避免在回家途中出现安全隐患。

### 【学习目标】

1. 能口述车辆预检工作的重要性。
2. 能正确使用举升机及更换机油。
3. 能独立完成举升位置二项目的检查和紧固作业。
4. 能与他人合作，进行有效沟通，能按6S管理规定进行作业。

### 【学习重点】

制动系统和转向系统的检查。

### 【学习难点】

制动系统和转向系统的检查。

### 【相关知识】

举升位置二的检查项目主要包括排放机油，检查发动机冷却、润滑、燃油系统和制动系统泄漏、损坏和安装，检查驱动轴护套，检查转向横拉杆防尘罩，检查排气系统泄漏、损伤、脱落或缺失情况，紧固前副车架螺栓，紧固后减振器螺栓，安装油底壳放油螺塞。

#### 一、作业前防护准备

1）车外防护三件套的名称是指左右翼子板布、前格栅布。
2）车内防护五件套的名称是指座椅套、转向盘套、变速杆套、驻车制动器套和地板垫。
3）车轮挡块的作用是避免车辆由于误操作而产生移动造成的危害。

#### 二、润滑系统的组成

发动机润滑系统主要由油底壳、集滤器、机油泵、机油滤清器和机油喷嘴等构成，如图5-19所示。

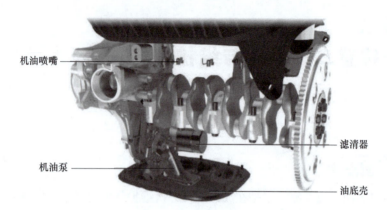

图 5-19　润滑系统的组成

当发动机工作时，机油从油底壳经集滤器被机油泵加压送入机油滤清器，机油经滤清器过滤后进入发动机主油道，机油再经主油道进入各条分油道，一路润滑主轴承，另一路经曲轴上的斜油道、主轴承流向连杆轴承、连杆轴颈进行润滑；主油道中的另一条油道直通凸轮轴轴承润滑油道，分别向各个凸轮轴轴承进行润滑，最后回到油底壳。

### 三、机油的排放

1. 打开机油加注盖

用手拧开机油加注口盖，清洁并检查机油加注口盖的密封圈及螺纹有无老化、损坏，如有则更换，将一干净抹布盖在加注口上，防止有杂物掉入发动机内。

2. 举升车辆至适当高度

双人对角位置检查确认车辆在举升机中央位置，检查并调整好举升机举升臂长度，确保举升机支架与车辆支撑位置中心对正无偏斜，确认场地内四周无其余人员后缓慢升起举升机，当车轮离开后再次检查举升机支架是否正确，并前后按压车辆确保车辆安全升起，上升到合适操作位置后，落下举升机锁止机构，再次复查举升机落锁是否安全。

3. 调整机油收集器

将机油收集器移到发动机油底壳放油螺塞正下方，调整好机油收集器接收盆的高度，确认收集器阀门已打开。

4. 排放机油

首先清洁放油螺栓周围，使用套筒和棘轮扳手将放油螺栓拧松后，用手缓慢将放油螺栓旋出，目测螺纹与放油口接合处开始有机油渗漏、螺纹有松旷感觉时，用手向放油口方向按压住螺栓，迅速移开螺栓放出机油，如图 5-20 所示。

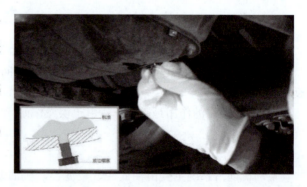

图 5-20　排放机油

注意事项如下：

① 热机后的机油还保持一定的温

度，排放时有必要佩戴防护手套，注意机油不要流到手上，以免烫伤手。

② 废机油中含有多种有害物质，不要长时间接触。

③ 手上接触废机油时，一定要及时用肥皂和水清洗，或用免水型洗手剂清洗手上的机油。

④ 排放机油时，要排放干净。

⑤ 将废弃的机油按照环保要求妥善处理。

5. 安装发动机油底壳放油螺栓

用抹布清洁并检查放油螺栓完好情况，若有损坏则更换放油螺栓。更换密封垫圈后用手把螺栓拧入放油螺栓口直到拧不动为止，最后使用扭力扳手及套筒以14N·m的拧紧力矩紧固发动机油底壳放油螺栓。

6. 清洁放油螺栓

选用干净的抹布清洁发动机油底壳放油螺栓处油污，以便后续检查机油的泄漏情况。

## 四、机油滤清器

1. 机油滤清器的组成及原理

机油滤清器是发动机润滑系统的重要部件之一，其主要作用就是过滤和收集发动机润滑油里面的杂质，保持系统油路清洁及畅通，在更换机油作业中要及时更换。

（1）组成　机油滤清器主要由上盖、壳体、滤芯、内孔管和安全阀等组成。

（2）工作原理　带有杂质的机油经纸滤芯的外围进入滤清器中心后，杂质被截留在滤芯上，使干净的机油经出油口流进机油主油道进行润滑。当滤芯严重堵塞时，安全阀开启，机油则会不经过滤清器过滤直接进入主油道中。

2. 拆卸机油滤清器

把机油收集器移到机油滤清器正下方，选用机油滤清器专用工具配合棘轮拧松机油滤清器，松动后取下专用工具及棘轮扳手，然后用手将机油滤清器旋出来，放置在专用的环保桶里。

3. 安装机油滤清器

（1）检查并清洁机油滤清器底座　用干净的抹布清洁机油滤清器底座上的杂质及油污，以便于后续检查作业中观察机油的泄漏情况。

（2）更换机油滤清器　更换机油滤清器时，检查是否是同一型号新的机油滤清器，并在新机油滤清器的衬垫上涂抹一层干净的机油。

（3）安装新的机油滤清器　用手将新的机油滤清器安装到机油滤清器底座上。

（4）紧固机油滤清器　选用机油滤清器专用工具，配合扭力扳手及加长杆以18N·m的拧紧力矩紧固机油滤清器。

（5）清洁机油滤清器　用干净的抹布清洁机油滤清器与底座结合周围杂质及油污，以便于后续检查作业中观察机油的泄漏情况。

## 五、冷却系统的组成

汽车发动机的冷却系统为强制循环水冷系统，即利用水泵提高冷却液的压力，强制冷却液在发动机中循环流动。强制循环水冷系统主要由水泵、散热器、冷却风扇、冷却液膨胀水箱、发动机机体和气缸盖中的水套以及其他附属装置等组成,如图 5-21 所示。

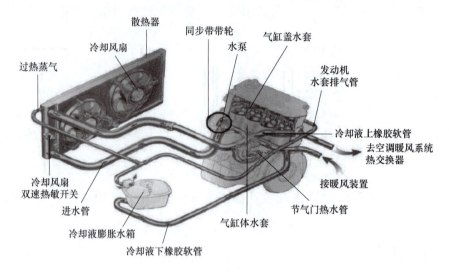

图 5-21　冷却系统的组成

### 六、轿车制动系统的组成

汽车制动系统主要由供能装置、控制装置、传动装置和制动器等部分组成,如图 5-22 所示。常见的制动器主要有鼓式制动器和盘式制动器两种。

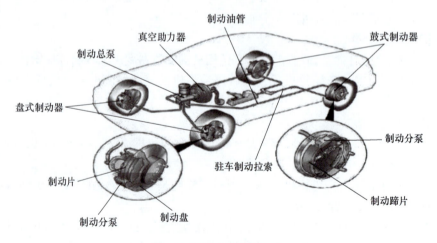

图 5-22　制动系统的组成

鼓式制动器主要包括制动轮缸、制动蹄、制动鼓、摩擦片和回位弹簧等部分,它主要是通过液压装置时摩擦片与随车轮转动的制动鼓内侧面发生摩擦,从而起到制动的效果。

盘式制动器也叫作碟式制动器,主要由制动盘、制动钳、摩擦片、分泵和油管等部分构成。盘式制动器通过液压系统把压力施加到制动钳上,使制动摩擦片与随车轮转动的制动盘发生摩擦，从而达到制动的目的。

## 七、位置检查所需数据参考

1）前副车架螺栓拧紧力矩为 120N·m。
2）后减振器螺栓拧紧力矩为 110N·m。
3）放油螺栓拧紧力矩为 14N·m。

### 【信息收集】

一、我们的学习任务是什么？




二、为了顺利完成本学习任务，请按下列要求完成下列信息的收集。

1. 维护车辆的车型：_____
2. 行驶里程：_____
3. 在举升位置二的检查与维护中主要内容是机油的排放同时要更换_____、各类管路油液或油脂的泄漏情况与补充、螺母与螺栓的紧固情况。
4. 排放机油前应先拆卸_____，再举升车辆拧开_____，排放机油，以防造成一定的真空影响机油的排放。
5. 在图 5-23 中发动机的组成示意图中最可能渗漏的地方，检查时重点关注。

图 5-23 发动机示意图

1 _____ 2 _____ 3 _____ 4 _____ 和加注塞

6. 悬架主要由_____、_____、_____、稳定杆和下臂组成。
7. 汽车转向系统由转向操纵机构、转向器和转向传动机构组成。在图 5-24 中写出序号的名称。

1 _____ 2 _____ 3 _____ 4 _____

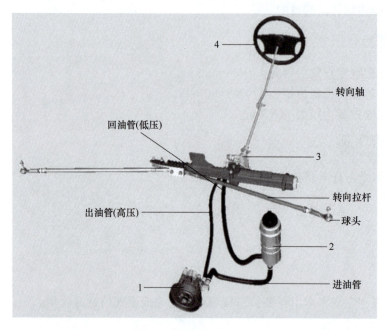

图 5-24 转向系统的组成

### 【制订计划】

请根据车主描述的现象和任务要求,确定所需的维护仪器、工具,并对小组成员进行合理分工,制订详细的检查和维护计划。

1. 请在下表中选择在维护中可能用到的工量具(在对应的选项中打√即可)。

| 工量具名称 | 选 | 择 |
|---|---|---|
| 万用表 | □可能 | □不可能 |
| 测试灯 | □可能 | □不可能 |
| 尖嘴钳 | □可能 | □不可能 |
| 扳手 | □可能 | □不可能 |
| 十字螺钉旋具 | □可能 | □不可能 |
| 一字螺钉旋具 | □可能 | □不可能 |
| 手电筒 | □可能 | □不可能 |
| 抹布和手套 | □可能 | □不可能 |
| 冰点仪 | □可能 | □不可能 |
| 车内三件套 | □可能 | □不可能 |
| 车外三件套 | □可能 | □不可能 |
| 车轮挡块 | □可能 | □不可能 |
| 其他(请填写具体名称) | | |

## 项目五　汽车 4 万 km 维护（综合训练）

2. 小组成员分工

| 序　号 | 组　　长 | 记　录　员 | 操　作　员 | 备　　注 |
| --- | --- | --- | --- | --- |
|  |  |  |  |  |
|  |  |  |  |  |

3. 检查和维护计划

1）举升位置二的检查项目有：_____

_____

2）项目作业的顺序：_____

_____

3）排放机油的步骤：_____

_____

4）检查管路泄漏的方法：_____

### 【实施计划】

请结合本小组制订的维护计划，对举升位置二进行检查，并完成下列内容的填写。

1. 发动机常见漏机油的区域是曲轴_____及_____。
2. 机油放油螺栓（图 5-25）一般是_____方向进行拧紧，_____方向进行拧松，扭矩一般为　　N·m。

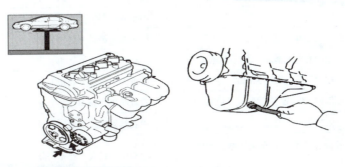

图 5-25　放油螺栓

3. 若用手摇晃转向连接机构检查有松动或者摆动时，说明_____
当防尘罩有裂痕或者破损时，应该_____。

4. 在对动力转向液、制动管路、燃油管路检查时，主要检查_____液、_____液和_____是否泄漏和管路是否损坏。

5. 排气管道主要部件有排气管、_____、三元_____和排气管支架上的 O 形密封圈、垫片组成。主要损坏类型有_____。

6. 悬架检查内容

1）检查下述各悬架组件是否损坏：转向节、减振器、_____、稳定杆、下臂。

2）减振器损坏：检查减振器上是否有凹痕。另外，检查防尘罩上是否有裂纹、裂缝或者其他损坏。

3）减振器中漏油：检查_____没有油泄漏。

4）连接摆动：通过用手摇晃悬架接头上的连接检查对象衬套是否磨损或者有裂纹，并且检查是否摆动，同时检查连接是否损坏。

7. 机油放油螺栓和机油滤清器更换要点

1）使用_____工具，拆卸机油滤清器。

2）检查和清洁机油滤清器_____。

3）在新的机油滤清器垫片上涂清洁的机油。

4）轻缓地拧动机油滤清器使其就位，然后上紧直到垫片接触底座。

5）使用专用的维修工具再次上紧_____圈。

6）排放完机油后，要更换一个新的_____和放油螺栓，以防漏油。

【检查与控制】

观察员根据操作员的工作过程评分，具体评分细则见表 5-2。

表 5-2 举升位置二考核评分表

操作时间：30min

| 序号 | 作业对象及内容 | 评 分 原 则 | 分值 | 得分 |
|---|---|---|---|---|
| 1 | 工具、材料准备 | 工具、材料错选或漏选每件扣 1 分 | 5 | |
| 2 | 检查发动机油封及结合面有无漏油 | 检查结果错误 1 处扣 1 分 | 5 | |
| 3 | 检查机油滤清器及油底壳放油螺塞有无漏油 | 检查结果错误 1 处扣 1 分 | 5 | |
| 4 | 排放机油 | 不正确使用工具或清洁扣 3 分 | 5 | |
| 5 | 检查散热器有无泄漏、脏污、变形或损坏 | 检查结果错误 1 处扣 1 分 | 5 | |
| 6 | 检查左驱动轴护套有无泄漏、裂纹或损坏 | 检查结果错误 1 处扣 1 分 | 5 | |
| 7 | 检查左转向横拉杆防尘罩有无漏油、裂纹或损坏 | 检查结果错误 1 处扣 1 分 | 5 | |
| 8 | 检查右转向横拉杆防尘罩有无漏油、裂纹或损坏 | 检查结果错误 1 处扣 1 分 | 5 | |
| 9 | 检查燃油管及接头有无泄漏 | 检查结果错误 1 处扣 1 分 | 5 | |
| 10 | 检查燃油管的安装情况及有无扭结、磨损、腐蚀或其他损坏 | 检查结果错误 1 处扣 1 分 | 5 | |
| 11 | 检查制动管及接头有无泄漏 | 检查结果错误 1 处扣 1 分 | 5 | |
| 12 | 检查制动管的安装情况及有无扭结、磨损、腐蚀或其他损坏 | 检查结果错误 1 处扣 1 分 | 5 | |
| 13 | 检查三元转化催化器、排气管、消声器有无凹陷、刮伤、腐蚀或其他损坏 | 检查结果错误 1 处扣 1 分 | 5 | |
| 14 | 检查排气系统各密封垫片有无泄漏 | 检查结果错误 1 处扣 1 分 | 5 | |
| 15 | 检查排气管、消声器的吊挂有无裂纹、损坏、脱落或缺失 | 检查结果错误 1 处扣 1 分 | 5 | |
| 16 | 紧固车架与车身连接螺栓 | 检查结果错误 1 处扣 1 分 | 5 | |
| 17 | 紧固后减振器下螺栓 | 检查结果错误 1 处扣 1 分 | 5 | |

项目五　汽车 4 万 km 维护（综合训练）

(续)

| 序号 | 作业对象及内容 | 评分原则 | 分值 | 得分 |
|---|---|---|---|---|
| 18 | 更换新的放油螺栓密封件并安装放油螺栓 | 不正确安装放油螺栓并清洁扣 1 分 | 5 | |
| 19 | 安全作业，文明生产 | 违反安全操作总分扣 10 分，未归位清洁扣 3 分 | 10 | |
| 20 | 总　　分 | | 100 | |

考评员：　　　　　　　　　记分员：　　　　　　　　　年　　月　　日

### 【评价与反馈】

1. 自我评价

| 我做得好的地方 | 我还存在这些方面的问题 |
|---|---|
| □动作准确 | □动作不到位 |
| □工具使用规范 | □工具使用不规范 |
| □安装步骤熟悉 | □安装步骤不熟悉 |
| □零件摆放整齐 | □零件摆放不整齐 |
| □操作用时合理 | □操作用时过长 |
| □工作态度端正 | □工作态度不够端正 |

2. 小组评价

我们组做到了：□全员参与　　□分工明确　　□工作高效　　□完成了工作任务

3. 教师评价

| 评价内容 | 评价指标 | 等次（星级评定） |
|---|---|---|
| 活动态度方面 | 1）态度是否积极，是否主动组织或参与活动<br>2）与小组同学合作是否良好<br>3）活动是否认真、善始善终<br>4）是否勇于克服困难 | |
| 知识技能方面 | 1）查阅资料技能<br>2）实地观察记录能力<br>3）调查研究能力<br>4）整理材料能力 | |

### 【知识巩固】

选择题

1. 机油有（　　）作用。
   A. 润滑　　　　　　B. 冷却　　　　　　C. 密封
   D. 清洁　　　　　　E. 降噪

2. 低质机油的危害有（　　）。

　　A. 低质机油抗氧化性能较差，在高温条件下机油容易被氧化并在气缸活塞环上形成积炭，不易刮清气缸壁上的机油，严重时还会刮伤缸体。同时由于油环上过多的积炭导致活塞的泄油槽堵塞，存留在活塞环上的机油同燃烧室的高温气体接触后会在缸体内被燃烧掉，俗称为"烧机油"

　　B. 低质机油在温度高时，黏度将不能满足发动机润滑的需要，将会造成发动机严重磨损

　　C. 低质机油在温度低时，黏度比较高，会造成发动机起动时阻力增大，影响发动机的起动性能

　　D. 低质机油会影响发动机的使用寿命

3. 机油的更换周期一般是（　　）。

　　A. 2 年　　　　　　　　　　　　B. 6000km 或半年
　　C. 1 个月　　　　　　　　　　　D. 终身不用更换

4. 防冻液的作用有（　　）。

　　A. 防止冷却液凝固　　　　　　　B. 防止冷却系统部件生锈
　　C. 防止过热　　　　　　　　　　D. 增加发动机动力

5. 使用冷却液的注意事项中，说法错误的是（　　）。

　　A. 冷却液及其添加剂均为有毒物质，切勿直接接触皮肤，并置于安全场所

　　B. 不同型号的冷却液不能混合使用，以免引起化学反应，生成沉淀或气泡，降低使用效果；在更换冷却液时，应先将冷却系统用清水冲洗干净，然后再加入新的冷却液和水

　　C. 为了节约成本，放出去的冷却液应收集后使用

　　D. 一般选用冷却液的冰点应低于当地最低温度 10～15℃，以防冷却液失效

　　E. 禁止直接加注冷却液母液

　　F. 凡更换缸盖、缸垫、散热器时，必须更换冷却液

6. 下列关于制动液的说法，正确的是（　　）。

　　A. 即使制动液流到车辆的油漆表面也没有问题，因为制动液对橡胶和金属都不会造成腐蚀

　　B. 即使在一种制动液中混入了另一种沸点不同的制动液，原来的沸点仍将保持不变

　　C. 通常制动液也用作离合器液

　　D. 制动液又称为刹车油，其作用是在制动后起到润滑和清洗铁屑的作用

7. 下列有关蓄电池电解液的表述，正确的是（　　）。

　　A. 只要电解液相对密度正常，即使蓄电池电解液液位较低也没关系

　　B. 如果蓄电池电解液液位较低，用自来水将单格填充至高位线

　　C. 蓄电池电解液包含可严重烧伤皮肤或腐蚀其他物品的硫酸

　　D. 电解液比重与充电无关紧要，主要根据车主要求配比即可

8. 关于刮水器的检查，下面说法正确的有（　　）。

　　A. 通过在风窗玻璃上涂抹机油润滑，检查刮水器的性能

　　B. 可在玻璃干燥的情况下进行，不需要喷清洗液

C. 当关闭刮水器开关后，检查其是否自动停在规定的位置

D. 刮水器停电后不一定要停在风窗玻璃下部，停在中间或上面也是正常的

9. 清洗刮水片时不可用汽油清洗和浸泡，擦去刮水片上的污物可用蘸有（　　）。

A. 酒精的棉纱　　　　　　　　　　　B. 香蕉水的棉纱

C. 冷却液的棉纱　　　　　　　　　　D. 汽油或柴油

10. 关于车辆的 VIN，下列说法错误的是（　　）。

A. 由 17 位阿拉伯数字构成

B. 由 17 位字母与数字构成

C. VIN 中包括生产厂商识别和车辆型号等信息

D. 包含有车辆的生产年份

## 任务三
## 举升位置三的检查与维护

### 【任务描述】

王先生想起自己的爱车很长时间没有维护了,制动片可能磨得很薄了,最近又要出一趟远门,于是决定开车到 4S 店检查一下制动系统和轮胎的状况。

### 【学习目标】

1. 能准确检查和判断前后减振器、轮胎花纹深度的好坏。
2. 能正确测量制动踏板自由行程和驻车制动操纵杆行程。
3. 能独立完成制动器的拆检及轮胎换位。
4. 能与他人合作,进行有效沟通,能按 6S 管理规定进行作业。

### 【学习重点】

制动器制动片的拆检及更换。

### 【学习难点】

能按规定时间内完成制动器的拆检及更换。

### 【相关知识】

举升位置三的检查项目主要包括检查左前减振器;测量左后轮胎花纹深度;拆装左侧车轮并前后换位;拆装检查左前制动器,更换左前制动片;拆装检查左后制动器;测量制动踏板自由行程和行程;测量驻车制动器行程和启动尾气分析仪等。

### 一、轮胎花纹深度的测量

轮胎花纹深度一般采用花纹专用工具进行测量,使用前应先使尺身与测量面平齐,检查副尺 0 线与尺身 0 线是否对齐,若未对齐,应调节副尺螺钉使之对齐;测量轮胎花纹深度时,测量面必须与轮胎花纹表面平行;测量时在花纹沟内应轻轻滑动,避免磨耗标记影响测量结果;读数时,视线要垂直于尺面,否则测量值不准确。

### 二、制动器的结构及拆检

1. 浮钳盘式制动器

盘式制动器也叫作碟式制动器,如图 5-26 所示,主要由制动盘、制动钳、摩擦片、分泵和油管等部分构成。

项目五　汽车 4 万 km 维护（综合训练）

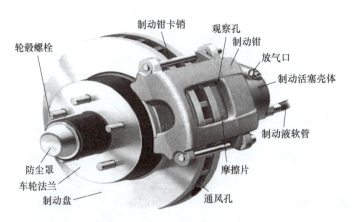

图 5-26　盘式制动器的组成

2. 制动摩擦片的检测

1）用套筒或梅花扳手拧下制动卡钳滑销螺栓后，向上翻开制动卡钳并用卡钳挂钩固定，拆卸制动摩擦片，如图 5-27 所示。

图 5-27　制动钳的拆卸

2）目前检查制动摩擦片有无异常磨损，并用干净抹布清洁制动摩擦片表面，用游标卡尺分别在摩擦片的两端及中间三个位置测量其厚度并记录，厚度不应小于规定值，如图 5-28 所示。

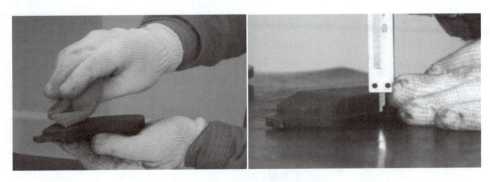

图 5-28　制动摩擦片的检测

3. 制动盘的检测

1）清洁制动盘后，使用 0～25mm 的千分尺，在离制动盘边缘 10mm 处间隔 120°测量制

235

动盘的厚度，如图 5-29 所示，最终取三个中最小值为有效值。

2）用三颗轮胎螺栓预紧制动盘，如图 5-30 所示，安装好磁性表座及百分表，测制动盘的偏摆，百分表应放在离制动盘外缘 10mm 处旋转一周，偏摆应小于 0.10mm。否则，应首先检查轴承的轴向间隙，如均无异常，则应光磨制动盘，如光磨后还不行，应更换制动盘。

图 5-29　制动盘厚度的检测

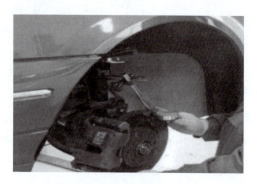

图 5-30　制动盘跳动量的检测

制动器检测记录表见表 5-3。

表 5-3　制动器检测记录表

| 检测项目 | 标准数据/mm | 检测次数 | 实际测量值 | 对比误差值 | 维修意见 |
| --- | --- | --- | --- | --- | --- |
| 制动盘 | 新盘：22<br>极限：17.8 | 1 | | | |
| | | 2 | | | |
| | | 3 | | | |
| 制动摩擦片 | 新盘：11<br>极限：3 | 1 | | | |
| | | 2 | | | |
| | | 3 | | | |

4. 鼓式制动器

鼓式制动器主要包括制动轮缸、制动蹄、制动鼓、摩擦片和回位弹簧等部分，如图 5-31 所示。

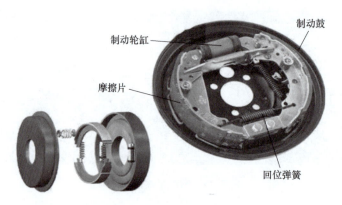

图 5-31　鼓式制动器的组成

### 5. 制动鼓的配合间隙检测

用游标卡尺测量两制动蹄摩擦片在自由状态下的距离及制动鼓的直径，计算出配合间隙，如图 5-32 所示。

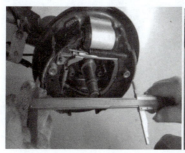 

图 5-32　制动间隙的检测

## 三、制动踏板的检查

### 1. 制动踏板的行程

制动踏板的行程是指制动踏板从初始位置运动到最下的距离，如图 5-33 中 $a$ 所示，它是制动踏板自由行程和工作行程之和。

### 2. 制动踏板的自由行程

制动踏板的自由行程是指制动踏板从初始位置消除各处间隙运动到直至推动活塞工作的距离行程，如图 5-33 所示。

## 四、检查所需数据参考

1) 轮胎花纹深度极限值为 2mm。
2) 制动盘磨损后最小极限值为 16mm。
3) 制动踏板自由行程为 10～15mm。

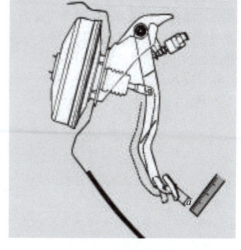

图 5-33　制动踏板行程

## 【信息收集】

一、我们的学习任务是什么？


二、为了顺利完成本学习任务，请按下列要求完成下列信息的收集。

1. 维护车辆的车型：_____
2. 行驶里程：_____
3. 百分表是一种精度较高的比较量具，它只能测出相对数值，不能测出绝对值，主要用于检测工件的形状和位置误差（如_____、平面度、垂直度、_____等），也可用于校正零件的安装位置以及测量零件的内径等。百分表的组成如图 5-34 所示，其中序号代表的是：

图 5-34 百分表的组成

1 _____ 2 _____ 3 _____

4. 千分尺由尺架、测砧、测微螺杆、锁紧机构、固定套管、微分筒和测力装置七部分组成，其中固定套管上的尺身单位为 mm，每个小格为_____ mm，当分度值为 0.01mm 时，微分筒上的微分尺每小格为_____ mm。读数时，整数在尺身刻度轴线上方读数，小数在尺身刻度轴线下方加微分尺读数。尺身刻度轴线下方有刻度，即加 0.5mm，微分尺刻度线与尺身刻度线对正的最近的一条刻度线的数字，就用数字×0.01mm，两者相加即为小数读数。

5. 千分尺的读数 = 整数 + 小数 = 尺身上方读数 +（尺身下方读数 + 微分尺读数），如图 5-35 所示，千分尺所示最终读数为_____ mm。

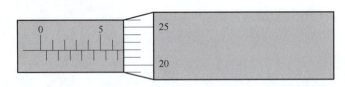

图 5-35 千分尺示意图

6. 轮胎异常磨损的种类有：_____磨损、_____磨损、两边磨损、_____磨损和羽毛状磨损。

### 【制订计划】

请根据车主描述的现象和任务要求，确定所需的维护仪器、工具，并对小组成员进行合理分工，制订详细的检查和维护计划。

1. 请在下表中选择在维护中可能用到的工量具（在对应的选项中打√即可）。

| 工量具名称 | 选 | 择 |
|---|---|---|
| 万用表 | □可能 | □不可能 |
| 测试灯 | □可能 | □不可能 |
| 千分尺钳 | □可能 | □不可能 |
| 游标卡尺 | □可能 | □不可能 |
| 十字螺钉旋具 | □可能 | □不可能 |

项目五 汽车 4 万 km 维护（综合训练）

(续)

| 工量具名称 | 选 | 择 |
|---|---|---|
| 一字螺钉旋具 | □可能 | □不可能 |
| 手电筒 | □可能 | □不可能 |
| 抹布和手套 | □可能 | □不可能 |
| 花纹深度尺 | □可能 | □不可能 |
| 车内三件套 | □可能 | □不可能 |
| 车外三件套 | □可能 | □不可能 |
| 车轮挡块 | □可能 | □不可能 |
| 其他（请填写具体名称） | | |

2. 小组成员分工

| 序　号 | 组　长 | 记　录　员 | 操　作　员 | 备　注 |
|---|---|---|---|---|
| | | | | |
| | | | | |

3. 检查和维护计划

1) 举升位置三需检查项目：_____

_____

2) 举升位置三项目检查的顺序：_____

_____

3) 制动器的检查项目：_____

_____

【实施计划】

1. 车轮摆动常用的检查方法如图 5-36 所示，将一只手放在_____，而另一只手放在_____，紧紧地推拉轮胎，以便检查是否有任何摆动。若出现摆动时，踩下制动踏板，再次检查其摆动情况。没有更大的摆动：车轮轴承是起因。仍然摆动：球节、主销或者悬架是起因。如果在施加制动后松动，那么是车轮轴承松动。

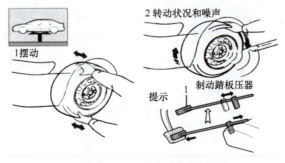

图 5-36 车辆摆动的检查

239

2. 轮胎的拆卸如图 5-37 所示：使用一把_____，按照_____顺序拆卸四个车轮螺母。然后，拆卸车轮。若使用风动工具时往往先用手将螺栓_____。如果一开始就打开风动工具，则螺纹会被破坏。注意不要拧得过紧。不能戴上_____下使用。最后，使用_____检查紧固力矩。

图 5-37　车轮的拆卸

3. 轮胎的检查内容

1）外观检查。检查轮胎胎面和胎壁是否有_____或者其他损坏。

2）嵌入金属微粒或者外物。检查轮胎的_____是否嵌入任何金属微粒、石子或者其他异物。

3）胎面深度。使用一个轮胎_____测量轮胎的胎面深度。轮胎深度一般是_____mm 时候就要更换，同时还可以通过观察与地面接触的轮胎表面磨耗指示标记轻易地检查胎面深度。

4. 宝骏 630 汽车的前轮制动钳由_____颗螺栓固定，正常情况下制动钳导向销无明显松旷、导向销护套_____或损坏，左前轮制动片固定弹簧应无_____、裂纹或损坏。

5. 盘式制动器摩擦片厚度的检查，使用_____测量外制动器摩擦片的厚度和内制动器摩擦片的厚度，确保其与外制动器摩擦片没有明显的偏差。确保制动器摩擦片没有不均匀磨损。如果制动器摩擦片的_____极限，则更换制动器摩擦片。

6. 盘式转子磨损和损坏的内容

1）外观。目测检查制动盘上是否_____或者异常磨损以及裂纹和其他损坏。

2）制动盘厚度。使用一个_____测量制动盘厚度，厚度一般不能_____。

3）制动盘跳动。测量制动盘跳动以前，检查前轮轮毂轴承的游隙是否在规定的范围以内。使用轮毂螺母临时固定制动盘，再使用一个_____测量制动盘跳动量，如图 5-38 所示。

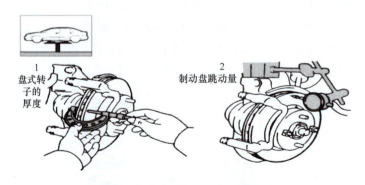

图 5-38　制动盘厚度及跳动量的检查

7. 鼓式制动器的检查内容

1）制动衬片的损坏检查。目测制动衬片外观是否有_____和损坏。车轮制动分泵中是否有_____渗漏。

项目五　汽车 4 万 km 维护（综合训练）

2）制动衬片的厚度检查。使用_____测量制动衬片的厚度，如果厚度低于磨损极限，则更换制动蹄片。

3）制动鼓内径的检查。使用一个制动鼓_____或者类似器具测量制动鼓内径，如图 5-39 所示。

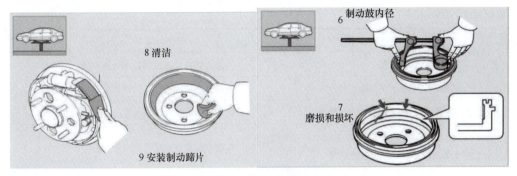

图 5-39　制动间隙的检测

8. 宝骏 630 汽车后轮制动器为_____式制动器，检查时制动分泵应_____、护套无_____和损坏，制动分泵活塞应_____，制动蹄摩擦衬片应_____、缺损和油污，制动器调节弹簧有无缺失、弯曲、裂纹或严重锈蚀。

9. 轿车的常见车轮换位有_____换位和_____换位两种方式，安装轮胎时应先扳手对角_____前车轮，再把车辆放下到轮胎接触地面后，按拧紧力矩上紧螺母。

10. 制动踏板的自由行程是指制动踏板踩下去的时候制动_____作用的那段距离，是为保证不发生制动拖滞、彻底解除制动而设置的。测量时在制动踏板与驾驶室底板之间立一钢直尺，用手向下按制动踏板至_____时，记下钢直尺读数。然后放松踏板，再看钢直尺读数。两次读数_____即为踏板自由行程。液压制动的踏板自由行程一般在_____mm，在调整时应按车型规定的数值进行调整。

11. 驻车制动器的检查方法如图 5-40 所示：首先检查驻车制动器应动作灵活、有效；锁上机构正常锁止；再检查行程应符合要求；一般驻车制动器拉起时应发出_____至_____次"咔嗒"声后便使后轮_____。如果发出多次"咔嗒"声后不能拉起驻车制动器，可能是因为太紧的缘故。如果驻车制动器已经拉起，却没发出"咔嗒"声或声音很小，后轮制动没有起作用，说明该车驻车制动器已损坏。

图 5-40　驻车制动器的检查方法

## 【检查与控制】

观察员根据操作员的工作过程评分,具体评分细则见表5-4。

表5-4 举升位置三考核评分表

操作时间:30min

| 序号 | 作业对象及内容 | 评 分 原 则 | 分值 | 得分 |
|---|---|---|---|---|
| 1 | 工具、材料准备工作 | 工具、材料错选或漏选每处扣1分 | 5 | |
| 2 | 检查左前车轮轴承有无松旷和异响 | 检查方法错误或结果错误扣1分 | 5 | |
| 3 | 拆卸左前车轮及其制动钳固定螺栓 | 操作错误或工件掉地每件扣1分 | 5 | |
| 4 | 检查左前轮制动钳导向销是否松旷、导向销护套有无裂纹或损坏,活塞有无泄漏 | 检查方法错误或结果错误扣1分 | 5 | |
| 5 | 拆卸并检查左前轮制动片固定弹簧有无变形或损坏,制动盘有无裂纹、沟槽 | 检查方法错误或结果错误扣1分 | 5 | |
| 6 | 测量并记录左前轮制动盘横向跳动量 | 检查方法错误或结果错误扣1分 | 5 | |
| 7 | 更换左前轮制动片及安装制动钳 | 安装不正确或掉工件每件扣1分 | 5 | |
| 8 | 检测并记录左后轮胎面沟槽深度 | 检查方法错误或结果错误扣1分 | 5 | |
| 9 | 拆下左后车轮总成并取下制动鼓 | 工件掉地每件扣1分 | 5 | |
| 10 | 检查左后轮制动鼓表面并测量其直径 | 检查方法错误或结果错误扣1分 | 10 | |
| 11 | 检查左后轮制动分泵有无漏油、护套有无裂纹和损坏,活塞有无卡滞 | 检查方法错误或结果错误扣1分 | 5 | |
| 12 | 检查左后轮制动蹄摩擦衬片有无裂纹、缺损和油污 | 检查方法错误或结果错误扣1分 | 5 | |
| 13 | 测量并记录左后轮制动蹄直径,并计算其与制动鼓的间隙 | 检查方法错误或结果错误扣1分 | 5 | |
| 14 | 检查左后轮制动器调节总成、弹簧有无缺失、裂纹或严重锈蚀 | 检查方法错误或结果错误扣1分 | 5 | |
| 15 | 安装左后轮制动鼓并紧固制动鼓螺钉 | 工件掉地每件扣1分 | 5 | |
| 16 | 进行左侧车轮前后换位,安装并预紧固前后车轮,检查其转动是否灵活 | 工件掉地每件扣1分 | 10 | |
| 17 | 检查并记录制动踏板的行程及驻车制动器的行程 | 检查方法错误或结果错误扣1分 | 5 | |
| 18 | 安全文明操作,注重6S管理 | 未清洁或出现安全事故扣5分 | 5 | |
| 19 | 总 分 | | 100 | |

考评员:　　　　　　　记分员:　　　　　　　　　　年　　月　　日

项目五　汽车 4 万 km 维护（综合训练）

## 【评价与反馈】

1. 自我评价

| 我做得好的地方 | 我还存在这些方面的问题 |
|---|---|
| □动作准确 | □动作不到位 |
| □工具使用规范 | □工具使用不规范 |
| □安装步骤熟悉 | □安装步骤不熟悉 |
| □零件摆放整齐 | □零件摆放不整齐 |
| □操作用时合理 | □操作用时过长 |
| □工作态度端正 | □工作态度不够端正 |

2. 小组评价

我们组做到了：□全员参与　　□分工明确　　□工作高效　　□完成了工作任务

3. 教师评价

| 评价内容 | 评价指标 | 等次（星级评定） |
|---|---|---|
| 活动态度方面 | 1）态度是否积极，是否主动组织或参与活动<br>2）与小组同学合作是否良好<br>3）活动是否认真、善始善终<br>4）是否勇于克服困难 | |
| 知识技能方面 | 1）查阅资料技能<br>2）实地观察记录能力<br>3）调查研究能力<br>4）整理材料能力 | |

## 【知识巩固】

### 选择题

1. 使用举升机举升车辆时，下列说法错误的是（　　）。
A. 举升车辆前要保证工位中无其他人
B. 短时间作业时可以不用落下安全锁
C. 作业前要检查举升机是否安全落锁
D. 轮胎离开地面后，要核查车辆是否平稳

2. 维护中以下（　　）项目的维护是用工作检查的方法进行的。
A. 制动块的磨损　　　　　　　　　　B. 灯光
C. 机油　　　　　　　　　　　　　　D. 蓄电池端子腐蚀

3. 以下关于事故的说法（　　）是对的。
A. 只要工人小心，事故永远不会发生

B. 只要对设备和工作车间正确地管理，事故就不会发生

C. 如果有事故发生，那么所有人员必须考虑其原因并采取措施，以防止再次发生

D. 如果有事故发生，在工作人员中进行讨论是不必要的。只有经历事故的人才需考虑其原因并采取措施，以防再次发生

4. 根据 6S 的原则，以下（　　）说法是正确的。

A. 这个东西搁在车间都没用，留下以后或许有用

B. 这个东西搁在车间都没用，把它扔了吧

C. 这个尾数留下，等下批订单再用

D. 多买一些，急用就不用愁了

5. 关于定期维护部件，下面（　　）说法是对的。

A. 如果空气滤清器的滤网不干净或没有被定期更换，它将会堵塞

B. 当制动液吸收空气中的水分时其沸点将升高

C. 汽车中所有灯泡的功率都是一样的，和它们在汽车上的位置无关

D. 轮胎换位是为了平衡胎压

6. 以下（　　）机油类型最适合在夏季使用。

A. 5W-20　　　　　　B. 5W-30　　　　　　C. 10W-30　　　　　　D. 20W-40

7. 在汽车维护检查中减振器出现（　　）时，能正常使用。

A. 减振器连杆弯曲　　　　　　　　　B. 减振器温度升高

C. 漏油　　　　　　　　　　　　　　D. 有异响

8. 轮胎集中在胎肩上的磨损原因是（　　）。

A. 充气压力过高　　　　　　　　　　B. 充气压力过低

C. 前束不正确　　　　　　　　　　　D. 外倾角不正确

9. 轮胎侧面的 225/60 R 17 88H 中 225 代表轮胎的（　　）是 225mm，60 表示轮胎断面的扁平比。

A. 直径　　　　　　B. 高度　　　　　　C. 宽度　　　　　　D. 半径

10. 在盘式车轮制动器中，制动盘正常的磨损位置是（　　）。

A. 制动盘中间位置　　　　　　　　　B. 靠近外缘 10mm 处

C. 外边缘　　　　　　　　　　　　　D. 不能确定

项目五　汽车 4 万 km 维护（综合训练）

## 任务四
## 举升位置四的检查与维护

### 【任务描述】

张女士要在某 4S 店进行一次全面的车辆维护，现已完成了前三个工位的项目，分别进行了车辆预检、机油更换、底盘检查、制动维护。现在要进行举升位置四的维护，请您完成举升位置四的检查与维护工作。

### 【学习目标】

1. 能按要求紧固车轮及更换机油滤清器与空气滤清器。
2. 能规范检查制动助力器、空调及充电系统情况。
3. 能独立完成加注机油并判断机油量。
4. 能与他人合作，进行有效沟通，能按 6S 管理规定进行作业。

### 【学习重点】

判断机油量及更换机油。

### 【学习难点】

判断机油量及更换机油。

### 【相关知识】

举升位置四的检查项目主要包括紧固左侧车轮螺母、更换机油滤清器和空气滤清器、加注机油、检查制动助力器助力能力、检查右后视镜、进行充电系统测试、检查空调风向切换和制冷、检测尾气等。

### 一、机油滤清器

1. 机油滤清器的组成及原理

机油滤清器是发动机润滑系统的重要部件之一，其主要作用就是过滤和收集发动机润滑油里面的杂质，保持系统油路清洁及畅通，在更换机油作业中要及时更换。

（1）组成　机油滤清器主要由上盖、壳体、滤芯、内孔管和安全阀等组成，如图 5-41 所示。

（2）工作原理　带有杂质的机油经纸滤芯的

图 5-41　机油滤清器

外围进入滤清器中心后,杂质被截留在滤芯上,使干净的机油经出油口流进机油主油道进行润滑。当滤芯严重堵塞时,安全阀开启,机油则会不经过滤清器过滤直接进入主油道中。

2. 拆卸机油滤清器

把机油收集器移到机油滤清器正下方,选用机油滤清器专用工具配合棘轮拧松机油滤清器,松动后取下专用工具及棘轮扳手,然后用手将机油滤清器旋出来,放置在专用的环保桶里。

3. 安装机油滤清器

(1) 检查并清洁机油滤清器底座　用干净的抹布清洁机油滤清器底座上的杂质及油污,以便于后续检查作业中观察机油的泄漏情况,如图5-42所示。

(2) 更换机油滤清器　更换机油滤清器时,检查是否是同一型号新的机油滤清器,并在新机油滤清器的衬垫上涂抹一层干净的机油。如图5-43所示。

图5-42　清洁机油滤清器座

图5-43　抹新机油

(3) 安装新的机油滤清器　用手将新的机油滤清器安装到机油滤清器底座上。

(4) 紧固机油滤清器　选用机油滤清器专用工具,配合扭力扳手及加长杆以18N·m的扭矩紧固机油滤清器,如图5-44所示。

(5) 最后清洁机油滤清器　用干净的抹布清洁机油滤清器与底座结合周围杂质及油污,以便于后续检查作业中观察机油的泄漏情况。

图5-44　拧紧滤清器

## 二、制动真空助力器的功能检查

在发动机熄火时,以相同的踏板力踩制动踏板若干次,以消除真空助力器的全部残余真空,并确认踏板高度无变化后,踩住踏板不动,然后起动发动机。此时若制动踏板略为下沉,则说明真空助力器助力功能正常;若起动发动机后踏板不动,则助力器无助力作用。

## 三、检查所需数据参考

车轮螺母紧固力矩为120N·m,充电电压大于12V。

项目五　汽车 4 万 km 维护（综合训练）

### 【信息收集】

一、我们的学习任务是什么？

二、为了顺利完成本学习任务，请按下列要求完成下列信息的收集。
1. 维护车辆车型：_____
2. 行驶里程：_____
3. 发动机润滑系统的作用主要有_____、_____、_____、密封和防锈等。
4. 发动机润滑系统主要由油底壳、_____、_____、安全阀、_____、主油道、气缸体、缸盖上的分油道、机油压力传感器以及机油压力表或机油压力指示灯等组成，如图 5-45 所示，其中对应名称是：

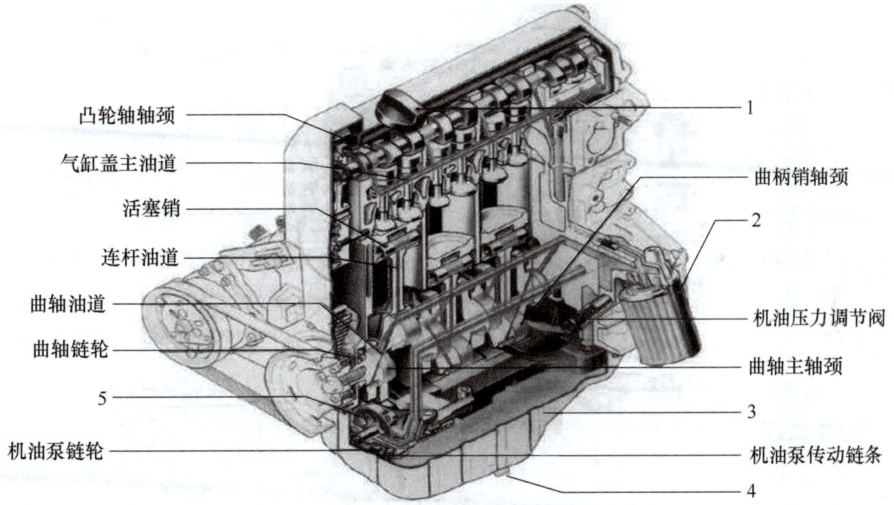

图 5-45　润滑系统的组成

1 _____ 2 _____ 3 _____
4 _____ 5 _____

5. 检查机油液位

1) 起动发动机，并运行至正常工作温度，熄火后放置_____ min，再进行检查。

2) 拔出机油尺用干净的抹布擦拭干净后，插回原位，插到底停留片刻之后拔出。检查发动机的油面高度是否在机油尺_____和_____两个刻度线范围内。

3) 如果机油量不足，需补充_____同牌号机油到正常液位。反之，则应抽取一部分机油，直到液位符合标准。

6. 图 5-46 中是空调组成示意图，请在括号中写出空调制冷系统组成的各零件名称。

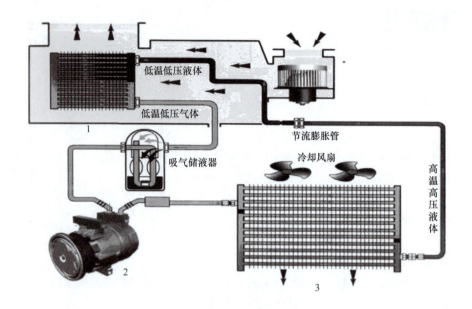

图 5-46 空调系统的组成

1 _____ 2 _____ 3 _____

7. 制冷系统各部件的作用

（1）空调_____ 它是汽车空调制冷装置的心脏、动力元件，用来压缩和输送制冷剂。

（2）_____ 它是一种热交换器，是把来自压缩机的高温高压气体通过管壁和翅片将其中的热量传递给冷凝器周围的空气。它的作用和原理正好与蒸发器相反。

（3）节流装置 节流装置有热力膨胀阀、节流孔管等类型，是汽车制冷中的重要部件，起到_____降压、调节流量、防止"液击"和防止异常过热的控制作用。

（4）_____ 它安装在车内，也是一种热交换器，它利用从节流装置来的低温低压的液态制冷剂蒸发时吸收周围空气中的大量热量，从而达到车内降温的目的。

（5）辅助及控制元器件 空调系统中辅助及控制元器件有很多，主要包括储液_____（或气液分离器）、控制_____板、各种阀、各种开关、管路、视液窗以及各种指示器和控制仪表等，它们的作用是提供必要的条件保证系统得以正常的工作。

## 【制订计划】

请根据车主描述的现象和任务要求，确定所需的维护仪器、工具，并对小组成员进行合理分工，制订详细的检查和维护计划。

1. 请在下表中选择在维护中可能用到的工量具（在对应的选项中打√即可）。

| 工量具名称 | 选 | 择 |
| --- | --- | --- |
| 万用表 | □可能 | □不可能 |
| 测试灯 | □可能 | □不可能 |
| 尖嘴钳 | □可能 | □不可能 |

项目五 汽车 4 万 km 维护（综合训练）

（续）

| 工量具名称 | 选 | 择 |
|---|---|---|
| 扭力扳手 | □可能 | □不可能 |
| 十字螺钉旋具 | □可能 | □不可能 |
| 一字螺钉旋具 | □可能 | □不可能 |
| 手电筒 | □可能 | □不可能 |
| 抹布和手套 | □可能 | □不可能 |
| 冰点仪 | □可能 | □不可能 |
| 车内三件套 | □可能 | □不可能 |
| 车外三件套 | □可能 | □不可能 |
| 车轮挡块 | □可能 | □不可能 |
| 其他（请填写具体名称） | | |

2. 小组成员分工

| 序 号 | 组 长 | 记 录 员 | 操 作 员 | 备 注 |
|---|---|---|---|---|
| | | | | |
| | | | | |

3. 检查和维护计划

1）举升位置四的检查项目有：_____

_____

_____

2）项目作业的顺序：_____

3）更换机油滤清器的注意事项：_____

4）加注机油的步骤：_____

【实施计划】

请结合本小组制订的维护计划，对举升位置四进行检查，并完成下列内容的填写。

1. 车轮螺母一般分为三次上紧，首先用手将螺母拧到底，再用套筒扳手按_____的顺序上紧，最后把车辆降下使车轮接触到地面，用_____按规定力矩紧固到位。

2. 机油及机油滤清器的更换过程

1）首先将车辆举升，将废机油_____放到发动机油底壳的放油螺栓处，卸下_____，放出机油。

2）用机油滤清器_____工具拆装机油滤清器。

3）安装新机油滤清器前，应在机油滤清器密封胶垫上_____，若不涂抹，安装时密封胶垫与接合面会密封不良导致机油泄漏。

4）安装时，先用_____轻轻地拧紧机油滤清器，拧到感觉有阻力为止。再用专用

249

工具，重新拧紧机油滤清器。

5）按规定加注_____ L 新机油。

6）机油加满后，用干净的抹布将机油尺擦拭干净，检查机油液位是否符合规定，起动发动机，使发动机至少运行_____，检查机油滤清器处有无渗漏。

3. 空气滤清器的拆卸流程

1）打开并支撑前发动机舱盖。

2）用手打开空气滤清器盖上的两个_____。

3）移开空气滤清器上盖并轻轻取出_____。

4. 空气滤清器的清洁流程

1）用干净的_____擦拭滤清器盖及下体内壁，将尘土等清除。

2）擦拭完毕后，将滤清器盖和下体扣合，防止_____。

5. 空气滤清器的更换

1）检查空气滤清器壳体是否有裂纹、变形和破损。

2）检查滤清器盖压紧卡箍是否有严重变形、折断的现象。

3）检查进气软管和真空软管是否有破裂损伤及连接是否可靠。

4）将空气滤清器芯安放在壳内按有字母朝_____的方向装上滤芯。

5）最后将滤清器盖压紧在下体上。

6. 制动助力器的助力能力的检查方法：_____发动机前，踩下_____若干次，消除真空助力器的全部残余真空，并感觉踏板高度无变化后，踩住踏板不动，然后起动发动机。此时若制动踏板略为_____或踩踏板所需的踏板力_____，则说明真空助力器助力功能正常；如_____不动，则助力器无助力作用。

7. 汽车驾驶人侧玻璃升降器的主控制开关_____四门的玻璃升降，同时，每个车门也能满足_____控制车门玻璃升降，当驾驶人侧的主控制开关断开控制时，其他三门的控制开关随之_____。

8. 车外后视镜的功能调整分为左右两个后视镜分四向控制，即_____、_____、左、右调节；当把调整开关至_____位置时，可以调节右边后视镜的四个方向；当把调整开关至_____位置时，可以调节左边后视镜的四个方向。

【检查与控制】

观察员根据操作员的工作过程评分，具体评分细则见表 5-5。

表 5-5　举升位置四考核评分表

操作时间：30min

| 序号 | 作业对象及内容 | 评分原则 | 分值 | 得分 |
| --- | --- | --- | --- | --- |
| 1 | 工具、材料准备 | 工具、材料错选或漏选扣 2 分 | 5 | |
| 2 | 安装车轮挡块，拉紧驻车制动器 | 变速杆未正确置于 P 位，未正确放置挡块扣 3 分 | 5 | |
| 3 | 紧固左前车轮螺母 | 扭矩为 80N·m，顺序错扣 2 分 | 5 | |
| 4 | 紧固左后车轮螺母 | 扭矩为 80N·m，顺序错扣 2 分 | 5 | |

项目五　汽车 4 万 km 维护（综合训练）

（续）

| 序号 | 作业对象及内容 | 评分原则 | 分值 | 得分 |
|---|---|---|---|---|
| 5 | 更换新的机油滤清器芯 | 工具使用不正确扣 1 分 | 5 | |
| 6 | 更换新的机油滤清器盖密封件并安装机油滤清器盖 | 安装机油滤清器前未涂抹机油扣 2 分 | 5 | |
| 7 | 加注新的机油并填写机油更换记录表 | 机油记录错误扣 3 分 | 10 | |
| 8 | 检查并清洁空气滤清器外壳 | 安装前未清洁扣 4 分 | 10 | |
| 9 | 更换新的空气滤清器芯 | 安装前未检查或安装不到位扣 3 分 | 5 | |
| 10 | 检查制动助力器的助力能力 | 检查方式不正确扣 2 分 | 5 | |
| 11 | 检查主控制开关的玻璃升降控制功能 | 检查结果不正确一处扣 2 分 | 5 | |
| 12 | 检查右后视镜的调整功能 | 调整结果不正确扣 3 分 | 5 | |
| 13 | 检查风速调节和风向切换功能以及制冷系统能否工作 | 漏检查一处扣 2 分 | 10 | |
| 14 | 进行充电系统测试，并记录蓄电池充电电压 | 检查结果不正确扣 1 分，损坏工具扣 5 分 | 10 | |
| 15 | 安全文明操作，注重 6S 现场 | 违反安全操作扣 10 分，未清洁扣 3 分 | 10 | |
| 16 | 总　　分 | | 100 | |

考评员：　　　　　　　　　　记分员：　　　　　　　　　　年　　月　　日

## 【评价与反馈】

### 1. 自我评价

| 我做得好的地方 | 我还存在这些方面的问题 |
|---|---|
| □动作准确 | □动作不到位 |
| □工具使用规范 | □工具使用不规范 |
| □安装步骤熟悉 | □安装步骤不熟悉 |
| □零件摆放整齐 | □零件摆放不整齐 |
| □操作用时合理 | □操作用时过长 |
| □工作态度端正 | □工作态度不够端正 |

### 2. 小组评价

我们组做到了：□全员参与　□分工明确　□工作高效　□完成了工作任务

### 3. 教师评价

| 评价内容 | 评价指标 | 等次（星级评定） |
|---|---|---|
| 活动态度方面 | 1）态度是否积极，是否主动组织或参与活动<br>2）与小组同学合作是否良好<br>3）活动是否认真、善始善终<br>4）是否勇于克服困难 | |

251

(续)

| 评价内容 | 评价指标 | 等次（星级评定） |
|---|---|---|
| 知识技能方面 | 1）查阅资料技能<br>2）实地观察记录能力<br>3）调查研究能力<br>4）整理材料能力 | |

## 【知识巩固】

### 选择题

1. （　　）工作人员不能戴手套。
   A. 提升重物　　　　　　　　　　B. 操作磨床
   C. 拆卸热的排气管　　　　　　　D. 紧固螺栓

2. 操控举升机工作时两人的站位是汽车（　　），保证车辆举升安全得到监控。
   A. 前、后站位　　B. 左、右站位　　C. 对角站位　　D. 并排

3. 汽车中 EBD 的中文意思为（　　）。
   A. 制动防抱死系统　　　　　　　B. 电子制动力分配系统
   C. 电子防滑差速器　　　　　　　D. 电子稳定程序

4. 维护中以下（　　）的维护不能用目视检查。
   A. 制动衬块的磨损　　　　　　　B. 轮胎状况
   C. 机油滤清器　　　　　　　　　D. 蓄电池端子腐蚀

5. 车辆冷却液有很多种类型，现在普遍采用的是（　　）。
   A. 乙醇型　　　B. 乙二醇型　　　C. 丙三醇型　　　D. 乙三醇型

6. 以下选项中，（　　）不属于汽车玻璃水的功能。
   A. 清洗性能　　B. 润滑性能　　　C. 防冻性能　　　D. 冷却性能

7. 关于技术员的着装，下面（　　）说法是正确的。
   A. 工作时技术员可戴有较大边的金属环
   B. 为方便工作时的行走，技术员可以穿运动鞋
   C. 在处理热的消声器时，技术员应戴手套
   D. 技术员在操作钻具时，必须戴手套

8. 发动机润滑油加注超量会对发动机（　　）。
   A. 减少起动负荷　　　　　　　　B. 增大润滑功能
   C. 造成烧机油　　　　　　　　　D. 增大功率

9. 检查轮胎花纹需使用轮胎深度规测量（　　）个点。
   A. 1 个点　　　B. 2 个点　　　C. 3 个点　　　D. 6 个点

10. 以下 6S 说法不正确的是（　　）。
    A. SEIRI（整理）就是把需要的工具和部件与不需要的分开，并把那些不需要的存放在工作车间内不影响工作的地方

B. SEITON（整顿）就是弃置不需要的工具和部件

C. SETSO（清扫）就是使工作车间内的所有东西保持在干净状态，这样在任何时候都能保持功能正常

D. SHITSUKE（自律）是经过培训，让员工遵守企业的规章

11. 关于鼓式制动器的检查，下面（　　）说法是对的。

A. 为检查制动蹄片在背板上滑动区域，用手前后移动制动蹄片检查是否平稳移动

B. 为检测鼓式制动器是否泄漏，把鼓卸掉后压下制动器踏板

C. 即使制动器衬片的厚度低于规定值，若看起来能沿用到下次检查就可以继续使用，这取决于汽车的行驶里程和衬片的磨损程度

D. 用游标卡尺测量制动鼓的外径

12. 核对工作内容及部件是否在库，并在工作前制订一个计划，这是（　　）。

A. 安全生产　　　B. 计划和准备　　　C. 整洁有序　　　D. 爱护车辆

13. 接收、检查修理单，在允许的时间内进行工作，这是（　　）的工作。

A. 技师　　　　　B. 管理员　　　　　C. 业务接待　　　D. 技术员

14. 通过对每件物品的筛选、分类，以使工作场地保持洁净的做法是（　　）。

A. 清扫　　　　　B. 整理　　　　　　C. 整顿　　　　　D. 清洁

15. 维护中以下（　　）的维护不能用目视检查。

A. 制动盘的裂纹　　　　　　　　　　B. 轮胎状况

C. 机油滤清器　　　　　　　　　　　D. 机油泄漏

## 任务五
## 举升位置五、六的检查与维护

### 【任务描述】

张女士的车辆在4S店的全面维护工作已经基本完成,现在请您做好位置五与六的工作,即再次对车辆进行检查以及维护后的清洁与复位工作。

### 【学习目标】

1. 能正确检查和判断机油、冷却液和制动液等有无泄漏。
2. 能正确检查机油液位及制动液液位。
3. 注重场地清洁,能按6S管理规定进行作业。

### 【学习重点】

机油、冷却液和制动液有无泄漏的检查和判断方法。

### 【学习难点】

机油、冷却液和制动液有无泄漏的检查和判断方法。

### 【相关知识】

举升位置五和六的检查项目主要包括检查机油泄漏及液位、检查冷却液泄漏、检查制动液泄漏及液位、尾气分析仪归位、工具设备归位、车身防护用品归位、车身内外清洁等。

### 一、机油泄漏及液位检查

(1) 机油泄漏检查　发动机润滑系统主要由油底壳、集滤器、机油泵、机油滤清器和机油喷嘴等组成。

采用目视检查油底壳放油螺栓处及机油滤清器与底座结合处,有无渗漏;然后使用干净的布再检查油底壳放油螺栓结合处、机油滤清器与底座结合处有无机油泄漏。

(2) 机油液位检查　降下车辆,起动发动机,保持怠速运行,并打开暖风开关至最高档位进行暖机,当冷却液温度上升至正常温度(80~93℃),关闭发动机。等待5min,拔出机油尺,用布清洁干净,插回到机油尺孔中,再次拔出机油尺进行检查。检查时,机油尺沿水平向下方向45°左右且顶端放在纱布上面,水平目视检查机油液位是否在油位计的低油位和满油位标记之间。检查完后把机油尺插回机油尺孔中。

## 二、冷却液泄漏的检查

冷却系统的泄漏常用方法有目测法和压力检查法。

采用目测检查时，重点检查如图 5-47 所示，各管路接口、节温器、膨胀水箱、水泵结合处、散热器等部位是否有明显渗漏冷却液的迹象。

采用首先将压力专用工具连接冷却液膨胀水箱盖或散热器盖。

将其泵压 135kPa，管内压力能保持 15s 内不下降。若压力下降，说明水管、散热器或其他接头有泄漏。

图 5-47 冷却液泄漏的检查

## 三、制动液泄漏及液位检查

（1）制动液的泄漏检查　检查系统是否存在外部泄漏时，举升车辆目测制动管路及各接头是否有明显渗漏制动液的迹象，如图 5-48 所示，重点检查各管路接口、制动总泵、ABS 泵接头、车轮分泵及管路和排气螺栓等部位。

图 5-48 制动液泄漏的检查

检查是否存在内部泄漏时，起动发动机，踩下制动踏板并保持脚踩踏板力不变，若制动踏板高度缓慢地下降，说明液压制动系统可能有泄漏，除此之外可以利用二手车评估计算器进行简单的数据预判，进行以下目视检查，以确定是否有泄漏。

（2）制动液的液位检查　观察制动液储液罐的液面高度是否符合要求，制动液液面应位于储液罐上的 MAX 与 MIN 刻度线之间，如图 5-49 所示。若液面不足，则需要补充添加制动液至规定液位。

## 四、位置检查所需数据参考

1）前副车架螺栓拧紧力矩为 120N·m。
2）后减振器螺栓拧紧力矩为 110N·m。
3）放油螺栓拧紧力矩为 14N·m。

图 5-49 制动液位的检查

## 【信息收集】

一、我们的学习任务是什么？

二、为了顺利完成本学习任务，请按下列要求完成下列信息的收集。

1. 维护车辆的车型：_____
2. 行驶里程：_____
3. 根据发动机的组成，在图 5-50 中括号内写出润滑系统的部件名称。

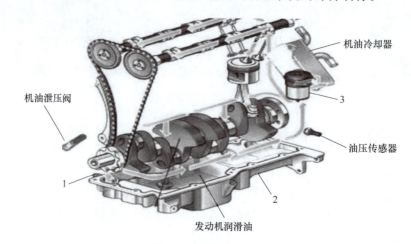

图 5-50 润滑系统的组成

1 _____ 2 _____ 3 _____

4. 厂房 6S 管理具体包括哪些内容？

1) _____——将工作场所的任何物品区分为有必要和没有必要的，除了有必要的留下来，其他的都消除掉。目的：腾出空间，空间活用，防止误用，塑造清爽的工作场所。

项目五 汽车 4 万 km 维护（综合训练）

2）_____——把留下来必要用的物品依规定位置摆放，并放置整齐加以标识。目的：工作场所一目了然，消除寻找物品的时间，整整齐齐的工作环境，消除过多的积压物品。

3）_____——将工作场所内看得见与看不见的地方清扫干净，保持工作场所干净、亮丽的环境。目的：稳定品质，减少工业伤害。

4）_____——将整理、整顿、清扫进行到底，并且制度化，经常保持环境处在美观的状态。目的：创造明朗现场，维持上面 3S 成果。

5）_____——每位成员养成良好的习惯，并遵守规则做事，培养积极主动的精神（也称为习惯性）。目的：培养具有良好习惯、遵守规则的员工，营造团队精神。

6）_____——重视成员安全教育，每时每刻都有安全第一观念，防患于未然。目的：建立起安全生产的环境，所有的工作应建立在安全的前提下。

## 【制订计划】

请根据车主描述的现象和任务要求，确定所需的维护仪器、工具，并对小组成员进行合理分工，制订详细的检查和维护计划。

1. 请在下表中选择在维护中可能用到的工量具（在对应的选项中打√即可）。

| 工量具名称 | 选 | 择 |
|---|---|---|
| 万用表 | □可能 | □不可能 |
| 测试灯 | □可能 | □不可能 |
| 滤清器套筒 | □可能 | □不可能 |
| 扳手 | □可能 | □不可能 |
| 十字螺钉旋具 | □可能 | □不可能 |
| 一字螺钉旋具 | □可能 | □不可能 |
| 手电筒 | □可能 | □不可能 |
| 抹布和手套 | □可能 | □不可能 |
| 冰点仪 | □可能 | □不可能 |
| 车内三件套 | □可能 | □不可能 |
| 车外三件套 | □可能 | □不可能 |
| 车轮挡块 | □可能 | □不可能 |
| 其他（请填写具体名称） | | |

2. 小组成员分工

| 序　号 | 组　　长 | 记　录　员 | 操　作　员 | 备　　注 |
|---|---|---|---|---|
| | | | | |
| | | | | |

3. 检查和维护计划

1）位置五、六的检查项目有：_____

2）项目作业的顺序：_____

3）检查管路泄漏的方法：_____

## 【实施计划】

请结合本小组制订的维护计划，对举升位置五、六进行检查，并完成下列内容的填写。

1. 机油常见泄漏的部位有_____处、_____处和油底壳与发动机机体装配结合面处，如图 5-51 所示，检查时重点注意。

图 5-51　常见漏油部位

2. 冷却系统常见泄漏部位有散热器与发动机进、出水管_____和副水箱与其他设备的管路_____处容易产生，检查时目测系统管路是否有液体泄漏，同时避免烫伤。

3. 制动系统管路泄漏的检查部位有_____接头、制动管路，以及空气排放口等。

4. 机油液位应符合标准，机油正确液位应该在_____和_____两个极限值范围内。

5. 维护中通常说的车外三件套指的是_____、_____和_____，车内五件套包括有_____、_____、_____、_____和_____。

## 【检查与控制】

观察员根据操作员的工作过程评分，具体评分细则见表 5-6。

表 5-6　举升位置五考核评分表

操作时间：30min

| 序号 | 作业类型+作业对象+作业内容 | 评分原则 | 分值 | 得分 |
| --- | --- | --- | --- | --- |
| 1 | 工具、材料准备 | 工具、材料错选或漏选扣 2 分 | 5 | |
| 2 | 检查作业-发动机<br>—检查机油有无泄漏 | 机油有无泄漏检查漏 1 处扣 2 分 | 10 | |
| 3 | 检查作业-发动机<br>—检查冷却液有无泄漏 | 冷却液有无泄漏检查漏 1 处扣 2 分 | 10 | |

项目五 汽车 4 万 km 维护（综合训练）

（续）

| 序号 | 作业类型+作业对象+作业内容 | 评 分 原 则 | 分值 | 得分 |
|---|---|---|---|---|
| 4 | 检查作业-制动系统<br>—检查左前和左后部有无制动液泄漏 | 左前和左后部有无制动液泄漏检查漏1处扣2分 | 10 | |
| 5 | 整理作业-工量具和设备<br>—关闭尾气分析仪并清洁归位 | 操作错误扣3分 | 10 | |
| 6 | 检查作业-发动机润滑系统<br>—检查机油液位，必要时调整 | 检查方法错误扣5，结果错误扣8分 | 10 | |
| 7 | 整理作业-工量具和设备<br>—清洁工量具和设备并归位 | 清洁工量具漏一处扣2分 | 10 | |
| 8 | 整理作业-安全防护<br>—拆卸翼子板布和前格栅布 | 遗漏一处扣2分 | 10 | |
| 9 | 整理作业-安全防护<br>—拆卸座椅套、地板垫、转向盘套 | 遗漏一处扣2分 | 10 | |
| 10 | 清洁作业-车身<br>—清洁车辆内部、烟灰缸等 | 遗漏一处扣3分 | 5 | |
| 11 | 清洁作业-车身<br>—清洁车辆外表 | 遗漏一处扣3分 | 10 | |
| 12 | 安全文明操作，注重6S现场 | 违反安全操作扣10分，未清洁扣3分 | | |
| 13 | 总　　　分 | | 100 | |

考评员：　　　　　　　　记分员：　　　　　　　　年　　月　　日

## 【评价与反馈】

### 1. 自我评价

| 我做得好的地方 | 我还存在这些方面的问题 |
|---|---|
| □动作准确 | □动作不到位 |
| □工具使用规范 | □工具使用不规范 |
| □安装步骤熟悉 | □安装步骤不熟悉 |
| □零件摆放整齐 | □零件摆放不整齐 |
| □操作用时合理 | □操作用时过长 |
| □工作态度端正 | □工作态度不够端正 |

### 2. 小组评价

我们组做到了：□全员参与　　□分工明确　　□工作高效　　□完成了工作任务

3. 教师评价

| 评 价 内 容 | 评 价 指 标 | 等次（星级评定） |
|---|---|---|
| 活动态度方面 | 1）态度是否积极，是否主动组织或参与活动<br>2）与小组同学合作是否良好<br>3）活动是否认真、善始善终<br>4）是否勇于克服困难 | |
| 知识技能方面 | 1）查阅资料技能<br>2）实地观察记录能力<br>3）调查研究能力<br>4）整理材料能力 | |

## 【知识巩固】

### 选择题

1. 润滑系统中旁通阀的作用是（　　）。
   A. 保证主油道中的最小机油压力
   B. 防止主油道过大的机油压力
   C. 防止机油滤清器滤芯损坏
   D. 在机油滤清器滤芯堵塞后仍能使机油进入主油道内
2. 机油泵常用的类型有（　　）。
   A. 齿轮式与膜片式　　　　　　　　B. 转子式和活塞式
   C. 转子式与齿轮式　　　　　　　　D. 柱塞式与膜片式
3. 加注完新机油后，机油的液位应达到（　　）。
   A. H 以上区　　　　　　　　　　　B. H 与 L 中间区
   C. L 以下区　　　　　　　　　　　D. 视情况而定
4. 铅蓄电池充电后期电解液呈沸腾状态，是因为（　　）。
   A. 电解液温度超过 100℃　　　　　B. 极板表面有气泡逸出
   C. 电解液被充电电流搅动　　　　　D. 充电电压过高
5. 免维护蓄电池栅架材料为（　　）。
   A. 铅锑合金　　　B. 铅钙合金　　　C. 铝合金　　　D. 铁合金
6. 制动液每隔（　　）年更换一次。
   A. 2　　　　　　　B. 5　　　　　　C. 1　　　　　　D. 10
7. 放油螺栓的紧固力矩是（　　）N·m。
   A. 30　　　　　　B. 90　　　　　　C. 180　　　　　D. 120
8. 冷却液温度在 70℃时，发动机进行的是（　　）。
   A. 小循环　　　　　　　　　　　　B. 大循环
   C. 大小循环同时工作　　　　　　　D. 不能确定

9. 机油滤清器的拧紧力矩为（　　）N·m。
   A. 25　　　　　　B. 90　　　　　　C. 180　　　　　　D. 120
10. 空气滤清器的作用是清除空气中的尘土和沙粒，向气缸中提供清洁的空气，以减少气缸、活塞、活塞环和（　　）的磨损，延长发动机的使用寿命。
    A. 进、排气门　　B. 进气管　　　　C. 气缸盖　　　　D. 火花塞
11. 当需把车辆举升过头时，操控举升机一般是分（　　）举升到位。
    A. 一次　　　　　B. 二次　　　　　C. 三次　　　　　D. 无要求
12. 操控举升机工作时两人的站位是汽车（　　），保证车辆举升安全得到监控。
    A. 前、后站位　　B. 左、右站位　　C. 对角直站位　　D. 都可以
13. 车辆举升离地后，出现轻微倾斜，你的处理措施是（　　）。
    A. 危险不大，继续上升　　　　　　B. 停止举升
    C. 下降检查，车辆与举升机重新对位　　D. 用手扶着
14. 工作时，举升机出现电路故障，不能举升，由于时间问题，这时你会（　　）。
    A. 马上上报，待专职维修人员检查维修
    B. 自己动手拆检维修
    C. 马上上报，然后动手拆检，交专职维修人员进行维修
    D. 手动下降车辆
15. 加注冷却液时，最好选择（　　）。
    A. 井水　　　　　B. 泉水　　　　　C. 雨雪水　　　　D. 蒸馏水
16. 发动机冷却系统中锈油物和水垢积存的后果是（　　）。
    A. 发动机温升慢　B. 热容量减少　　C. 发动机过热　　D. 发动机怠速不稳
17. 冷却系统中提高冷却液沸点的装置是（　　）。
    A. 散热器盖　　　B. 散热器　　　　C. 水套　　　　　D. 水泵
18. 清扫在工作中的位置（　　）。
    A. 地、物干净　　　　　　　　　　B. 生产率高
    C. 有空再清扫　　　　　　　　　　D. 清扫是工作中的一部分

# 参 考 文 献

［1］许平. 汽车保养与维护［M］. 北京：电子工业出版社，2017.
［2］袁家旺，柯裕伟. 汽车维护实训教程［M］. 北京：机械工业出版社，2012.
［3］田国辉，熊其兴，黄宇靖. 汽车维护与保养［M］. 北京：科学技术文献出版社，2015.
［4］罗华. 汽车维护工作页［M］. 北京：现代教育出版社，2014.
［5］吴继坚. 汽车维护［M］. 北京：中国劳动社会保障出版社，2012.